新时代诉讼法学创新文库（17）

总主编　熊秋红

中国政法大学检察基础理论研究基地研究成果

教育部人文社会科学研究青年基金项目“审查逮捕程序的诉讼话改革研究”（17YJC820050）阶段性成果之一

未决羁押撤销、变更机制研究

罗海敏　著

中国人民公安大学出版社

·北　京·

图书在版编目（CIP）数据

未决羁押撤销、变更机制研究／罗海敏著．—北京：中国人民公安大学出版社，2021.8

（新时代诉讼法学创新文库）

ISBN 978-7-5653-4348-3

Ⅰ.①未…　Ⅱ.①罗…　Ⅲ.①刑事诉讼—司法制度—研究—中国　Ⅳ.①D925.210.4

中国版本图书馆 CIP 数据核字（2021）第 189225 号

新时代诉讼法学创新文库

未决羁押撤销、变更机制研究

罗海敏　著

出版发行：中国人民公安大学出版社
地　　址：北京市西城区木樨地南里
邮政编码：100038
经　　销：新华书店
印　　刷：北京市科星印刷有限责任公司

版　　次：2021 年 8 月第 1 版
印　　次：2021 年 8 月第 1 次
印　　张：7.875
开　　本：880 毫米×1230 毫米　1/32
字　　数：212 千字

书　　号：ISBN 978-7-5653-4348-3
定　　价：38.00 元

网　　址：www.cppsup.com.cn　www.porclub.com.cn
电子邮箱：zbs@cppsup.com　zbs@cppsu.edu.cn

营销中心电话：010-83903991
读者服务部电话（门市）：010-83903257
警官读者俱乐部电话（网购、邮购）：010-83901775
法律图书分社电话：010-83905745

总　序

时代是思想之基，实践是理论之源。党的十九大报告提出了中国发展新的历史方位——中国特色社会主义进入新时代，我国社会主要矛盾已经转化为人民日益增长的美好生活需要和不平衡不充分的发展之间的矛盾。作为新时代中国特色社会主义的本质要求和重要保障，推进全面依法治国，其根本目的在于依法保障人民权益，不断增强人民获得感、幸福感、安全感，用法治助力人民安居乐业。立足新时代、回应新期待，亟须我们加强对中国特色社会主义法治体系的理论研究，构筑中国法治建设的学术体系、理论体系、话语体系，为推进全面依法治国提供充分的理论支撑。

自1999年成立以来，教育部人文社会科学重点研究基地——中国政法大学诉讼法学研究院始终以引领和促进中国程序法治的繁荣发展为己任，致力于诉讼法学、证据法学和司法制度研究，积极为中国诉讼法治建设和司法改革建言献策。研究院下设刑事诉讼法学研究所、民事诉讼法学研究所、行政诉讼法学研究所、证据法学研究所四个研究所，以及《诉讼法学研究》《中国诉讼法判解》两大学术刊物编辑部。为了积极回应新时代提出的新命题，依托丰富的学科资源和人才力量，研究院精心打造了“新时代诉讼法学创新文库”系列著作项目，汇集三大诉讼法学、证据法学、司法制度等领域的最新研究成果，展示新时代诉讼法学的新发展。文库将“创新”作为著作入选的首要标准，通过资助一批高质量的专著、译著出版发行，我们期待能够在研究主题、研究内容、研究方法、研究结论等方面不断实现对现有研究的超越和发展；在深耕诉讼法学基础理论的同时，关注信息化、数据化、智能化时代的诉讼法制等新问题，综合运用多种研究方法，探寻解决理论和实践难题的最佳方案，力求使每一部著作都能成为作者奉献给理论界和实务界的代表性作品。

“新时代诉讼法学创新文库”系列著作，不仅是集中展示中国政法大学诉讼法学研究院名家精品和青年学者优秀成果的窗口，也是检验诉讼法学研究基地学术水准的重要标尺。我们相信，该文库能够始终秉承深化和拓展诉讼法学研究领域的时代使命，始终引领中国特色诉讼法学研究的发展方向，为繁荣诉讼法学研究、服务诉讼法治实践贡献诉讼法学人的智识和力量。

熊秋红

二〇二一年八月·蓟门桥法大

目录

绪 论

羁押是刑事诉讼中“必要的恶”，“羁押对有效的刑事司法而言，在许多情形下也是不可缺少的措施”[①]。但羁押的适用应当严格限制在最必要的范围内，羁押适用的普遍化将会导致诸多方面的不利后果。首先，对公民而言，一旦处于被刑事追诉的地位，就很有可能受到羁押的处分而失去相当长时间的人身自由。在羁押状态下，不仅被羁押者的生理、心理将承受巨大压力，人身自由的丧失也将进一步弱化其防御能力，不利于辩护权的有效行使。正如德国弗莱堡大学科劳斯·缇德曼教授所言：“如果被指控人处于待审羁押状态，则其辩护的可能性，特别是在查明有利情况上，受到更大范围的限制。”[②] 同时，普遍羁押犯罪嫌疑人、被告人，也极易造成被羁押者交叉感染、犯罪心理强化等负面效应。其次，对社会而言，对罪行轻微且不存在妨碍诉讼、危害社会危险的犯罪嫌疑人、被告人一律予以羁押，很可能制造新的社会矛盾、树立新的对立面，从而影响社会稳定与和谐。再次，对国家而言，高羁押率就意味着司法资源的高消耗率。面对大量的待羁押人员，国家需要投入大量的人力、物力来提高监所收容水平和监管能力，势必占用原本

① ［德］克劳思·罗科信：《刑事诉讼法（第24版）》，吴丽琪译，法律出版社2003年版，第281页。

② ［德］科劳斯·缇德曼：《德国刑事诉讼法导论》，载《德国刑事诉讼法典》，宗玉琨译注，知识产权出版社2013年版，第60页。

已十分紧缺的司法资源。而在羁押场所空间有限、监管力量有限而又超负荷运转的羁押场所中，被羁押人员的处境与权利保障程度往往更难以得到保证。最后，羁押的普遍适用也极易导致羁押目的的异化。对于一些轻微的犯罪行为，在侦查、起诉部门已经较长时间羁押被追诉者的情况下，法院很可能屈从于压力而对被告人判处一定时间的监禁刑，使未决羁押在一定程度上变成“刑罚的预支”，从而有悖刑事强制措施用以保障诉讼顺利进行的初衷。

联合国《公民权利和政治权利国际公约》第 9 条第 3 款规定：“等候审判的人受监禁不应作为一般规则。”从域外多个国家和地区刑事程序中未决羁押的适用情况来看，“羁押是例外，保释是原则”的适用准则逐步得以确立，在羁押状态下等候审判的人仅占少数。例如，欧盟委员会对27 个成员国自 1999 年至 2007 年 9 年间的未决羁押率进行统计，表明欧盟成员国未决羁押率通常都在 10%至 30%，超过 40%的很少，超过 50%的凤毛麟角。[①] 在美国，一项针对全美 75 个人口密集县的调查显示，在所有被指控重罪的被告人中，有 38%在案件审理终结前一直处于关押状态。[②] 与此相比，我国的未决羁押率虽然近年来有所下降，但一直处于高位运行状态，“构罪即捕”“以捕代侦”“以捕代罚”“以捕促和”等现象长期存在。据统计，我国普通刑事案件的批捕率从 2005 年的 91%下降至 2016 年的 77.6%，

① 参见陈永生：《逮捕的中国问题与制度应对——以 2012 年刑事诉讼法对逮捕制度的修改为中心》，载《政法论坛》2013 年第 4 期。

② ［美］柏恩敬等编译：《审前羁押制度演变的比较研究》，法律出版社 2018 年版，第 32 页。

审前羁押率从2005年的90%下降至2016年的59%左右。[①] 2016年，我国检察机关捕后不作犯罪处理的案件（包括判处无罪、绝对不起诉、相对不起诉、存疑不起诉、撤销案件）有1.4%，捕后判处徒刑以下刑罚的案件（包括拘役、管制、单处罚金）有6.5%。[②] 长期以来，刑事诉讼中的高羁押率问题成为我国学界和实务界的一个焦点问题。从高羁押率的形成原因来看，除未决羁押决定环节的问题外，在羁押状态存续期间缺乏有效的撤销、变更机制也是其中的一个重要原因。事实上，在域外的多个国家和地区，在诉讼伊始对犯罪嫌疑人采取拘留、逮捕等人身自由剥夺措施的情形并不在少数，但通过诉讼进程中保释、复审等机制的持续运作，多数被追诉人得以脱离未决羁押状态，从而实现仅少数人处于羁押状态候审的目标。就我国而言，为了切实减少未决羁押，破解司法实践中长期存在的高羁押率及"一捕到底"等问题，不仅需要在批准或决定逮捕环节坚持"少捕""慎捕"的政策，也需要进一步健全、完善未决羁押的撤销、变更机制，在诉讼进程中及时排除不应当羁押、不需要羁押的情形。

我国刑事诉讼法有关未决羁押撤销、变更的立法规定非常原则、笼统，缺乏程序化、体系化的完备规定，而与此有关的理论研究也一直处于较薄弱状态，并未形成专门的、系统性的研究成果。2012年《刑事诉讼法》增设羁押必要性审查制度以

① A. M. van Kalmthout, M. M. Knapen, C. Morgenstern (eds.), Pre-trial Detention in the European Union: An Analysis of Minimum Standards in Pre-trial Detention and the Grounds for Regular Review in the Member States of the EU, Wolf Legal Publishers, Chapter 1, p.42 (2009) .

② 孙谦：《司法改革背景下逮捕的若干问题研究》，载《中国法学》2017年第3期，第23页。

来，有关该问题的理论、实践研究成果有所增加，但就未决羁押撤销、变更机制开展整体研究的成果仍非常稀缺。在当前推进全面依法治国方略、不断深化司法体制改革的背景之下，系统研究未决羁押的撤销、变更机制具有重要的理论与实践意义。一方面，对该问题的深入研究，是完善我国有关未决羁押制度的立法规定、在实践中减少不必要未决羁押的现实需要，有利于节约有限的司法资源，有利于形成和谐的社会风气，也有利于更好地落实国家尊重和保障人权的宪法原则。另一方面，未决羁押的撤销、变更机制是强制措施变更制度的重要组成部分，开展这方面的深入研究，不仅有利于形成未决羁押撤销、变更机制的系统研究成果，也有利于进一步充实、完善我国刑事强制措施领域的理论研究成果。

第一章　未决羁押概述

一、未决羁押的界定

（一）未决羁押的概念与称谓

未决羁押是以公民人身自由为干预对象的强制措施中最严厉的一种，是指在刑事生效裁判作出之前的较长期限内，对符合条件的犯罪嫌疑人或被告人依法剥夺其人身自由并予以关押的一种强制方法。现代各国刑事诉讼法一般明确规定，在符合必要条件的情况下可以对刑事诉讼中的犯罪嫌疑人、被告人适用未决羁押，但各国的刑事诉讼法多数没有关于未决羁押定义的明确规定。而且由于历史文化、法律传统等方面的差异，不同的国家和地区对刑事诉讼中的未决羁押有着不同的界定和称谓。

大陆法系国家和地区一般将未决羁押界定为有效判决之前的羁押，既包括审判前程序中的羁押，也包括案件审理阶段的羁押。在具体称谓上，德国称未决羁押为“待审羁押”，系刑事诉讼程序中为了确保诉讼程序之进行及刑之执行而对被告施行之自由之剥夺。① 法国称未决羁押为“先行羁押”，是审判前实行的剥夺自由或限制自由的措施。② 意大利将未决羁押称为“预防性羁押”，是指法官命令司法警察或警官对被告人实行拘捕并立即解送看守所，

---

① ［德］克劳思·罗科信：《刑事诉讼法（第24版）》，吴丽琪译，法律出版社2003年版，第281页。

② ［法］卡斯东·斯特法尼：《法国刑事诉讼法精义（下）》，罗结珍译，中国政法大学出版社1999年版，第604页。

使其处于司法机关控制之下的措施。① 日本则称未决羁押为“羁押”或“勾留”，分为起诉前羁押和起诉后羁押两种情形，其中起诉前羁押由检察官请求，法官执行；起诉后羁押至第一次审判之日前羁押由法官执行，此后的羁押则由法院执行。② 在我国台湾地区，羁押是与拘提、逮捕并列的限制人身自由的一种强制处分，是指将被告拘禁于一定的场所，防止被告逃亡及保全证据，以完成诉讼并保全刑事程序为目的的强制处分。③

英美法系国家一般称“审前羁押”（Pretrial Detention；Detaining before Examining），通常仅指审判开始以前的羁押。对于已经进入审判程序的案件，则通过贯彻集中审理和迅速审判的原则以尽可能缩短羁押期限。例如，在美国，法律辞典将“审前羁押”解释为“是被指控者没有可能满足释放条件的结果”④，而《美国法典》第3142条第5款规定：“司法官在认定没有什么条件能够合理地保证被捕人按照要求出庭以及任何其他人和社会的安全时，应当命令在审判前将他羁押。”

我国刑事诉讼法没有使用“未决羁押”这一称谓，与此近似的用语是“羁押”。我国1979年《刑事诉讼法》仅在第43条、第50条和第92条使用了“羁押”这一用语，规定了拘留后、逮捕后应当将“羁押的处所”告知被拘留人、被逮捕人的家属或者他的所在单位，以及规定侦查中的“羁押期限”。我国1996年、2012年和2018年《刑事诉讼法》使用“羁押”这一用语的条文有所增加，但也仅限于“羁押的处所”“羁押期限”“送看守所羁押”

---

① 杨开湘、张丹丹：《未决羁押限制之比较研究》，载《昆明理工大学学报》［社会科学（法学）版］2008年第7期。

② ［日］田口守一：《刑事诉讼法（第7版）》，张凌、于秀峰译，法律出版社2019年版，第93页。

③ 林钰雄：《刑事诉讼法（上册 总论编）》，中国人民大学出版社2005年版，第264页。

④ ［美］伦斯特洛姆：《美国法律辞典》，贺卫方等译，中国政法大学出版社1998年版，第194页。

“羁押的必要性”等几种情形。从这些条文有关“羁押”的表述来看，我国刑事诉讼法中的羁押并不是一种法定的强制措施，而是刑事拘留和逮捕这类羁押性强制措施所产生的持续剥夺犯罪嫌疑人、被告人人身自由的当然状态和必然结果，侧重于对犯罪嫌疑人、被告人人身自由被剥夺这一状态的描述。①

（二）未决羁押与拘留、逮捕的关系

拘留、逮捕和未决羁押都属于剥夺被适用对象人身自由的强制措施。从各国法律对两个概念的使用语境来看，“拘留”“逮捕”主要是作为强制到案的手段来使用的，侧重于强调使用强制力使犯罪嫌疑人或其他人到案接受调查，只能短时间地剥夺被适用对象的人身自由；而“未决羁押”则是较长时间剥夺被适用对象人身自由的一项强制措施。由于法律传统等方面的差异，在拘留、逮捕制度的称谓、具体设置以及与未决羁押之间的关系上，两大法系的不同国家和地区也各有特点。

1. 大陆法系

在大陆法系国家和地区，对适用对象短时间剥夺人身自由的强

① 在此需要指出的是，2018年3月20日第十三届全国人大一次会议表决通过了《中华人民共和国监察法》（以下简称《监察法》）。该法第22条规定：“被调查人涉嫌贪污贿赂、失职渎职等严重职务违法或者职务犯罪，监察机关已经掌握其部分违法犯罪事实及证据，仍有重要问题需要进一步调查，并有下列情形之一的，经监察机关依法审批，可以将其留置在特定场所：（一）涉及案情重大、复杂的；（二）可能逃跑、自杀的；（三）可能串供或者伪造、隐匿、毁灭证据的；（四）可能有其他妨碍调查行为的。对涉嫌行贿犯罪或者共同职务犯罪的涉案人员，监察机关可以依照前款规定采取留置措施。留置场所的设置、管理和监督依照国家有关规定执行”；第44条第3款规定：“被留置人员涉嫌犯罪移送司法机关后，被依法判处管制、拘役和有期徒刑的，留置一日折抵管制二日，折抵拘役、有期徒刑一日。”因此，在职务犯罪案件的监察调查过程中，适用留置措施同适用逮捕措施一样，直接产生剥夺被适用人人身自由的法律后果，严格说也属于羁押性措施的范畴。但留置措施作为调查职务犯罪的专门措施，在适用条件、适用程序等方面均需遵循《监察法》的相关规定，不能简单套用或视同于公安司法机关适用的强制措施。未避免混淆，本书有关未决羁押及其撤销、变更机制相关内容的阐述，均不包括留置措施所附带的羁押状态。

制措施有拘提、拘留、逮捕、暂时逮捕等不同的称谓，各项措施的具体适用对象、条件以及同羁押之间的关系也各不相同。

在德国，刑事诉讼法规定了三种限制人身自由的强制措施，分别是为查明身份而责令停止、暂时逮捕和待审羁押。根据德国《刑事诉讼法典》第163b条、第163c条，为了查明犯罪嫌疑人的身份，检察官、警察人员可以对其限制自由，但时间总计不得超过12小时。根据该法第127条规定，在法定的紧急情况下，即使没有法官的逮捕令状，检察官、警察人员或者一般人在必要时均可实施暂时逮捕。对被暂时逮捕的人，应当毫不迟延地、至迟在逮捕的次日向逮捕所在地的初级法院的法官解交，由法官对其进行讯问。根据该法第112条至第115a条规定，在具备法律规定的羁押条件和羁押理由的前提下，由法官签发书面逮捕令，命令待审羁押；根据逮捕令逮捕犯罪嫌疑人后，应当毫不迟延地向负责管辖的法院（如不能，则向最近的初级法院）解交，法院应当毫不迟延地、至迟在次日对犯罪嫌疑人就指控事项予以讯问。

在法国，限制人身自由的强制措施除先行羁押外，主要还有拘留、逮捕这两种措施。其中，拘留是司法警察警官在司法机关的监督下对被适用对象进行短时间扣留，以听从查案人员处置的一种措施；逮捕则主要作为强制到案措施被规定。在拘留的适用上，对于现行重罪与现行轻罪，以及在所有犯罪的初步调查程序中，司法警察警官可以依职权或者按照共和国检察官的指令，对有理由怀疑其实施了重罪或当处监禁刑的轻罪的人实施拘留，拘留时间不得超过24小时。[①] 但是被拘留人涉嫌实施的犯罪或未遂犯罪是重罪或者当处1年或1年以上刑期的轻罪，经共和国检察官书面批准，拘留时间可以最多延长24小时；在有犯罪案件和恐怖活动犯罪案件中，可延长拘留时间48小时。[②] 在预审程序中，司法警察警官根据预

① 法国《刑事诉讼法典》第62-2条、第63条。

② 法国《刑事诉讼法典》第706-88条。

审法官的指令，可以对有理由怀疑其实施了重罪或当处监禁刑的轻罪的犯罪嫌疑人进行拘留。[①] 在逮捕的适用上，主要包括三种情形：一是在初步调查程序中，司法警察警官对于经传唤要求其到场提供有关情况而拒不到场的人或担心其可能不到场的人，可以在事先经检察官批准后命令其强制到场；[②] 二是在发生现行重罪或者当处监禁刑的现行轻罪案件的情况下，任何人都有资格抓捕犯罪嫌疑人，并将其扭送给最近的司法警察警官；[③] 三是在预审程序中，预审法官可以签发强制到案令或者强制逮捕令，命令逮捕犯罪嫌疑人。[④] 在法国，1970 年以前将未决羁押称为“预防性羁押”，1970 年以后才改称“先行羁押”。为了限制先行羁押的适用，法国《刑事诉讼法典》对其适用的原则、条件及程序作出了非常具体的规定。例如，法国《刑事诉讼法典》第 144 条强调，只有从程序的具体情节因素来看，证明实行先行羁押是达到以下所指一项或数项目标的唯一手段，并且仅仅实行司法监督或指定居住加电子监视制度仍然不能达到这些目标时，才能命令先行羁押或延长先行羁押期限。

在传统上属于大陆法系的日本，逮捕分为通常逮捕、现行犯逮捕和紧急逮捕三种情形。通常逮捕是检察官、检察事务官或司法警察职员根据法官签发的逮捕证进行的抓捕，要求具备相当的理由足以怀疑犯罪嫌疑人实施了犯罪以及具有逮捕的必要两个实质要件；现行犯逮捕的对象是正在实施犯罪或者刚刚实施完犯罪的人，任何人都可以在无令状的情况下实施现行犯逮捕；紧急逮捕，是指检察官、检察事务官或司法警察职员在有充分理由足以怀疑犯罪嫌疑人犯了应处死刑、无期或最高刑期为 3 年以上惩役或监禁的犯罪，由于情况紧急来不及请求法官签发逮捕证时，可以在告知理由后将犯

---

① 法国《刑事诉讼法典》第 154 条。

② 法国《刑事诉讼法典》第 78 条。

③ 法国《刑事诉讼法典》第 73 条。

④ 法国《刑事诉讼法典》第 396 条。

罪嫌疑人逮捕，但应于逮捕后立即请求法官签发逮捕证。对于司法警察职员逮捕后移送的犯罪嫌疑人，除被立即释放的外，检察官应当自接收被捕人之时起 24 小时内或者被捕人的人身受拘禁之时起 72 小时内向法官请求羁押。对于检察官自行逮捕或接收私人以及检察事务官逮捕后移送的犯罪嫌疑人，检察官应当自犯罪嫌疑人的人身受拘禁之时起 48 小时内向法官请求羁押。在此期间没有请求羁押或没有提起公诉的，应立即释放犯罪嫌疑人。

2. 英美法系

在英美法系，通常将区别于未决羁押的强制到案措施统一称为逮捕。逮捕作为一种强制到案的手段，是侦查机关为调查或指控犯罪案件而以强制方法迫使犯罪嫌疑人或其他人到特定场所的一种手段，并不附带长时间剥夺人身自由的效果。在逮捕与羁押的关系上，多数实行逮捕前置主义，对犯罪嫌疑人适用逮捕是对其进行审前羁押的前提。在英美法系国家和地区，逮捕通常意味着针对具体犯罪嫌疑人的刑事诉讼正式开启，将对犯罪嫌疑人的程序待遇产生一系列重要影响，特别是与刑事指控有着密切联系。

在英国，《1984 年警察与刑事证据法》规定，如果警方合理地怀疑发生了一起可捕罪，那么有权逮捕其合理怀疑实施了该罪的人；在可捕罪发生后，普通公民也有权实施逮捕。英国《2005 年严重有组织犯罪与警察法》（the Serious Organized Crime and Police Act 2005）对逮捕权的上述内容作了重要修订，取消了可捕罪的概念，进一步扩大了警察的逮捕权，限制了公民的逮捕权。根据修改后的法律，如果犯罪已经发生，或者警察有合理根据怀疑犯罪已经发生，则警方有权无需令状对他有合理根据怀疑犯有该罪的人实施逮捕。但是，警察的这种无证逮捕权力只能在有合理根据相信存在下列原因而有必要逮捕的情况下行使：（1）在警察不知道或者不容易查明嫌疑人姓名，或者有合理根据怀疑该人提供的姓名不真实的情况下，出于查明该人姓名的目的；（2）为了解该人的住址；（3）为防止该人自伤或伤害他人，造成财物损毁，实施有损公序良俗的犯罪，非法引起高速路阻碍；（4）为保护儿童和其他弱势群体免受该人伤害；（5）为实现对该犯罪行为的快速有效的侦查；（6）为防止因该嫌疑人消失而无法起诉。[①] 警察以外的人员，享有针对正在实施或他有合理根据怀疑正在实施公诉罪（indictable offence）的人有无令状逮捕的权力。[②] 在公诉罪已经发生的情况下，警察以外的人员无需令状也可以对犯有该罪的人以及他有合理根据怀疑犯有该罪的人进行逮捕，但必须具备以下两个条件：其一，即警察以外的人员必须有合理根据相信有必要逮捕该人，以防其造成对自己或者他人的伤害、造成财物损毁或者在警方抓捕前逃跑；其二，在该实施逮捕的非警察人员看来由警察实施逮捕并不具有可行性。[③] 从英国侦查阶段的实践情况看，无证逮捕已成为执行逮捕的惯用方式，由法官提前签发逮捕令的有证逮捕方式通常只适用于嫌疑人的身份已确定但下落不明的情形。在逮捕的期限上，英国《1984年警察与刑事证据法》允许警察在没有提出指控的情况下，对嫌疑人的拘禁期限可以长达36小时，如果需要更长期限，警察可以向治安法官申请延长至96小时。[④] 在逮捕期限届满时，警察要么释放嫌疑人，要么由羁押官对其作出提出指控的决定。一旦被逮捕的嫌疑人被指控，且羁押官决定继续拘留该人，则应将其尽可能快地带到法庭，最晚不能迟于指控后第一次拟定开庭的时间。[⑤]

在美国，无证逮捕可由警察或私人进行。通常，警察实施的无证逮捕可以针对当场目睹的犯罪人以及任何有“合理理由”认为犯了重罪的人，私人进行的无证逮捕只能针对重罪现行犯。有证逮捕通常适用于进入个人住宅实施的逮捕以及发生时警察不在犯罪现

① 英国《1984年警察与刑事证据法》第24（2）-（3）条。

② 英国《1984年警察与刑事证据法》第24A条。

③ 英国《1984年警察与刑事证据法》第24A（2）条。

④ ［英］麦高伟、杰弗里·威尔逊：《英国刑事司法程序》，姚永吉等译，法律出版社2003年版，第49页。

⑤ 英国《1984年警察与刑事证据法》第46（2）条。

场的轻罪逮捕。在实施逮捕后，警察必须不迟延地将被捕人带往治安法官或其他指定的司法官员处，就是否存在逮捕的“合理理由”进行司法审查，这被称为初次到庭（initial appearance）。1991 年，最高法院确立了麦克劳林法则（McLaughlin rule），确认通常情形下被逮捕人在逮捕后 48 小时内被带往治安法官处符合“不迟延”的要求；但是被告有权主张，即使 48 小时内的期间也构成了“不合理的迟延”。[①] 在初次到庭中，法院通常会告知嫌疑人被逮捕的原因以及享有的权利，并就是否释放嫌疑人以及嫌疑人的保释条件等作出决定。一旦法官作出拒绝保释的决定，则意味着嫌疑人进入被审前羁押的状态。

在加拿大，逮捕也分为无证逮捕和有证逮捕两种情形，其中无证逮捕占大多数，只有少数情况下会根据法官签发的逮捕令执行逮捕。根据加拿大《刑法典》第 495 条，如果警察有合理根据认为某人已经实施或者将要实施某一构成“可诉罪”的行为，或者发现某人正在实施任何犯罪，都可以对该人进行无证逮捕。根据《刑法典》第 507 条，如果具有合理及可能的根据怀疑某人实施了犯罪行为，并且逮捕犯罪嫌疑人是出于公共利益的需要，则可以由法官签发逮捕令。根据加拿大最高法院的判决，除非是紧急追捕或者存在紧急情况，在进入公民住宅实施逮捕时必须持有法官的令状。[②] 根据《刑法典》第 503 条，如果警察试图在审前阶段羁押嫌疑人，就需要在逮捕后尽快将被告人带至法官面前，由其决定是否应当羁押。通常来说，应当在 24 小时内将嫌疑人带至法官面前。

从两大法系上述多个国家有关拘留、逮捕制度的规定可以看出，各国在拘留、逮捕种类、适用条件乃至具体称谓等方面存在差异的同时，也在很多方面呈现一致性，尤其是在拘留、逮捕与羁押的关系方面。概括而言，两大法系不同国家在有关拘留、逮捕的立

---

① County of Riverside v. McLaughlin 500 U.S. 44 (1991).

② R. v. Feeney, 3 S.C.R. 1008 (1997).

法规定及其与未决羁押关系方面较一致的做法包括：

其一，拘留、逮捕属于侦查机关的固有权限。通常而言，逮捕可分为有证逮捕和无证逮捕两种情形。有证逮捕是指警察、检察官在实施逮捕前必须提前获得法官签发的逮捕令，而无证逮捕则是警察、检察官在没有事先取得法官令状的情况下实施的逮捕，多适用于现行犯或其他紧急情况，除侦查机关有权适用外，私人亦可进行无证逮捕。在各国的立法规定中，一般将有证逮捕规定为原则，无证逮捕规定为例外，但实践中往往多数逮捕是以无证逮捕的方式进行的。尤其是在英美法系国家，其无证逮捕的适用条件相对更为宽松，在实践适用中居多数。

其二，拘留、逮捕与未决羁押相分离，未决羁押不是拘留、逮捕的必然结果。从各国规定来看，追诉机关实施拘捕后，如果没有作出释放的决定，就应当将被捕人迅速带至司法官员面前，由司法官员裁决是否对被捕人予以一段时间的持续羁押。经过司法官员裁决，被捕人可能被科处未决羁押，也可能被释放。这种将未决羁押与拘留、逮捕在程序上相分离的做法，使其各自具有自己的适用条件，在程序上可以得到两次独立审查的机会，且在审查主体、审查宽严程度等方面有着不同要求，既有利于更好地实现对未决羁押的司法控制，也能更好地平衡安全与自由、侦查效率与程序正义之间的冲突关系。①

其三，拘留、逮捕的目的主要是制止犯罪并强制嫌疑人到案。在两大法系的多个国家，拘留、逮捕主要是作为强制到案措施加以规定的，其适用的目的在于强制被逮捕的人到场接受讯问。通过拘留、逮捕措施的适用，一旦实现了强制犯罪嫌疑人或被告人在一定时间抵达一定处所接受讯问或调查的目的，该临时性处置措施即失效或完成。

---

① 参见陈瑞华：《审前羁押的法律控制——比较法角度的分析》，载《政法论坛》2001 年第 4 期。

其四，拘留、逮捕所附带的剥夺被捕人人身自由的时间较短，通常是48小时以内，最长不超过72小时。从上述各国有关拘留、逮捕期限的规定可以看出，各国一般要求警察实施拘捕后毫不迟延或尽快地将被捕人带至法官处，拘留或逮捕所附带的剥夺被拘捕人人身自由的时间相对有限。

其五，拘留、逮捕与未决羁押之间存在紧密联系。多数国家实行"逮捕前置主义"，即在逮捕与未决羁押相分离的基础上，对被适用对象进行逮捕是适用未决羁押的前提。逮捕与未决羁押的分离仅仅意味着逮捕的行为不必然导致持续羁押的状态，而并不意味着逮捕与未决羁押是两种相互独立的强制措施。① 因此也可以说，逮捕是未决羁押必要而不充分的条件，未决羁押则是逮捕可能而非必然的后果。②

3. 我国的拘留、逮捕制度及其与未决羁押的关系

如前所述，我国并不存在独立的羁押概念，与外国这种较长时间剥夺被追诉人人身自由的未决羁押概念类似的则是指基于适用拘留和逮捕这两种法定强制措施而导致的被追诉人在判决前人身自由受剥夺的状态。

（1）拘留

我国刑事诉讼中的拘留，是指公安机关、人民检察院在遇到法定的紧急情况时依法临时剥夺某些现行犯或者重大嫌疑分子人身自由的一种强制措施。③ 自1979年《刑事诉讼法》规定拘留制度以来，历次刑事诉讼法修改中都涉及对该项制度的调整与改动。概括而言，有关拘留的立法规定及调整、变动情况主要包括以下几个方面：

---

① 卞建林：《论我国审前羁押制度的完善》，载《法学家》2012年第3期。

② 陈瑞华：《审前羁押的法律控制——比较法角度的分析》，载《政法论坛》2001年第4期。

③ 《刑事诉讼法学》编写组：《刑事诉讼法学》，高等教育出版社2017年版，第218页。

第一，关于拘留的适用对象。1979 年《刑事诉讼法》第 41 条规定，先行拘留适用于符合以下两个条件的现行犯或者重大嫌疑分子：其一，罪该逮捕；其二，具有下列情形之一：正在预备犯罪、实行犯罪或者在犯罪后即时被发觉的；被害人或者在场亲眼看见的人指认他犯罪的；在身边或者住处发现有犯罪证据的；犯罪后企图自杀、逃跑或者在逃的；有毁灭、伪造证据或者串供可能的；身份不明有流窜作案重大嫌疑的；正在进行“打砸抢”和严重破坏工作、生产、社会秩序的。在 1996 年《刑事诉讼法》修改中，取消了“罪该逮捕”这一前提条件，并删除了 1979 年《刑事诉讼法》第 41 条第 7 项“正在进行‘打砸抢’和严重破坏工作、生产、社会秩序的”这一情形。[①] 同时，基于取消收容审查制度的现实需要[②]，1996 年《刑事诉讼法》吸收了收容审查制度中与犯罪斗争有实际需要的内容，对先行拘留的适用范围进行了修改与调整，即将过去属于公安机关收容审查范围内的“不讲真实姓名、住址，身份不明的”和“有流窜作案、多次作案、结伙作案重大嫌疑的”这两类情形增加到先行拘留的适用范围中，并规定这两类情形的拘留期限可以延长至 30 日。在 2012 年《刑事诉讼法》修改中，先行拘留的适用对象维持不变，但将先行拘留明确为取保候审、监视居

---

① “打砸抢”是特定历史条件下的产物，并非严格的、科学的犯罪概念。这种行为本身已经被其他犯罪行为所吸收，没有独立存在的价值。参见陈光中、严端主编：《中华人民共和国刑事诉讼法修改建议稿与论证》，中国方正出版社 1995 年版，第 203 页。

② 根据 1980 年《国务院关于将强制劳动和收容审查两项措施统一于劳动教养的通知》，收容审查是一种行政性强制手段，主要适用于有轻微违法犯罪行为又不讲真实姓名、住址，来历不明的人，或者有轻微违法犯罪行为又有流窜作案、多次作案、结伙作案嫌疑而需要收容查清罪行的人。收容审查的决定权由公安机关行使，被收容审查者的羁押期限最长可达 3 个月。鉴于收容审查羁押时间较长，而且不经其他司法机关，由公安机关决定，缺乏监督制约机制，不符合刑事诉讼法的有关规定，于 1996 年《刑事诉讼法》修正案通过后被正式废除。参见顾昂然：《关于〈中华人民共和国刑事诉讼法修正案（草案）〉的说明——1996 年 3 月 12 日在第八届全国人民代表大会第四次会议上》，载《中国人大》1996 年第 7 期。

住转为逮捕的过渡性手段。对此，2012 年《刑事诉讼法》第 69 条第 4 款和第 75 条第 2 款分别规定："对违反取保候审规定，需要予以逮捕的，可以对犯罪嫌疑人、被告人先行拘留""被监视居住的犯罪嫌疑人、被告人违反前款规定，情节严重的，可以予以逮捕；需要予以逮捕的，可以对犯罪嫌疑人、被告人先行拘留。"因为逮捕的审批往往需要一定的时间，明确拘留作为过渡性手段的作用，可以使取保候审、监视居住与逮捕措施之间的衔接更为可行。在 2018 年《刑事诉讼法》修改中，基于与《监察法》规定相衔接的需要，增加了一种先行拘留的适用情形，即第 170 条第 2 款规定的"对于监察机关移送起诉的已采取留置措施的案件，人民检察院应当对犯罪嫌疑人先行拘留，留置措施自动解除。人民检察院应当在拘留后的十日以内作出是否逮捕、取保候审或者监视居住的决定。在特殊情况下，决定的时间可以延长一日至四日。人民检察院决定采取强制措施的期间不计入审查起诉期限"。

第二，关于拘留的决定机关与决定程序。我国 1979 年《刑事诉讼法》仅规定公安机关有权决定拘留，并未对人民检察院自侦案件的拘留程序作出规定。1996 年《刑事诉讼法》为了适应人民检察院办理直接受理案件侦查的需要，在"侦查"一章中增加了有关检察机关自侦案件适用拘留的有关规定。根据 1996 年《刑事诉讼法》第 132 条的规定，人民检察院只能对以下两种情形进行先行拘留：犯罪后企图自杀、逃跑或者在逃的；有毁灭、伪造证据或者串供可能的，并规定人民检察院决定的拘留应当交给公安机关执行。2012 年、2018 年《刑事诉讼法》延续了 1996 年《刑事诉讼法》的上述规定。在拘留的决定程序方面，根据公安部发布的《公安机关办理刑事案件程序规定》（以下简称公安部《规定》），公安机关拘留犯罪嫌疑人，应当填写呈请拘留报告书，经县级以上公安机关负责人批准，制作拘留证。

第三，关于拘留的执行程序。自 1979 年《刑事诉讼法》规定拘留制度以来，对其执行程序的要求主要包括四个方面：

①执行时出示拘留证。根据《刑事诉讼法》及规范性文件的规定，公安机关执行拘留时，必须出示拘留证，并责令被拘留人在拘留证上签名、捺指印；拒绝签名、捺指印的，侦查人员应当予以注明。

②将被拘留的人立即送看守所羁押。2012 年《刑事诉讼法》吸收了 1998 年公安部《规定》中有关对被拘留的犯罪嫌疑人应当立即送看守所羁押的规定，在第 83 条第 2 款增加了拘留后送看守所羁押的时限要求，即“拘留后，应当立即将被拘留人送看守所羁押，至迟不得超过二十四小时”。之所以增加该条规定，是因为看守所作为专门的羁押场所，具备看押、提讯以及安全警戒等必要条件和设备，能够较好地保障被拘留人的人身安全，防止脱逃，保障讯问等工作依法顺利进行，而规定“至迟不得超过二十四小时”的时限要求则考虑到了需要一定路途时间、现场拘留后需要进行当场指认、协助抓获同案犯等工作的现实需要。[①]

③拘留后 24 小时以内进行讯问。公安机关、人民检察院对于被拘留的人，应当在拘留后的 24 小时进行讯问；在讯问过程中，发现不应当拘留的，必须立即释放，发给释放证明。同时，2012 年《刑事诉讼法》取消了“（讯问后）对需要逮捕而证据还不充足的，可以取保候审或者监视居住”的规定，一方面是因为拘留后的 24 小时内就针对需要逮捕而证据还不充足的犯罪嫌疑人改变强制措施，并不符合司法实践；另一方面，对于需要逮捕而证据还不充足的，可以取保候审或者监视居住的规定在 1996 年《刑事诉讼法》第 69 条第 2 款已有所体现，2012 年《刑事诉讼法》第 89 条保留了该款规定。

④拘留后进行通知。根据 1979 年、1996 年《刑事诉讼法》的规定，拘留后，除有碍侦查或者无法通知的情形外，应当把拘留的

---

① 全国人大常委会法制工作委员会刑法室编：《关于修改中华人民共和国刑事诉讼法的决定：条文说明、立法理由及相关规定》，北京大学出版社 2012 年版，第115 页。

原因和羁押的处所，在 24 小时以内通知被拘留人的家属或者他的所在单位。但从实践情况看，对何谓“有碍侦查”“无法通知”，侦查机关存在不同认识，实践中也出现个别侦查机关以“有碍侦查”“无法通知”为借口不通知被拘留人家属或所在单位的情况。为了充分保护被拘留人及其家属的合法权益，防止秘密拘捕现象的出现，2012 年《刑事诉讼法》对“有碍侦查”的范围作出限定，只适用于涉嫌危害国家安全犯罪、恐怖活动犯罪通知可能有碍侦查的情形，而且在有碍侦查的情形消失后，应当立即通知被拘留人的家属。另外，与 1979 年、1996 年《刑事诉讼法》相比，2012 年《刑事诉讼法》还删除了通知被拘留人所在单位以及通知的具体内容的规定。

第四，关于拘留的期限。根据 1979 年《刑事诉讼法》第 48 条，公安机关对被拘留的人认为需要逮捕的，应当在拘留后的 3 日以内，提请人民检察院审查批准。在特殊情况下，提请审查批准的时间可以延长 1 日至 4 日。人民检察院应当在接到公安机关提请批准逮捕书后的 3 日以内，作出批准逮捕或者不批准逮捕的决定。1996 年《刑事诉讼法》第 69 条增加了“对于流窜作案、多次作案、结伙作案的重大嫌疑分子，提请审查批准的时间可以延长至三十日”的规定，并将人民检察院审查批准逮捕的时间从 3 日调整为 7 日。同时，根据公安部《规定》，犯罪嫌疑人不讲真实姓名、住址、身份不明的，经县级以上公安机关负责人批准，拘留期限自查清其身份之日起计算。在人民检察院自侦案件适用拘留的期间上，1996 年《刑事诉讼法》第 134 条规定“认为需要逮捕的，应当在十日以内作出决定。在特殊情况下，决定逮捕的时间可以延长一日至四日”，而 2012 年《刑事诉讼法》第 165 条规定为“认为需要逮捕的，应当在十四日以内作出决定。在特殊情况下，决定逮捕的时间可以延长一日至三日”，从而延长了人民检察院拘留的期限。

（2）逮捕

我国刑事诉讼中的逮捕，是指公安机关、人民检察院和人民法院为了防止犯罪嫌疑人或者被告人逃避或妨碍侦查、起诉、审判的进行，防止其发生社会危险性，而依法对其予以羁押、暂时剥夺其人身自由的一项强制措施。[①] 逮捕是我国五种强制措施中最严厉的一种。为了保证逮捕措施正当行使，我国刑事诉讼法对逮捕的适用条件、权限、程序等作了较为严格的限定，而且在多次刑事诉讼法修改中都包含有关逮捕规定的调整与改革。

第一，关于逮捕的条件。一般认为，我国的逮捕条件包括证据要件、刑罚要件和必要性要件三个方面。1979 年《刑事诉讼法》规定，对主要犯罪事实已经查清，可能判处徒刑以上刑罚的人犯，采取取保候审、监视居住等方法，尚不足以防止发生社会危险性，而有逮捕必要的，应立即依法逮捕。由于"主要犯罪事实已经查清"的标准过高，导致实际办案中有些需要逮捕的案件达不到这一证据要求。为了解决实践中的问题，1996 年《刑事诉讼法》将逮捕的证据要件修改为"有证据证明有犯罪事实"[②]，而必要性要件仍为"采取取保候审、监视居住等方法，尚不足以防止发生社会危险性，而有逮捕必要的"这一规定。在实践中，由于担心国家赔偿和错案追究，实务部门对逮捕证据要件的把握仍然过严，通常以是否真正构成犯罪作为批捕的证据标准，而有关逮捕必要性要件的考量则因法律规定过于笼统、不好操作以及将逮捕异化为侦查手段、维稳工具或惩罚方式等原因未受到必要的重视，从而导致我国逮捕率长期居高不下的局面。为了增强逮捕必要性要件的可操作

---

① 《刑事诉讼法学》编写组：《刑事诉讼法学》，高等教育出版社 2017 年版，第 222 页。

② 根据公安部《规定》，"有证据证明有犯罪事实"是指同时具备下列情形：有证据证明发生了犯罪事实；有证据证明该犯罪事实是犯罪嫌疑人实施的；证明犯罪嫌疑人实施犯罪行为的证据已经查证属实。犯罪事实可以是犯罪嫌疑人实施的数个犯罪行为中的一个。

性，缩小逮捕的适用范围，我国2012年《刑事诉讼法》第79条第1款对逮捕必要性要件进行了具体列举，规定采取取保候审尚不足以防止发生下列社会危险性的，应当予以逮捕：①可能实施新的犯罪的；②有危害国家安全、公共安全或者社会秩序的现实危险的；③可能毁灭、伪造证据，干扰证人作证或者串供的；④可能对被害人、举报人、控告人实施打击报复的；⑤企图自杀或者逃跑的。同时，基于打击犯罪的需要，2012年《刑事诉讼法》第79条第2款规定了3种应当逮捕的情形：①对有证据证明有犯罪事实，可能判处10年有期徒刑以上刑罚的，应当予以逮捕；②对有证据证明有犯罪事实，可能判处徒刑以上刑罚，曾经故意犯罪的，应当予以逮捕；③对有证据证明有犯罪事实，可能判处徒刑以上刑罚，身份不明的，应当予以逮捕。第79条第3款规定了1种可以逮捕的情形，即被取保候审、监视居住的犯罪嫌疑人、被告人违反取保候审、监视居住规定，情节严重的，可以予以逮捕。2018年《刑事诉讼法》在逮捕条件方面增加了1款规定，即第81条第2款规定："批准或者决定逮捕，应当将犯罪嫌疑人、被告人涉嫌犯罪的性质、情节，认罪认罚等情况，作为是否可能发生社会危险性的考虑因素"，从而使逮捕必要性要件的考量因素更趋完整。

第二，关于逮捕的权限。为了保障公民基本人权、防止逮捕权滥用，我国自1979年《刑事诉讼法》起，就规定了逮捕的批准权、决定权与执行权相分离的制度，即逮捕的批准权、决定权由人民检察院、人民法院行使，而逮捕的执行权交由公安机关行使；公安机关要求逮捕犯罪嫌疑人的时候，应当写出提请批准逮捕书，连同案卷材料、证据，一并移送同级人民检察院审查批准。2009年，最高人民检察院出台《关于省级以下人民检察院立案侦查的案件由上一级人民检察院审查决定逮捕的规定（试行）》，明确规定省级以下（不含省级）检察院立案侦查的案件，需要逮捕犯罪嫌疑人的，应报请上一级人民检察院审查决定。2012年最高人民检察院出台的《人民检察院刑事诉讼规则（试行）》第327条延续了检察院自侦案件的逮捕由上一级人民检察院审查决定的规定，但随着检察机关职务犯罪侦查权的转隶，2019 年修订的最高人民检察院《人民检察院刑事诉讼规则》删除了该条规定，并在第 296 条、第 297 条规定："人民检察院办理直接受理侦查的案件，需要逮捕犯罪嫌疑人的，由负责侦查的部门制作逮捕犯罪嫌疑人意见书，连同案卷材料、讯问犯罪嫌疑人录音、录像一并移送本院负责捕诉的部门审查。""对本院负责侦查的部门移送审查逮捕的案件，犯罪嫌疑人已被拘留的，负责捕诉的部门应当在收到逮捕犯罪嫌疑人意见书后七日以内，报请检察长决定是否逮捕，特殊情况下，决定捕诉的时间可以延长一日至三日。"

第三，关于审查批捕的程序。我国 1979 年《刑事诉讼法》规定了公安机关报请人民检察院审查批捕的程序、人民检察院审查批捕的决定主体、审查后的处理方式以及公安机关对于不批捕决定的救济途径。1996 年《刑事诉讼法》取消了人民检察院审查后作出补充侦查处理方式的规定，规定人民检察院对于公安机关提请批捕的案件进行审查后，应当根据情况作出批准逮捕或者不批准逮捕的决定；增加了对于批准逮捕的决定，公安机关应当立即执行，并且将执行情况及时通知人民检察院的要求。在 2012 年《刑事诉讼法》修改中，鉴于实践中检察机关惯常采用的书面化审查批捕方式存在的缺陷与问题，增加了审查批捕时讯问犯罪嫌疑人、询问证人等诉讼参与人、听取辩护律师意见的规定，即第 86 条规定："人民检察院审查批准逮捕，可以讯问犯罪嫌疑人；有下列情形之一的，应当讯问犯罪嫌疑人：（一）对是否符合逮捕条件有疑问的；（二）犯罪嫌疑人要求向检察人员当面陈述的；（三）侦查活动可能有重大违法行为的。人民检察院审查批准逮捕，可以询问证人等诉讼参与人，听取辩护律师的意见；辩护律师提出要求的，应当听取辩护律师的意见"，从而进一步削弱了审查批捕程序的行政化色彩，使该程序朝司法化方向迈进了积极的一步。

第四，关于逮捕的执行程序。主要包括以下几方面要求：

①执行时出示逮捕证。自1979年《刑事诉讼法》规定起，均要求公安机关在执行逮捕时，必须出示逮捕证。

②将被逮捕人立即送看守所羁押。1979年、1996年《刑事诉讼法》均未规定逮捕后应立即将被逮捕人送看守所羁押。为了解决实践中有些公安机关将被逮捕人关押在看守所以外的其他场所，在没有监督制约机制的情况下以刑讯逼供等方式非法获取口供等情况，2012年《刑事诉讼法》在第91条第2款增加了“逮捕后，应当立即将被逮捕人送看守所羁押”的规定。

③逮捕后进行通知。根据1979年、1996年《刑事诉讼法》的规定，“逮捕后，除有碍侦查或者无法通知的情形以外，应当把逮捕的原因和羁押的处所，在二十四小时以内通知被逮捕人的家属或者他的所在单位”。鉴于逮捕环节通知家属一般不会发生妨碍侦查的情形，而实践中又存在对“妨碍侦查”理解不统一、扩大适用的情况，在2012年《刑事诉讼法》修改中，取消了“有碍侦查”可以不通知被逮捕人家属的规定，并删除了通知被逮捕人所在单位以及通知的具体内容的规定，即“除无法通知的以外，应当在逮捕后二十四小时以内，通知被逮捕人的家属”。

第五，关于逮捕的期限。逮捕后的期限可以分为侦查羁押期限和其他诉讼阶段羁押期限两类情况。对于侦查羁押期限，我国《刑事诉讼法》作了专门的规定。1979年《刑事诉讼法》仅规定在侦查中的羁押期限不得超过两个月；案情复杂、期限届满不能终结的案件，可以经上一级人民检察院批准延长1个月。1996年《刑事诉讼法》在原有基础上增加了多款特殊规定，包括：四类特殊案件经省、自治区、直辖市人民检察院批准或者决定，可以延长2个月；犯罪嫌疑人可能判处10年有期徒刑以上刑罚的，经省、自治区、直辖市人民检察院批准或者决定，可以再延长2个月；发现犯罪嫌疑人另有重要罪行的，自发现之日起重新计算侦查羁押期限；犯罪嫌疑人不讲真实姓名、住址，身份不明的，侦查羁押期限自查清其身份之日起计算。2012年、2018年《刑事诉讼法》基本维持了上述规定。对于其他诉讼阶段的羁押期限，我国自 1979 年《刑事诉讼法》起都未作单独规定，而是将其与审查起诉、一审程序、二审程序的办案期限合而为一。对于羁押期限届满而案件尚未办结的处理，我国 1979 年《刑事诉讼法》未作明确规定；1996 年《刑事诉讼法》仅规定可以取保候审或者监视居住，并未明确是否应当释放①；2012 年《刑事诉讼法》首次明确规定，期限届满就应当释放犯罪嫌疑人、被告人，只有在需要继续查证、审理的情况下才可以对其适用取保候审或者监视居住。②

第六，关于逮捕后的羁押必要性审查。我国 2012 年《刑事诉讼法》首次规定了逮捕后的羁押必要性审查。根据 1979 年、1996 年《刑事诉讼法》的规定，一旦批准或决定逮捕后，即不再对被逮捕人的羁押问题进行司法审查，羁押成为逮捕决定理所当然的附带后果。实践中，普遍存在"一捕到底""一押到底"的情况，难以保障被追诉人的合法权益，也造成国家司法资源的巨大浪费。在吸收试点经验的基础上，2012 年《刑事诉讼法》在第 93 条增加了有关羁押必要性审查的规定，即"犯罪嫌疑人、被告人被逮捕后，人民检察院仍应当对羁押的必要性进行审查。对不需要继续羁押的，应当建议予以释放或者变更强制措施。有关机关应当在十日以内将处理情况通知人民检察院"。2018 年《刑事诉讼法》延续了上述规定。羁押必要性审查制度的确立，使得逮捕决定作出之后的羁押状态受到必要关注，有助于减少非法羁押、无必要羁押的情况，这对于降低未决羁押率、保障犯罪嫌疑人及被告人的合法权益以及

---

① 1996 年《刑事诉讼法》第 74 条规定："犯罪嫌疑人、被告人被羁押的案件，不能在本法规定的侦查羁押、审查起诉、一审、二审期限内办结，需要继续查证、审理的，对犯罪嫌疑人、被告人可以取保候审或者监视居住。"

② 2012 年《刑事诉讼法》第 96 条规定："犯罪嫌疑人、被告人被羁押的案件，不能在本法规定的侦查羁押、审查起诉、一审、二审期限内办结的，对犯罪嫌疑人、被告人应当予以释放；需要继续查证、审理的，对犯罪嫌疑人、被告人可以取保候审或者监视居住。"

节约国家的司法资源都有非常积极的意义。

（3）拘留、逮捕与未决羁押之间的关系

从我国《刑事诉讼法》有关拘留、逮捕措施的上述规定可以看出，不论是拘留还是逮捕的适用，都会产生剥夺被适用对象人身自由这一后果。但是，与域外其他国家不同的是，我国并不存在独立的、专门的未决羁押制度，并未将未决羁押作为独立的一个强制措施种类加以规定。在采用“羁押”这一术语的有限几处法条规定中，也仅将其作为对犯罪嫌疑人、被告人被剥夺人身自由这一状态的描述，并无有关未决羁押适用目的、条件或程序的单独规定。而根据拘留、逮捕的规定，拘留、逮捕既意味着抓捕的行为，也意味着未决羁押的状态；而且，拘留、逮捕并不是未决羁押的前置程序，其本身产生的后果就是羁押。[①] 可见，在我国，未决羁押并不具备独立的制度属性，而是依附于拘留、逮捕制度，是适用拘留、逮捕措施的必然后果。因此，在我国，未决羁押事实上包含了拘留后的未决羁押和逮捕后的未决羁押两种情形。

不过，就我国《刑事诉讼法》规定的拘留和逮捕而言，虽然都产生对被适用对象予以未决羁押的实施效果，但这两种强制措施在性质属性、权力配置、程序设置等方面仍有诸多差异。从制度设置初衷来看，拘留的初始定位应当是紧急情况下控制犯罪嫌疑人人身以确认其身份、制止犯罪、防止逃跑或毁灭证据等行为的临时性强制措施，完全归属于侦查机关的权限范围，且附带的羁押时间相对较短。虽然随着立法的多次修改，拘留的适用范围不断扩大，适用期限一再延长，其具有的紧急情况下临时处置手段的特征有所淡化，但它与逮捕的适用仍然存在明显区别：

一方面，拘留和逮捕附带的未决羁押时间存在明显区别。通常情况下，拘留附带的未决羁押时间不超过 14 日，在流窜作案、多次作案、结伙作案情形下拘留时间最长可达 37 日。而就逮捕所附

① 卞建林：《论我国审前羁押制度的完善》，载《法学家》2012 年第 3 期。

带的未决羁押期限来看，即使只在侦查阶段，也可达到数月甚至数年。因此，从保障被羁押者权益的角度来看，对逮捕这一最严厉的强制措施予以更多关注具有现实的必要性。

另一方面，因为拘留的定位是紧急状态下的临时性措施，适用过程更强调时效性，因此拘留决定权完全由侦查机关自主行使，不需要任何其他机构或部门的审核、许可，亦即拘留权具有更明显的封闭性、行政性特征，存在较少从外部予以监督、制约的空间。与之相比，立法上对逮捕的适用持更为谨慎、严格的态度，不仅对逮捕适用条件、程序等作了较严苛的规定，也规定逮捕的批准、决定权仅能由人民检察院、人民法院行使，公安机关侦查案件的逮捕只能向人民检察院申请批准逮捕，而且规定检察院应当对逮捕后的羁押必要性进行审查的职责，这些都使得逮捕的适用具有一定的司法化倾向，区别于拘留适用的纯行政化特点。

此外，拘留一般仅适用于侦查阶段，而逮捕通常连续适用于侦查、审查起诉与审判等不同诉讼阶段，会涉及不同诉讼阶段、不同办案机关之间的重新审查、相互衔接等问题。因此，相对于拘留附带的未决羁押而言，逮捕所附带的未决羁押更具有监督、制约的必要性和可行性。

因此，基于拘留附带羁押与逮捕附带羁押存在的明显差异，为了避免论述的累赘，同时也是为了突出重点，本书在对未决羁押相关问题进行论述时主要针对逮捕附带的未决羁押即捕后未决羁押展开讨论。

二、未决羁押的目的与功能

未决羁押的存在有着久远的历史。早在古罗马的《十二铜表法》、我国战国时期的《法经》中就有关于拘捕等强制措施的明确规定。直至今日，未决羁押作为一种刑事强制措施依然是现代各国刑事诉讼制度的重要组成部分。为什么要在刑事诉讼程序中规定和适用未决羁押措施？未决羁押的适用目的与功能何在？这是关系到未决羁押基本属性、适用原则、适用范围以及撤销、变更机制等核心内容的基础性问题。

（一）未决羁押的目的

未决羁押显然与无罪推定的基本原则相违背，“那么何以不论是如何极端崇尚人权的国家，仍不可避免地会继续存在审前羁押的制度，即牵连到羁押目的的讨论”①。所谓“目的”，是指从观念上反映的人对某种对象的需要，是人在行动之前在观念上为自己预设的目标，更多地体现在应然层面。对于未决羁押的目的，不同国家和地区的立法和理论有着不同的立场。

相对来说，大陆法系更强调未决羁押对于侦查的积极意义，而英美法系更强调未决羁押的强制到案作用。在大陆法系国家和地区，未决羁押的目的不仅在于保全犯罪嫌疑人或被告人的人身，防止其逃跑或隐匿，更重要的是为了保全证据，防止犯罪嫌疑人或被告人毁灭、隐藏实物证据或对证人、被害人等实施不当影响或者与同案犯进行串供，以此满足决定提起公诉所必备的较高的证据标准。② 在英美法系国家和地区，因为起诉的证据标准相对较低，且当事人主义诉讼构造对于被追诉人准备辩护权的保障，未决羁押的目的传统上限于保证被追诉人于审判时到庭，而不强调其在保障侦查取证方面的意义。在斯坦可诉博伊尔案（Stack v. Boyle）中，美国联邦最高法院在判决书中指出：“从 1789 年《司法条例》通过到现在美国联邦刑事诉讼规则的第 46（a）（1）条，联邦法律都明确规定一个因非死刑犯罪被逮捕的被告人应被保释。这种定罪前传统意义上的自由权使得辩护准备工作不受妨碍，同时防止定罪前的预先惩罚。若审前保释权不能保障，通过几百年抗争才确定的无罪推定将失去意义。”③

---

① 杨台清：《羁押之目的与功能》，载《犯罪与刑事司法研究》2017 年第 28 期。

② 孙长永：《侦查程序与人权——比较法考察》，中国方正出版社 2000 年版，第 193 页。

③ Stack v. Boyle, 342 U.S.1(1951).

在理论界，有关未决羁押适用目的的学说也因各个国家、地区法治传统、诉讼构造等方面的差异而呈现不完全一致的状况。例如，德国学者罗科信认为："羁押是刑事诉讼程序中为了确保诉讼程序进行及刑之执行而对被告人身自由之剥夺。其目的有下列三项：确保被告于刑事诉讼中到庭、保障侦查机关进行犯罪事实之侦查及确保刑之执行。除此之外，并无其他刑事诉讼法上之目的可言。"① 而即使在某一法域内，关于未决羁押适用目的的学说也出现观点纷呈的局面。例如，在我国台湾地区，有学者认为：强制处分虽然不可避免地限制或剥夺个人自由与权利，但并非对于受强制者个人之处罚，而只是为达下列刑事程序目的之强制措施：（1）在侦查程序中发掘、收集或保全刑事证据。（2）确实掌握犯罪嫌疑人或被告，使其确实得以在场，始终参与刑事程序。（3）确保刑事诉讼程序之顺利进行。（4）确保审判结果之执行，以建立刑法与刑事程序之威信。也有学者认为："羁押之目的，至少就应然层面而言，在于保全刑事审判及执行之进行。首先，羁押之目的在于保全被告于刑事程序中始终在场，因此，被告逃亡或有逃亡之虞者，成为羁押事由；并且，若被告受有罪判决并应受徒刑之执行者，或者应受保安处分之执行者，羁押亦是保全执行之手段。此外，羁押之目的亦在于确保刑事侦查及审判机关得以依法从事犯罪事实之调查与认定，因此，有事实足以认为有湮灭、伪造、变造证据或勾串共犯或证人之虞者，亦成为羁押事由。"② 而另一位台湾地区学者则认为："在重视人权保障的国家，羁押之目的只有为审判与执行，不得为追诉而羁押。③"

围绕未决羁押的目的，我国学者也有所讨论，有些是专门针对

① ［德］克劳思·罗科信：《刑事诉讼法（第 24 版）》，吴丽琪译，法律出版社 2003 年版，第 281 页。

② 林钰雄：《刑事诉讼法（上册　总论编）》，中国人民大学出版社 2005 年版，第 264 页。

③ 王兆鹏：《刑事诉讼法讲义》，台湾元照出版公司 2009 年版，第 281 页。

羁押目的的讨论，有些则是针对强制措施适用目的的讨论。例如，有学者提出，“我国强制措施适用目的单一，强制措施立足于保障刑事诉讼活动的依法顺利进行，而非用以进行实体制裁或者替代侦查行为”[①]。也有学者提出，刑事强制措施是以排除障碍为手段所达成的程序保障为目的的，具体分为排除犯罪事实障碍的刑事强制措施和排除行为人障碍的刑事强制措施；刑事强制措施只能作为保障程序进行的手段而存在，不能如同刑罚和行政处罚一样，具有实体的惩罚目的指向。[②]

综合国内外各方观点，保障诉讼程序顺利进行、保障刑罚执行可以说是未决羁押目的方面较一致的观点，而对未决羁押是否具有协助侦查或保障侦查这一目的则存在明显争议。笔者赞同将协助侦查这一目的区分为“消极的防止侦查阻碍”与“积极的协助侦查”两种情形。[③]“消极的防止侦查阻碍”为目的的未决羁押，主要是指为了排除湮灭、伪造、变造证据或勾串共犯、证人等妨碍侦查顺序进行的障碍而适用羁押；而“积极的协助侦查”为目的的未决羁押，则是将未决羁押作为一种侦查手段，以查明案件事实、收集犯罪证据为目的而适用羁押。对于前者，基于我国的诉讼传统与实际情况，有必要承认其具有应予羁押的正当性；而对于后者，因其与无罪推定、人权保障之间的直接冲突，则宜持反对与否定的态度。

（二）未决羁押的功能

所谓“功能”，是指事物的功效和作用。[④]就目的与功能两者的关系来看，目的是功能的基础，功能是目的的具体体现和反映。

---

① 卞建林：《我国刑事强制措施的功能回归与制度完善》，载《中国法学》2011年第6期。

② 杨雄：《刑事强制措施实体化倾向之反思——以预防性羁押为范例》，载《政法论坛》2008年第4期。

③ 杨台清：《羁押之目的与功能》，载《犯罪与刑事司法研究》2017年第28期。

④ 参见《辞海》（缩印本），上海辞书出版社1989年版，第580页。

就未决羁押的应有功能而言，学界主流的看法是未决羁押首先应当具有诉讼保障的功能，包括强制到案的功能、强制候审的功能、证据保全的功能、诉讼保全的功能（保证判决执行的目的）等，同时也应当具有人权保障的功能。但从司法实践或实然层面来看，各国、各地区的未决羁押制度都出现了一定程度的功能泛化与异化现象。

例如，在德国司法实践中，未决羁押发挥的作用包括：达到一种短促有力的监狱震慑效果；迫使被追诉人与警察合作并触发他们坦白；破坏黑市交易；确保移民政策的实施。[①] 在我国台湾地区，未决羁押作为刑事程序中最为有效的保全手段，在实然层面而言，经常被扩张滥用。首先，存在以未决羁押作为侦查手段，压迫被告使之就范的做法，这种未决羁押使得被告沦为侦查或程序的客体；其次，未决羁押经常被滥用作为提前应报犯罪或安抚被害人的刑事政策措施；最后，未决羁押经常被滥用作为预防被告再犯的手段。[②] 也有学者提出，从实然层面看，惩罚是未决羁押的一个功能，另外一种功能则是道德的宣示，此外还存在社会不安情绪的安定作用、被害人的伤痛安抚效果甚至保护犯罪行为人免受被害人或群众的报复、满足大众报复心理、安定社会秩序等多项附属功能。[③] 在我国大陆地区，也有学者总结了未决羁押在实践中功能异化的一些情况：成为打击犯罪、维护社会稳定的工具；被视为惩罚和追究责任的一种方式；承担了预支刑罚的功能；承载着震慑犯罪的功能；成为侦查的手段。[④]

---

① ［德］帕芬根：《审前羁押法》，载陈光中、［德］汉斯-约格、阿尔布莱希特主编：《中德强制措施国际研讨会文集》，中国人民公安大学出版社 2003 年版，第 132 页。

② 林钰雄：《刑事诉讼法（上册　总论编）》，中国人民大学出版社 2005 年版，第 265 页。

③ 杨台清：《羁押之目的与功能》，载《犯罪与刑事司法研究》2017 年第 28 期。

④ 刘计划：《逮捕功能的异化及其矫正——逮捕数量与逮捕率的理性解读》，载《政治与法律》2006 年第 3 期。

总结而言，除应然功能外，未决羁押在实践层面承载的功能还包括：惩罚教育功能、刑罚预支功能、侦查取证功能、安抚被害人功能、预防犯罪功能、安定社会功能等。除侦查取证功能外，理论与实务部门争议最大的应数未决羁押是否具有预防功能，也即预防性羁押是否具备正当性这一问题。

在未决羁押是否具有预防功能这一问题上，否定的观点认为，预防功能是与未决羁押的程序保障性相违背的，是强制措施从程序指向性措施向实体性措施异化的体现。① 赞同的观点认为，虽然预防性羁押同强制措施只能为了保全本案追诉与执行的目的存在以及刑事诉讼程序是针对已经发生的犯罪事实进行处理的传统观念不相符合，但没有充足的理由证明未决羁押为何必须要坚守这样的传统或范围限制。② 也有折中的观点认为，犯罪预防是基于特殊利益保护而附加给强制措施的例外功能，必须受到严格限制。③

笔者认为，对此有必要一分为二地看待。一方面，在诉讼保障功能实现的基础上，未决羁押也能间接地实现其预防性功能。例如，在一般性羁押的情况下，因为剥夺了犯罪嫌疑人、被告人的人身自由，也就基本上消除了其在此期间继续实施危害社会行为的可能性。当然，这种犯罪预防功能相对于未决羁押的诉讼保障功能而言，是一种附带的功能、实然的功能。另一方面，为了防止某些犯罪嫌疑人、被告人在涉嫌犯罪后不思悔改继续实施犯罪或者避免一些主观恶性较深的惯犯再次犯罪，很多国家和地区都规定对此类犯罪嫌疑人、被告人在判决之前予以羁押，以保障社会秩序以及他人免受犯罪的侵害。这种预防性羁押体现了对犯罪预防功能的积极追

① 杨雄：《刑事强制措施实体化倾向之反思———以预防性羁押为范例》，载《政法论坛》2008 年第 4 期。

② 李佳玟：《预防性羁押：刑事程序中的风险管理》，载台湾《月旦法学教室》第 36 期。

③ 卞建林：《我国刑事强制措施的功能回归与制度完善》，载《中国法学》2011 年第 6 期。

求，与上述一般性羁押所附带的、一般性的预防功能是不同的。这种预防性羁押更多的是国家出于行政目的而在刑事程序中限制、剥夺公民人身自由的一种方式，本质上属于行政规制性措施的范畴。在国家行为的划分上，刑事、行政、民事措施三者之间有着不同的授权尺度、审查方式乃至救济途径，应当具有相应的界限。纯粹以预防性为目的的强制措施显然突破了这种界限，而有违刑事诉讼的基本任务与目的。在该问题上，欧洲人权法院也有相同的结论。通过劳莱斯（Lawless）案、格里克（Greek）案和古扎尔迪（Guzzardi）案等案件的判决，欧洲人权法院对预防性羁押予以了否定，认为“在合理地认为有必要防止（被监禁之人）犯下某种违法行为时”这一表述并没有授权一般的预防性监禁，因此关于被监禁人有犯某种具体罪行的意图的证据将是必需的。[①]

但是，在理论上质疑预防性羁押正当性的同时，我们亦不得不面对多个国家和地区的立法机关、司法实务部门已经让这种预防性羁押变成现实的局面。虽然未必“存在的即合理的”，但预防性羁押的存在和应用确实满足了大众规避风险、寻求安全的现实需求，也实实在在地得到很多人的支持，乃至逐渐改变法院的见解。[②] 因此，较为理想的选择应是将纯粹以预防为目的、干预被适用对象基本权利的措施纳入行政法律规范的范畴。而更为现实的选择，或是更为迫切需要解决的，则是对已经现实存在于刑事程序的预防性羁押如何加强规制以最大限度地保障人权与自由不受不当侵害的问题。

---

① ［英］克莱尔·奥维、罗宾·怀特：《欧洲人权法的原则与判例（第3版）》，何志鹏、孙璐译，北京大学出版社2006年版，第148页。

② 例如，德国联邦宪法法院和美国联邦最高法院对预防性羁押的逐渐肯认。参见李佳玟：《预防性羁押：刑事程序中的风险管理》，载台湾《月旦法学教室》第36期。

三、未决羁押撤销、变更机制的内涵

（一）未决羁押撤销、变更的概念界定

未决羁押的撤销，是指因适用不当或不再具备适用必要性而将未决羁押予以撤销的行为；未决羁押的变更，则是指将已经适用的未决羁押变更为另一种强制措施。严格来说，未决羁押的撤销、变更涵盖两种情形：一种情形是未决羁押决定作出伊始，被羁押人对该决定不服，通过上诉等途径寻求救济而要求撤销、变更未决羁押，相关部门对此进行审查、作出裁决的情形。这一情形事实上附随在未决羁押决定作出之后。另一种情形则是未决羁押决定作出以后，在该决定的适用期间内，依申请或依职权撤销、变更未决羁押的情形。从广义上理解，未决羁押撤销、变更机制当然包括以上两种情形，但从狭义上理解，未决羁押撤销、变更机制更多地着眼于未决羁押存续期间内适用要件的变化是否应当导致撤销、变更未决羁押的后果，以此区别于未决羁押适用环节上的权力规制与权利救济问题。限于论述的篇幅，也为了更好地就重点问题展开论述，本书有关未决羁押撤销、变更机制的论述主要着重于狭义的角度，即对未决羁押决定附随的权利救济机制不予具体展开。①

从世界范围来看，在大陆法系传统的国家和地区的刑事诉讼法律中往往直接包含有关未决羁押撤销、变更的立法规定，只是在具体的条文规定以及制度设计上有所不同；而在英美法系传统的国家和地区，未决羁押撤销、变更的相关规定一般包含在有关保释的立法规定之中，亦即通过随时申请保释来达到撤销、变更未决羁押的目的。概括大陆法系国家和地区有关未决羁押撤销、变更的立法规定，大体可以分为两种情形：

---

① 此外，从最宽泛的角度理解，刑事案件作出撤销案件、不起诉、终止审理等裁决一般也会带来立即释放被羁押人、未决羁押适用终止的后果，但该层面的未决羁押撤销属于刑事诉讼程序终结的附随效果，并不是本书探讨的刑事诉讼存续状态下的未决羁押撤销、变更事宜。

一种是将未决羁押撤销、变更的规定包含在强制措施撤销、变更的总体内容中一并加以规定。例如，意大利、葡萄牙《刑事诉讼法》都明确规定了预防措施的撤销与变更，其中也包含未决羁押撤销与变更的情形。意大利《刑事诉讼法》第 299 条规定："1. 当第 273 条规定的适用条件或有关各项措施的条款规定的适用条件消失，包括因后来的事实而消失时，或者当第 274 条规定的预防要求消失时，立即撤销强制措施和禁止性措施。2. 除第 275 条所作的规定外，当预防要求减弱或者所适用的措施不再同事实或可能科处的制裁相适用时，法官采用其他较轻的措施实行更换，或者决定以不那么严厉的方式适用有关措施……"葡萄牙《刑事诉讼法》第 212 条规定："1. 如有下列情况，法官应当立即批示撤销强制措施：（1）强制措施并非在法律规定的情况或者条件下采用的；或（2）构成采用强制措施所依据的情况不再存在的。2. 如其后出现依法构成适用强制措施所依据的理由的，法官可以再次对犯罪嫌疑人采用已被撤销的措施，但是不得有损关于法定期间单一性的规定。3. 采取原强制措施时所需要防范事项的防范要求降低的，法官可以采取其他较轻的措施代替原措施，或者降低强制措施的实施强度。4. 本条所规定的撤销和代替，应当由法官依其职权或者应检察院或者犯罪嫌疑人的申请作出。为此除非有合理理由不能为之的情况，法官应当听取检察院的意见和犯罪嫌疑人的陈述。然而，如果法官认为犯罪嫌疑人的申请明显毫无依据，应当对其判处缴付 6 个纳税单位至 20 个纳税单位罚金。"俄罗斯《刑事诉讼法》的规定与上述两国基本类似，但特殊之处在于同时也对监禁类别的强制性处罚措施的撤销与变更作了专门性规定。该法第 110 条专门规定了"强制性处罚措施的撤销与变更"："1. 当不再具有适用的必要性时，强制性处罚措施应予撤销。如果本法典第 97 条与第 99 条规定的强制性处罚措施在选择根据上发生变更的，可以变更为较为严厉或者较为宽松的强制性处罚措施。1-1. 监禁类别的强制性处罚措施，在查明事实犯罪的犯罪嫌疑人或者相似被告人罹患重度疾病不能对其适用拘留的，经依据医疗诊断结果作出的医疗鉴定予以确认的情况下，可以变更为较为宽松的强制性处罚措施。鉴于实施犯罪的犯罪嫌疑人与刑事被告人罹患重度疾病不能适用拘留的疾病种类列表，相应的医疗诊断程序与医疗鉴定的形式由俄罗斯联邦政府确定。2. 强制性处罚措施的撤销或者变更，应当根据调查官、侦查官或者法官裁决抑或根据法院的裁定进行……”

另一种是专门就未决羁押的撤销与变更作出规定。德国、日本、韩国以及我国台湾地区的相关规定属于这一类型。一方面，这些国家和地区均明确规定了未决羁押撤销的情形。例如，德国《刑事诉讼法典》第120条规定：“1. 一旦待审羁押的前提条件不再成立，或者情况表明继续待审羁押与案件的重大程度和将判处的刑罚或者矫正及保安处分不相称的，应当撤销逮捕令。如果犯罪嫌疑人被判决无罪，或者法院拒绝启动审判程序，或者程序的停止非为暂时的，尤其应当撤销逮捕令。2. 不允许通过提起法律救济而推迟释放犯罪嫌疑人。3. 尚未提起公诉前，如果检察院申请撤销逮捕令的，也应当予以撤销。在提出申请的同时，检察院可以命令释放犯罪嫌疑人。”日本《刑事诉讼法典》第87条第1款规定：“羁押的理由或者羁押的必要性消失后，法院应当依据检察官、被羁押的被告人或其辩护人、法定代理人、保佐人、配偶、直系亲属或兄弟姐妹的请求，或者依职权，以裁定撤销羁押。”韩国《刑事诉讼法》第93条规定：“不存在羁押事由或者羁押事由消灭时，法院依职权或依检察官、被告人、辩护人以及第30条第2款规定人员的申请，应决定撤销羁押。”根据我国台湾地区“刑事诉讼法”第107条、第108条规定，撤销未决羁押是指因出现法定原因，而使未决羁押效力归于消灭，这种消灭是从撤销时点向后发生消灭的效力，无回溯效力；同时，依照撤销原因及法条用语的不同，又分为当然撤销与视为撤销两大类情形。[①] 另一方面，在未决

① 林钰雄：《刑事诉讼法（上册）》，中国人民大学出版社2005年版，第289页。

羁押的变更方面，既规定了未决羁押变更为保释的制度，也规定了未决羁押的停止执行制度，即在仍具备羁押事由但无羁押必要性的情况下停止执行羁押而适用其他限制性措施。例如，德国《刑事诉讼法典》第116条就停止执行逮捕令规定，在采取相对不严厉的措施也足以达到特定目的的情况下，法官应当或可以命令停止执行逮捕令。日本《刑事诉讼法典》第95条规定："法院认为适当时，可以裁定将羁押的被告人委托于其亲属、保护团体或其他的人，或者限制被告人的住居，而停止执行羁押。"韩国《刑事诉讼法》第101条规定："（1）法院认为必要时，可以决定将被羁押的被告人托付给其近亲属、保护团体或其他适当人员，也可以限制被告人的居所居住，从而停止执行羁押。（2）法院在作出前款决定时，应听取检察官的意见，但是情况紧急时除外……"我国台湾地区"刑事诉讼法"第110条至第116条对停止羁押作出了规定。对于撤销未决羁押与停止未决羁押的区别，我国台湾地区学者认为，停止羁押的情况下，羁押的原因仍在，原羁押裁定及其效力亦仍在，只是并无继续执行羁押的"必要"而暂时停止执行，所以仍然可以再执行羁押；而撤销羁押的情况下，或因羁押原因消灭而撤销，或因法定原因而视为撤销，原羁押裁定及其效力已经不复存在。[①] 同德国、日本、韩国上述规定相比，我国台湾地区的停止执行羁押制度将申请保释的相关规定也纳入其中，涵盖范围相对更广。

我国《刑事诉讼法》第一编第六章"强制措施"中第96条至第99条对撤销、解除、变更强制措施作了相对集中的规定，第二编第二章"侦查"中的第117条也涉及强制措施解除、变更的规定。此外，最高人民检察院《人民检察院刑事诉讼规则》（以下简称最高人民检察院《规则》）在第六章"强制措施"的第七节"其他规定"中对强制措施的解除与变更作了较集中的规定，公安

① 林钰雄：《刑事诉讼法（上册）》，中国人民大学出版社2005年版，第293页。

部《规定》中也包含强制措施撤销、解除、变更的相关内容。概括、分析上述规定可以看出，我国《刑事诉讼法》对强制措施适用中的变动情况采用了“撤销”“解除”“变更”三个不同称谓。但对何谓“撤销”、何谓“解除”、何谓“变更”，相关规定并未作出明确界定。从教科书的论述来看，绝大多数刑事诉讼法教材只是笼统地介绍强制措施变更、解除和撤销的立法规定和适用情况，并未对相关概念进行具体阐释，更未专门针对未决羁押的变更、撤销进行论述。从学术研究情况来看，围绕未决羁押变更、撤销展开的研究非常有限，在有关强制措施变更、解除、撤销方面进行专门论述的成果数量也不多，所作的概念界定也并不统一。有观点认为，“撤销”是指公检法机关对自己作出的采取强制措施的决定予以撤销，不再对犯罪嫌疑人、被告人采取强制措施；“变更”是指根据案件情况，采取更为适宜的其他强制措施，比如对逮捕的犯罪嫌疑人采取取保候审、监视居住等替代性的措施。① 该观点强调办案机关对自己所作强制措施决定的撤销，以及不再对犯罪嫌疑人、被告人适用强制措施的意思。而另一种更典型的观点则认为，应当以《刑事诉讼法》的规定为依据界定强制措施的变更、解除、撤销的具体概念，即强制措施的变更是指公检法机关在刑事诉讼中因所适用的强制措施不当或者因法定的强制措施期限届满等原因，将已经适用的强制措施变更为另一种强制措施的行为；强制措施的解除是指公检法机关在刑事诉讼中对已经采取的强制措施，因受法定期限的限制或者发现属于不应当追究刑事责任等情形时，将已经适用的强制措施予以解除的诉讼行为，解除并不是对原来适用强制措施的否定性评价；强制措施的撤销，是指公检法机关在刑事诉讼中因采取强制措施不当而将其予以撤销的诉讼行为，是对原来适用某种强制措施的否定性评价。②

---

① 全国人大常委会法制工作委员会刑法室编著：《〈中华人民共和国刑事诉讼法〉释义及实用指南》，中国民主法制出版社 2012 年版，第 224 页。

② 杨旺年：《论强制措施的变更、解除和撤销》，载《法律科学》2005 年第 5 期。

笔者认为，从我国《刑事诉讼法》及相关司法解释、规范性文件的规定来看，我国对包括拘留、逮捕在内的强制措施的撤销、解除、变更这些概念的界定与适用情况如下：

第一，从《刑事诉讼法》第 96 条的条文表述看，强制措施"撤销"这一术语限于采取强制措施不当的情形，是一种对原来适用该种强制措施的否定性评价，这一理解也同样适用于未决羁押的撤销，即拘留、逮捕的撤销仅适用于拘留、逮捕不当的情形。但对何谓"不当"，该条文并未述明，相关司法解释的表述也并不一致。例如，根据最高人民检察院《规则》第 105 条、第 115 条等规定，取保候审、监视居住的"撤销"似仅适用于发现不应当追究犯罪嫌疑人刑事责任的情形。而根据该规则第 302 条第 2 款，撤销逮捕决定适用于"发现不应当逮捕"的情形。但此处的"不应当逮捕"具体包含哪些情形，是否就是《刑事诉讼法》第 96 条所称的逮捕"不当"，条文规定并未明确。

第二，从《刑事诉讼法》的规定来看，强制措施的"解除"用于因期限届满而对取保候审、监视居住解除适用的情形，即解除的对象往往专指取保候审或监视居住，而且限于期限届满这一情形。在拘留或逮捕法定期限届满的情况下，一般规定为"应当予以释放"等类似表述，只在极个别情况下采用"解除强制措施"的一并表述，如《刑事诉讼法》第 99 条有关"犯罪嫌疑人、被告人及其法定代理人、近亲属或者辩护人对于人民法院、人民检察院或者公安机关采取强制措施法定期限届满的，有权要求解除强制措施”的规定。①

第三，强制措施的“变更”不仅适用于原有强制措施不当的情形，也适用于期限届满而需要变更为其他强制措施的情形。虽然也适用于强制措施不当的情形，但相较于强制措施的“撤销”，强制措施的“变更”在相关法条表述中并不具有明显的否定意味。对拘留、逮捕后的未决羁押而言，存在变更为取保候审或监视居住的可能，这也是强制措施变更的最主要情形。

综上所述，与其他国家和地区有关未决羁押撤销、变更的立法规定及学说比较，我国对未决羁押变更的界定和域外并无大的区别，但我国立法条文中所规定的未决羁押撤销的情形相对比较狭窄。我国的未决羁押撤销制度，更强调的是对之前所作拘留、逮捕决定的一种回溯性、否定性评价，而不关注对之前拘留、逮捕决定正确但其后未决羁押适用理由、适用必要性消失等情形的处理。同时，我国有关强制措施解除的立法规定一般仅用于取保候审、监视居住期限届满的情形，也没有将不再具备未决羁押适用理由、适用必要性等情形囊括其中。笔者认为，这样的规定方式，一方面使得撤销拘留、逮捕决定因带来否定性评价而较难在实践中适用，另一方面也使得大量并不存在前置决定错误但不再符合适用理由或适用必要性的未决羁押难以获得有效救济。

鉴于上述认识，笔者在本书的论述中，采用更为广义的概念来界定未决羁押的撤销、变更，即未决羁押的撤销，是指因适用不当或不再具备适用必要性而不再适用未决羁押，对其予以取消的行

① 《刑事诉讼法》第99条规定：“人民法院、人民检察院或者公安机关对被采取强制措施法定期限届满的犯罪嫌疑人、被告人，应当予以释放、解除取保候审、监视居住或者依法变更强制措施。犯罪嫌疑人、被告人及其法定代理人、近亲属或者辩护人对于人民法院、人民检察院或者公安机关采取强制措施法定期限届满的，有权要求解除强制措施。”《刑事诉讼法》第117条规定：“当事人和辩护人、诉讼代理人、利害关系人对于司法机关及其工作人员有下列行为之一的，有权向该机关申诉或者控告：（一）采取强制措施法定期限届满，不予以释放、解除或者变更的……”

为，其中涵盖了我国《刑事诉讼法》所规定的强制措施撤销、解除的相关情形；而未决羁押的变更，则是指将已经适用的未决羁押变更为另一种强制措施。

（二）未决羁押撤销、变更机制的基本内容

所谓“机制”，是指各要素之间的结构关系和运行方式。就未决羁押撤销、变更机制而言，如果按其内部结构及其运行方式进行分解，大体可以将其划分为以下几部分：

其一，未决羁押撤销、变更的基本理念。未决羁押的撤销、变更机制是整个未决羁押制度的一个有机组成部分，未决羁押制度所遵循的基本理念也同样支配其中的撤销、变更机制。因此，对未决羁押撤销、变更机制应遵循理念的概括，其实也是探究、总结整个未决羁押制度构建、运行之基本理念的过程。

其二，未决羁押撤销、变更的动因。未决羁押撤销、变更机制着眼于羁押决定作出以后的存续状态中是否应当撤销、变更未决羁押的问题。对业已适用的未决羁押而言，出现哪些动因才应当、才需要启动其撤销、变更机制，这是该机制运行的基本前提。

其三，未决羁押撤销、变更的具体程序。出现未决羁押撤销、变更的具体动因之后，采用何种具体程序实现撤销、变更未决羁押的目的，涉及其中的启动方式、审查主体、审查方式以及对审查结果的再救济等诸多方面。未决羁押撤销、变更程序的细化程度、可操作性程度，直接影响该机制实际运行的可能性、有效性，因此也在整个未决羁押撤销、变更机制中占据非常重要的地位。

其四，未决羁押撤销、变更中的律师帮助。在现代刑事诉讼中，保障被追诉人获得律师帮助的权利是实现司法人权保障、实现控辩平等对抗的重要基石。对处于被羁押状态的犯罪嫌疑人、被告人而言，在其申请撤销、变更未决羁押的过程中，能否获得及时、有效的律师帮助尤其具有关键性的影响。

其五，未决羁押撤销、变更机制的保障措施。对于已经适用未决羁押的犯罪嫌疑人、被告人来说，多数具有可能影响诉讼顺利进行、具有一定社会危险性等情形，撤销、变更未决羁押的可能性多数依赖于具备现实可行的羁押替代措施。如果缺乏完备的非羁押性强制措施体系作为支撑与保障，未决羁押撤销、变更机制在实践中运行的可行性必将大打折扣。因此，对未决羁押撤销、变更机制的研究，也不能忽视非羁押性强制措施的健全与完善问题。

可以说，上述五个方面是相辅相成、缺一不可的关系，偏废其中任何一个部分都可能直接导致未决羁押撤销、变更机制无法发挥应有作用甚至形同虚设。除上述五个方面外，未决羁押撤销、变更机制事实上还包含诸多内容，如撤销、变更机制中的程序制裁问题、证明方式问题、证明标准问题，等等。但限于篇幅，本书对这些问题无法一一展开具体论述，只能在相关部分附带论及。

第二章　未决羁押撤销、变更的理念基础

从根本上来说，未决羁押撤销、变更机制是建立在严格限制未决羁押适用的基本理念之上的。“在确保诉讼程序的措施中，羁押是对个人自由影响最严重、深远的侵害。”① 鉴于未决羁押措施对公民基本权利的严重干预程度，同时也是因为未决羁押与无罪推定原则之间的高度紧张关系，在现代各国刑事诉讼中，严格限制未决羁押的适用，尽可能采取非羁押性措施替代羁押性措施的基本理念已获得普遍认同。具体而言，严格限制未决羁押适用的基本理念包括未决羁押适用应当遵循的法定原则、例外原则、比例原则、司法审查原则、权利保障与救济原则等，这些原则也是确立未决羁押撤销、变更机制的基础所在。

一、未决羁押适用的法定原则

法定原则，亦可称法律保留原则，要求凡是涉及对公民的自由、财产等基本权利进行限制或者剥夺的事项，必须由法律预先进行规定，以此达到权利保障与权力限制的目的。法定原则来自行政法领域，德国学者奥托·迈耶有关法律保留原则的最早论述认为：“其古典的形式乃是所谓基本权和自由权之保障。依此，对于市民之身体自由及所有权等不可侵犯之权利的侵害，仅保留由法律对该

① ［德］克劳思·罗科信：《刑事诉讼法（第24版）》，吴丽琪译，法律出版社2003年版，第281页。

事项之明示或默示之规定。”① 随着民主法治化程度的不断提高，法定原则成为限制国家权力扩张、保障个人权利免受不当侵犯的一项基本准则，很多国家都将法定原则作为宪法的基本原则加以规定。对于法定原则的作用，正如英国政治学家洛克所指出的：“一方面使人民可以知道他们的责任并在法律范围内得到安全和保障，另一方面也使统治被限制在他们的适当范围之内。”②

在刑事司法领域，法定原则包含实体意义上的罪刑法定原则和程序意义上的程序法定原则。所谓程序法定原则，也被称为法定刑事诉讼程序原则，是指国家刑事司法机关的职权及其追究犯罪的程序，都只能由作为国民代表集合体的立法机关所制定的法律即刑事诉讼法来加以明确规定，刑事诉讼法没有明确赋予的职权，司法机关不得行使；司法机关也不得违背刑事诉讼法所明确设定的程序规则而任意决定诉讼的进程。③

未决羁押是直接对被追诉人人身自由这一基本权利进行干预的强制措施，显然属于法律予以绝对保留的事项。法定原则为未决羁押的适用设定了严格的法律界限：只有国家立法机关制定的法律才能对未决羁押的适用理由、范围、条件、程序、期限等加以规定，其他任何机关都无权通过法规、决定或者司法解释等形式来创设新的未决羁押种类、扩大未决羁押的适用范围、放宽未决羁押的适用条件、改变未决羁押的适用期限等内容，否则即构成了对法定原则的违反；同时，法定原则也要求在未决羁押的具体适用中应当严格遵循法律的预先规定。随着刑事程序法治水平的不断提高，未决羁押适用中的法定原则已得到世界各国的普遍认同。联合国刑事司法

---

① 吴万得：《德国法律保留原则的适用范围及其学说》，载《东吴法学》2001年号。

② 转引自张文显：《二十世纪西方哲学思潮研究》，法律出版社1996年版，第610页。

③ 谢佑平、万毅：《刑事诉讼法原则：程序正义的基石》，法律出版社2002年版，第109页。

准则联合国《公民权利和政治权利国际公约》第9条第1款规定是未决羁押法定原则的直接体现，该款规定："每个人都享有人身自由与安全的权利，任何人不得被任意逮捕或羁押，除非依据法律所规定的理由并遵守法定的程序，任何人不得被剥夺自由。"域外各国的立法规定中也多包含类似表述。依据程序法定原则，在未决羁押适用中，如果不具备或不再具备法律规定的适用理由或条件，或未按法律规定的程序予以适用时，就应当依法撤销或者变更未决羁押，否则即构成对公民基本权利的不当侵犯。

在我国，《宪法》和《刑事诉讼法》均规定刑事诉讼必须"以法律为准绳"，《刑事诉讼法》第3条第2款规定："人民法院、人民检察院和公安机关进行刑事诉讼，必须严格遵守本法和其他法律的有关规定。"可以说，我国已经在刑事司法领域确立程序法定的基本原则。在未决羁押适用方面，《宪法》第37条规定："中华人民共和国公民的人身自由不受侵犯。任何公民，非经人民检察院批准或者决定或者人民法院决定，并由公安机关执行，不受逮捕。禁止非法拘禁和以其他方法非法剥夺或者限制公民的人身自由，禁止非法搜查公民的身体。"《刑事诉讼法》在第一编第六章"强制措施"中对拘留、逮捕适用的条件、决定权主体、程序、期限以及撤销、变更等内容都有所规定，体现了程序法定原则对未决羁押适用的约束与规制。但与此同时，我国《刑事诉讼法》有关未决羁押适用的具体法律规定，与程序法定原则的要求仍有不小的差距：

一方面，我国在未决羁押的立法规制上仍存在空白。如前所述，我国并没有独立的未决羁押制度，未决羁押仅被视为适用拘留、逮捕的必然后果，未决羁押在适用条件、程序、期限以及被羁押者权利保障等方面并不存在独立的法律规定。例如，除了对侦查阶段的羁押期限有所规定之外，我国《刑事诉讼法》对审查起诉、审判阶段的羁押期限都未作独立规定。

另一方面，由于《刑事诉讼法》相关规定过于原则、简单，有关拘留、逮捕适用程序的细节规定多以司法解释、行政法规等规范性文件的方式承载。这种“司法立法”的方式，不仅违背未决羁押法定原则，也造成了相关规定限于部门利益而得不到良好遵守的局面。譬如最高人民检察院《规则》第 293 条规定，“对公安机关提请批准逮捕的案件，负责捕诉的部门应当将批准、变更、撤销逮捕措施的情况书面通知本院负责刑事执行检察的部门”，但实践中该规定并未得到有效执行，进行审查批捕的部门基本未能及时将相关材料送达监所检察部门。①

从今后完善的方向来看，为了更好地贯彻未决羁押的法定原则，需要在《刑事诉讼法》中对未决羁押制度作更加全面、细致的规定，将本应由法律明确规定但目前仍由其他规范性文件规范的事项纳入刑事诉讼法律规范之中，从而使未决羁押的适用及其撤销、变更等事项均有明确、具体的法律依据可遵循。

二、未决羁押适用的例外原则

未决羁押适用的例外原则，又称最后原则，强调未决羁押适用的例外性、最后性，是指应当尽可能采取非羁押措施，仅在不得已的情况下才能例外地适用羁押措施。

未决羁押适用的例外原则是无罪推定原则的应有之义。依据无罪推定原则，任何受到刑事追诉的人在未经生效裁判确定有罪之前，都应当被推定为无罪之人。既然是无罪的人，就应当享有正常公民应当所拥有的人身自由不受侵犯等基本的宪法权利。“但与此同时，当一个具有潜在危险性的犯罪嫌疑人从监禁中被释放时，他/她确实会对司法程序和社会安全构成威胁。显然不难预见，这些嫌疑人如果在法院判决之前被释放，他们中的有些人会在案件裁判前潜逃；有些人可能会毁灭证据、威胁证人，干扰司法程序；还有些人可能会在待审期间再次犯罪。”② 因此，在刑事诉讼中，为

---

① 李忠诚：《超期羁押的成因与对策》，载《政法论坛》2002 年第 1 期。

② ［美］柏恩敬等编译：《审前羁押制度演变的比较研究》，法律出版社 2018 年版，第 1 页。

了排除诉讼妨碍，维护诉讼活动正常进行，未决羁押成为刑事程序中不得不为的“恶”。但是，基于无罪推定原则的要求，未决羁押的适用必须具备正当的理由，而且应当限制在最必要的范围内。“人们所不赞成的不是剥夺自由本身，而是任意的和非法的剥夺。”[①] 未决羁押适用中贯彻例外原则、最后原则，可以说是缓和该项制度与无罪推定原则之间紧张关系的必然需要。同时，未决羁押适用的例外原则也是贯彻正当程序理念的结果。控辩平等是刑事诉讼正当程序的基本要求之一。在未决羁押状态下，被追诉人不仅被剥夺了人身自由，在对外沟通与联系上也会受到限制甚至阻断，在心理上往往处于焦虑、无助的境地，这些都会降低被追诉人的防御能力、妨碍辩护权的有效行使，进而破坏控辩平等对抗，以致影响程序公正的实现。因此，在未决羁押适用中贯彻例外原则，强调其适用的最后性，也是为了尽可能减少未决羁押所造成的控辩失衡关系对正当程序理念的影响和冲击。依据例外原则，一旦情势变更，使得其他措施可以替代适用未决羁押而达至相同目的时，适用未决羁押的正当性就被削弱，以致产生对其予以撤销、变更的必要性。因此，确立未决羁押的撤销、变更机制，亦是未决羁押适用例外原则的应有之义。

从域外情况来看，未决羁押适用的例外原则在联合国刑事司法准则等国际性文件中已有体现。例如，联合国《公民权利和政治权利国际公约》第 9 条规定“等候审判的人受监禁不应作为一般规则，但可规定释放时应保证在司法程序的任何其他阶段出席审判，并在必要时报到听候执行判决”。1988 年联合国《保护所有遭受任何形式拘留或监禁的人的原则》规定：“在调查和审判期间，只有在执法上确有必要时，才能根据法律具体规定的理由及其条件和程序对这种人进行逮捕和拘留。”1994 年世界刑法学协会第十五

① ［奥］曼弗雷德·诺瓦克：《民权公约评注（上）》，毕小青、孙世彦译，生活·读书·新知三联书店 2003 年版，第 159 页。

届代表大会《关于刑事诉讼法中的人权问题的决议》第 3 条也规定："审前羁押在任何情况下都应视为例外。"同时，多个国家有关未决羁押适用的法律规定也表达了例外原则的意旨。例如，法国《刑事诉讼法典》第 144 条规定："只有在先行拘押构成以下所指的唯一手段时，始得命令先行拘押或延长先行拘押期间。"德国《刑事诉讼法典》第 116 条规定："如果采取不这么严厉的措施(逮捕)，也足以达到待审羁押的目的，法官应当命令延期执行仅根据逃亡之虞签发的逮捕令。"在英美法系国家，通过保释制度的使用，大多数被追诉者得以在诉讼过程中处于非羁押的状态，从而实现未决羁押例外适用原则所追求的"羁押为例外，释放为原则"的实施效果。从上文述及的域外多个国家、区域的实践数据来看，处于审前羁押状态的被追诉人往往在所有被追诉人中占少数，多数被追诉人在诉讼中是处于被释放或适用其他非羁押性强制措施的状态。

从我国情况来看，未决羁押适用的例外原则并未在法律中得以确立。在我国《刑事诉讼法》第 82 条规定的拘留条件中，并没有包含拘留适用的例外性、最后性方面的要求，而仅仅是对公安机关在所列七种情形下适用拘留的授权性规定。在《刑事诉讼法》第 81 条有关逮捕条件的规定中，"对有证据证明有犯罪事实，可能判处徒刑以上刑罚的犯罪嫌疑人、被告人，采取取保候审尚不足以防止发生下列社会危险性的，应当予以逮捕……"的表述似乎包含了优先采用取保候审的意思，但在适用逮捕措施的过程中并没有对该意思予以具体贯彻、落实的相应机制。我国《刑事诉讼法》在 2012 年修正时增加了第 269 条有关"对未成年犯罪嫌疑人、被告人应当严格限制适用逮捕措施"的规定，该条规定体现了对未成年犯罪嫌疑人、被告人尽量减少适用逮捕措施的倾向性态度，但未能完整体现逮捕适用的例外性原则，同时该条规定也不适用于非未成年人刑事案件。

从最高人民检察院工作报告对全国检察机关批准逮捕和提起公

诉的统计数据来看，全国刑事案件逮捕人数每年的总量近 90 万人，批捕率曾长期维持在 80%左右的高位运行。由于我国不存在独立的未决羁押制度，批捕率是体现未决羁押比率的一项重要指标。与域外其他国家相比，显然我们的未决羁押比率是相当高的。从办案机关对逮捕的实际适用来看，存在突出的构罪即捕、以捕代侦、以捕维稳的问题。2015 年全国捕后判处缓刑和没有判处徒刑以上刑罚案件的比例分别达到 8.4%和 7.2%①，这也说明实践中为数不少被适用逮捕措施的犯罪嫌疑人、被告人并不符合逮捕适用的条件或者并不具备逮捕的必要性。

2012 年《刑事诉讼法》对逮捕适用条件进行细化以及建立羁押必要性审查制度以来，普通刑事案件的批捕率、提起公诉时犯罪嫌疑人被羁押的比率等数据都出现了一定程度的下降，在尽可能减少不必要的未决羁押方面已有所进展。但从相关立法规定以及逮捕实践的上述数据可看出，我国仍存在比较突出的未决羁押常态化、普遍化的问题。为了尽可能减少不必要的羁押，保障公民在刑事诉讼中的人身自由基本权利，同时也是出于节约国家司法资源的考虑，有必要在我国刑事诉讼法律中明确确立未决羁押适用的例外原则，并通过进一步细化未决羁押的适用条件与程序、丰富与完善非羁押性强制措施等举措，使该项原则得以真正落实。

三、未决羁押适用的比例原则

比例原则同样来源于行政法领域，德国 1931 年 6 月颁布的《普鲁士警察行政法》最早对比例原则作出了规定，要求对警察的行政执法行为进行必要的约束。1973 年，德国联邦宪法法院通过一项判例明确规定：“比例原则的适用不得被限制于任何特定的法

---

① 黄河：《侦查监督的现状、问题与发展方向》，载卞建林、杨松：《推进以审判为中心的诉讼制度改革》，中国人民公安大学出版社 2017 年版，第 14 页。

律部门和领域。"① 在比例原则之下，严格禁止一切为达目的而不择手段的国家行为。

比例原则具体包含适合性原则、必要性原则和相称性原则三个方面。适合性原则要求国家所选择的行为方式和措施必须能够实现法律规定的目的或至少有助于法律规定目的的实现，而不能与之相背离。必要性原则又可称为"最小侵害原则"，是指在上述适合性原则获得肯定之后，在所有可能实现法律规定目的的手段中选择对公众不会造成损害或损害最少的措施，最严厉的手段应当作为最后的手段予以适用。因此，必要性原则适用于有多种手段可以实现法律规定目的的情境之下。相称性原则又称"狭义的比例原则"，是指国家采取某一行为或措施时对个人所造成的损害与社会获得的利益之间应符合相称的原则。

在刑事强制措施适用中，比例原则的体现尤为突出。正如德国学者格哈德·丹内克（Gerhard Dannecker）所言："任何刑事诉讼法典允许的强制措施的合法性，不仅决定于任何特定的法律规定，也决定于宪法性的比例原则。在考虑其措施的比例性的时候，必须平衡犯罪的严重性、嫌疑的程度、保护证据或信息的措施可能带来的价值和对所涉及的人带来的破坏或危害等因素。这也意味着：如果对相对人不施加任何限制或施以较弱较轻的限制，则无法取得预期结果时，才能允许对所涉及的人的基本权利进行限制。"② 比例原则要求追诉机关在适用强制措施过程中，应当选择对相对人侵害程度最小的方式进行，避免对犯罪嫌疑人、被告人及其他人员造成不必要的损害；即使必须采用强制措施，也要求其采用必须适度，亦即要与犯罪的严重性、嫌疑程度、案件的紧急性、必要性等情况相适宜，尽量选择对被适用对象权利损害最小的措施，不能造成不

---

① 转引自陈永生：《侦查程序原理论》，中国人民公安大学出版社 2003 年版，第 135 页。

② 宋冰编：《读本：美国与德国的司法制度及司法程序》，中国政法大学出版社 1998 年版，第 384 页。

必要的侵害；而且，即使是必要的损害，也应当限制在尽可能小的范围与限度之内。

就未决羁押的适用而言，比例原则要求未决羁押的适用及其期限，应当与被指控犯罪行为的严重性、被适用对象危害诉讼正常进行的可能性、可能科处的刑罚相适应，或者呈正比例关系。从广义上说，未决羁押适用的例外原则也包含在比例原则之中。但就狭义的比例原则而言，尤其强调未决羁押措施对公民权利所造成的损害应与获得的利益相称，否则不允许适用未决羁押。例如，德国《刑事诉讼法典》第 112 条第 1 款明确规定："若与案件重大程度和可能的刑罚、矫正及保安处分不相称的，不允许命令待审羁押。"此外，在比例原则的支配下，要求在适用未决羁押的过程中随时根据案件情况与被适用对象的个体情况进行调整，一旦未决羁押所造成的损害与获得的利益之间出现不相称的局面，就有必要启动撤销或变更未决羁押的机制。因此，在已经适用未决羁押的情况下，比例原则尤其强调未决羁押的期限、对未决羁押的司法复查、对未决羁押的救济等事项。一般而言，各国对未决羁押的最长持续期限都有所规定，涉嫌犯罪的严重程度与可能判处的刑罚越轻，未决羁押的期限越短，反之则越长；同时，未决羁押持续的时间越长，有关司法复查、权利救济的要求就越严格。大陆法系传统的国家在这方面的规定尤为典型。例如，根据意大利《刑事诉讼法典》第 303 条有关未决羁押最长持续期的规定，提交审判决定作出前的未决羁押期限分别是：如果诉讼针对的是依法应当判处 6 年以下有期徒刑的犯罪，期限为 3 个月；如果诉讼针对的是依法应当判处 20 年以下有期徒刑的犯罪，期限为 6 个月；如果诉讼针对的是依法应当判处 20 年以上有期徒刑或者无期徒刑的犯罪，期限为 1 年。作出提交审判的决定之时起至第一审有罪判决宣告前的未决羁押期限分别是：如果诉讼针对的是依法应当判处 6 年以下有期徒刑的犯罪，期限为 6 个月；如果诉讼针对的是依法应当判处 20 年以下有期徒刑的犯罪，期限为 1 年；如果诉讼针对的是依法应当判处 20

年以上有期徒刑或者无期徒刑的犯罪，期限为 1 年 6 个月。必要时，法官可以延长未决羁押期限，但延长后，未决羁押的总期限不得超过以下限度：如果诉讼针对的是依法应当判处 6 年以下有期徒刑的犯罪，期限为 2 年；如果诉讼针对的是依法应当判处 20 年以下有期徒刑的犯罪，期限为 4 年；如果诉讼针对的是依法应当判处 20 年以上有期徒刑或者无期徒刑的犯罪，期限为 6 年。德国《刑事诉讼法典》有关未决羁押期限、司法复查以及未决羁押救济措施等内容的规定也很好地体现了比例原则的要求。例如，德国《刑事诉讼法典》对审判前羁押所规定的复查制度是贯彻比例原则的直接体现，该法规定了启动未决羁押复查的两种方式：一种是被羁押人申请的方式，即第 117 条第 1 款规定："待审羁押期间，犯罪嫌疑人可以随时申请法院审查是否应当撤销逮捕令，或者依照第 116 条停止执行逮捕令。"羁押审查采用言词审理的方式，检察院、犯罪嫌疑人和辩护人有权出席。如果言词审理后继续维持待审羁押的，在待审羁押已经至少执行了 3 个月，并且自上次言词审理以来至少已经执行了 2 个月的，犯罪嫌疑人才有权再次申请言词审理。另一种是法院职权审查的方式。根据德国《刑事诉讼法典》第 121 条、第 122 条规定，待审羁押不得超过 6 个月，除非由于特别的侦查困难或者特别的侦查范围或者其他重要原因使得还不能作出判决，并且这些特殊情形使得继续待审羁押有必要的；在这些特殊情形下，如果管辖法院认为有必要或者检察院申请继续待审羁押，法院应通过检察院将案卷移送州高等法院进行待审羁押的特别审查；在后续程序中，每次至迟 3 个月后，必须再次审查；这种复查也采取言词审理的方式。德国这种在赋予被羁押人上诉权之外，又根据案件情况每隔 3 个月就对审判前的羁押进行一次复查，并且由州高等法院进行复查的做法，以及对于复查采取言词审理的方式，不论是对于在程序上保证被指控人的权益，还是从实体真实的角度保证羁押的准确性，减少非法羁押、失去实质要件后的无根据羁押，防止长时间地羁押被指控人，无疑都具有非常重要的意义。[①]

我国并未在强制措施或未决羁押的适用中明确规定比例原则。尤其从有关未决羁押期限设定、延长以及未决羁押撤销、变更机制的立法规定来看，我国在贯彻比例原则相关要求方面仍存在明显缺失。在侦查羁押期限方面，我国《刑事诉讼法》从第 156 条起至第 160 条规定了一般侦查羁押期限、特殊侦查羁押期限、重大复杂案件的侦查羁押期限、重刑案件的侦查羁押期限以及侦查羁押期限的重新计算等情形。对于重刑案件来说，即使不存在重新计算侦查羁押期限、从查明犯罪嫌疑人身份之日起计算侦查羁押期限以及在较长时间内不宜交付审判等特殊情形，其侦查羁押期限就可以经相关批准手续后延长至 7 个月。一旦存在上述特殊情形，侦查羁押期限甚至没有最长的时间限制。在审查起诉、一审、二审程序中，我国《刑事诉讼法》并未对各阶段的未决羁押期限作单独规定，而是将其与办案期限合二为一。[②] 而在办案期限的设置上，采取的是整齐划一的规定方式，并不因被追诉人的罪行轻重和可能判处的刑罚幅度情况不同而有所不同。根据《刑事诉讼法》有关审查起诉期限、一审期限、二审期限规定，对于普通刑事案件而言，即使不涉及退回补充侦查、改变管辖而重新计算办案期限等特殊情形，移送审查起诉以后的未决羁押期限也可以长达近一年。除了羁押期限较长以外，从我国《刑事诉讼法》关于各诉讼阶段羁押期限延长条件的规定来看，多为“案情复杂”“期限届满不能办结”等类似表述，明显体现了侧重保障公权力实施的立法意图，它与比例性原则所强调的以被羁押者涉嫌罪行轻重等因素来确定适用期限长短的

① 孙长永：《侦查程序与人权——比较法考察》，中国方正出版社 2000 年版，第 238 页。

② 2012 年《刑事诉讼法》第 96 条规定：“犯罪嫌疑人、被告人被羁押的案件，不能在本法规定的侦查羁押、审查起诉、一审、二审期限内办结的，对犯罪嫌疑人、被告人应当予以释放；需要继续查证、审理的，对犯罪嫌疑人、被告人可以取保候审或者监视居住。”

意旨有着实质性的区别。同时，从羁押期限延长的权限来看，并不需要由中立的司法机关进行审批，多数情况下由各自的上级机关采用行政式的内部审批方式即可延长。虽然我国《刑事诉讼法》在2012年修正时增加了羁押必要性审查制度，但该项制度的立法规定仍过于原则、粗疏，欠缺实践可操作性，在实践中发挥的作用仍较有限。而从我国《刑事诉讼法》有关未决羁押撤销、变更理由的立法规定看，也仅包含“采取强制措施不当”“不能在……期限内办结”等笼统规定，并没有贯彻比例原则相关要求的具体体现。也正因为比例原则在相关立法规定中的缺失，使得我国在未决羁押的适用中明显偏重于公权力机关的办案需要，而缺乏对犯罪嫌疑人、被告人权益保障的必要考量。从实证数据来看，2013年以来，全国法院判决的每100名被告人中至少60人处于被逮捕的状态，犯罪嫌疑人、被告人在一审判决作出前平均需要被未决羁押的天数超过5个月，而同期的捕后轻刑率和缓刑率则分别高达65%和13.5%。[①] 与此同时，我国长期存在超期羁押问题。最高人民法院、最高人民检察院、公安部等中央政法部门曾多次单独或者联合开展超期羁押的纠正、清理工作，但实践中仍存在超期羁押屡禁不止的状况。根据2016年11月时任最高人民检察院检察长曹建明在十二届全国人大常委会第二十四次会议上所作的《关于加强侦查监督、维护司法公正情况的报告》，全国检察系统2013年核查出的羁押3年以上未结案达4459人，直至2016年年底才全部清理纠正完毕。[②] 这些数据很大程度上说明了我国刑事诉讼中未决羁押普遍适用、长期适用以及无必要羁押大量存在的现实状况。

“比例原则支配所有的强制处分，就干预人身自由最为彻底的

---

① 王禄生：《论刑事诉讼的象征性立法及其后果——基于202万判决书大数据的自然语义挖掘》，载《清华法学》2018年第6期。

② 《最高检：4459名羁押3年以上未结案者已全部清理纠正》，载 https://www.thepaper.cn/newsDetail_forward_1555692，最后访问日期：2020年11月20日。

羁押处分而言，更应注意比例原则的限制。"[1] 在我国未决羁押制度的进一步改革完善中，有必要明确引入比例原则，从而在未决羁押的期限设置、未决羁押的延长、羁押必要性审查制度以及被追诉人权利救济等方面的具体规定中更好地平衡有效追诉犯罪与保障人权、节制国家权力之间的关系，而这也是我国进一步完善未决羁押撤销、变更机制的理念根基。

四、未决羁押适用的司法审查原则

司法审查原则最早形成于美国，是宪法领域的一个概念。司法审查原则要求赋予司法机关对立法的司法审查权力，体现了不同权力部门之间的分工与制衡理念。在刑事诉讼领域，司法审查原则要求由法院对追诉机关实施的涉及公民人身、自由、财产等权利的行为进行决定、授权和救济，以此保障公民基本权利和防止国家机关滥用追诉权。

依据司法审查原则的要求，在包括未决羁押在内的刑事强制措施的适用中应当设置司法的事先授权机制、事后审查机制以及错误强制措施的救济机制。也就是说，各种强制措施的适用应当事先由中立的司法机构即法院来进行审查并作出决定后，以令状的方式授权给特定的机关予以执行。在例外情形下，虽然追诉机关可以没有法官的事先授权而适用强制措施，但必须由法官对这些措施的正当性予以事后审查。而一旦法官错误签发令状或者执行机关错误执行令状而使公民相应权利遭侵害的，受害人应有相应途径获得救济。正如德国法学家赫尔曼教授所言："德国刑事诉讼法注意到这个强制性，它将没收、搜查措施与待审羁押和暂时逮捕措施直接相关地规定在一起。德国的法学思想一直认为，允许以强制性侵犯公民的权利时，关键的是一方面必须对国家权力的强制权明确地予以划分与限制，另一方面必须由法院对强制性措施进行审查，使公民由此

---

① 蔡墩铭：《新修正"刑事诉讼法"与必要性原则》，载《律师杂志》第220期。

享受到有效的法律保障。”①

从域外来看，司法审查已经成为域外各国在未决羁押适用中普遍确立的一项基本原则，甚至上升到宪法规定的高度。例如，德国《基本法》第 19 条规定：“其权利受到公共权力侵犯的任何人，都可以要求法院对侵犯进行审查。”在实践中，无论是羁押决定的事前审查或羁押持续中的救济性审查，均由相应的法院负责进行。在日本，依据其《刑事诉讼法典》第 33 条至第 35 条，没有法官签发的令状，原则上任何人均不得被逮捕，也不得被侵入、搜查以及扣押任何人的住所、文件及所有物品。在美国，犯罪嫌疑人被警察逮捕后，警察不得有任何不必要的延迟，应立即将被逮捕人带到法院（治安法官），由法官对被逮捕人进行权利告知，并决定应否交保等事项。英国、法国、意大利等国家也都有由法院负责未决羁押的事前审查与事后救济的相关规定。

与此同时，司法审查原则也已成为一项重要的刑事司法国际准则。例如，《世界人权宣言》第 8 条、第 9 条明确规定：“任何人当宪法或法律所赋予他的基本权利遭受侵害时，有权由合格的国家法庭对这种侵害行为作有效的补救”；“对任何人不得加以任意逮捕、拘禁或放逐。”《欧洲人权公约》第 5 条规定：“任何人不得被剥夺自由，但下列依法定程序采取行动的情形除外。因遭逮捕或拘留而被剥夺自由的任何人应有权提起诉讼。在该诉讼中，法院应对拘留的合法性迅速作出裁决；如果该拘留不合法，法院应下达释放的指令。”《世界刑法学协会第十五届代表大会关于刑事诉讼中的人权问题的决议》第 8 条也指出：“影响被告人基本权利的任何政府措施，包括警察所采取的措施，必须有法官授权，并且可受司法审查。”

在我国，《刑事诉讼法》明确规定的拘传、取保候审、监视居

① ［德］赫尔曼：《〈德国刑事诉讼法典〉中译本引言》，载《德国刑事诉讼法典》，李昌珂译，中国政法大学出版社 1995 年版，第 6 页。

住、拘留与逮捕这5种强制措施中，只有逮捕需要由检察机关批准或人民法院决定才能适用，其他4种强制措施都由办案机关自行决定。在逮捕的适用中，虽然公安机关采用逮捕措施必须经人民检察院批准，但批准逮捕之后即由公安机关自己执行，检察机关对于被逮捕者后续是否具有羁押必要性，是否需要变更强制措施等情况缺乏了解的途径，往往难以充分地发挥监督实效。同时，法律并没有赋予被羁押对象充分的权利救济途径，有关未决羁押的决定往往是通过书面审的方式作出的，犯罪嫌疑人、被告人没有充分机会发表自己对适用未决羁押的异议，也没有充分途径就不合理逮捕、超期羁押以及错误适用强制措施的其他问题获得救济。

从进一步完善我国未决羁押制度并不断使之法治化、民主化的角度讲，有必要确立并在程序上贯彻未决羁押的司法审查原则。当然，确立司法审查原则，并不是要盲目照搬、模仿其他国家的做法，而是要在我国宪政体制基础上实现国家追诉权力与公民基本权利保障之间的尽可能平衡。为了加强未决羁押适用中的权力制约与权利保障，我国2012年《刑事诉讼法》修改虽然没有确立严格意义上的司法审查原则，但通过设置逮捕后检察机关对羁押必要性审查的制度、明确规定检察机关审查批准逮捕时应当讯问犯罪嫌疑人的情形、明确赋予犯罪嫌疑人侦查阶段获得律师帮助的权利，以及增设犯罪嫌疑人、被告人及其法定代理人、近亲属或者辩护人有权申请变更强制措施的规定等措施，有利于解决目前强制措施适用实践中存在的突出问题，但客观而言，检察机关的追诉机关身份，势必影响其在未决羁押适用中法律监督作用的有效发挥，也不利于充分保障犯罪嫌疑人基本权利目的的实现。从长远角度来看，确立未决羁押适用的外部审查、中立审查制度仍然是一个理想的选择。

五、未决羁押适用的权利保障与救济原则

未决羁押适用中的权利保障与救济原则，强调国家应当在未决羁押的适用中充分保障被羁押者的合法权益并为其提供必要的救济

措施。未决羁押的适用直接关涉被羁押者享有的多项基本权利，国家有义务保障被羁押者的合法权益不受侵犯，同时也应当为权益受侵害的被羁押者提供及时、有效的救济机制。“完善犯罪嫌疑人和被告人的人权保障，应当围绕完善其维护自身权利不受侵犯的防御性手段以及其权利受到侵犯时寻求救济的手段进行。”① 就被羁押者享有的基本权利而言，也可以划分为防御性权利与救济性权利两大类，其中防御性权利是指犯罪嫌疑人、被告人针对可能发生的直接侵害其人身自由权的羁押决定所享有的各项权利，救济性权利是指犯罪嫌疑人、被告人认为追诉方的羁押决定错误要求审查并予以纠正和赔偿损失的权利。前者包括受到人道待遇的权利、知悉权、律师帮助权、在合理时间内接受审判或释放的权利等，后者包括对未决羁押获得救济的权利、对非法羁押获得赔偿的权利等。

在多个国际性文件及各主要国家有关未决羁押适用的规定中，都包含有关被羁押者防御性权利及救济性权利的相关规定：

1. 受到人道待遇的权利。被羁押者受到人道待遇的权利，主要包括基本生活保障权以及不受酷刑的权利。在被羁押者的基本生活保障权方面，联合国《保护所有遭受任何形式拘留或监禁的人的原则》《囚犯待遇最低限度标准规则》等文件都对未决羁押者在被拘禁状态下的生活待遇及权利保障作出了具体规定。联合国《公民权利和政治权利国际公约》第 10 条第 1 款明确要求：“所有被剥夺自由的人应被给予人道及尊重其固有的人格尊严的待遇。”同时，多个国家的刑事诉讼法律中也包含被羁押者基本生活保障方面的细致规定。例如，英国《1984 年警察与刑事证据法执行守则》在“守则 C”第 8 条详细规定了“拘留条件”：“只要条件允许，一间囚室内关押的人数不得超过一人。所有囚室必须足够暖和，清洁且通风；必须有足够的光线，除非光线需要暗淡以保证被拘留者夜间的睡眠和安全。除非完全有必要，上锁的囚室内不需要给被囚

① 宋英辉：《刑事诉讼原理导读》，法律出版社 2003 年版，第 105 页。

禁的人另加禁锢，即使有此必要，也只限用手铐……24 小时内至少应该为被拘留者提供两顿便餐和一顿主餐，供餐同时要有饮料。供餐以外的时间，也应根据合理要求提供饮料……被拘留者每隔 1 小时应被探望一次，如果看守官担心被拘留者的状况，则应为被拘留者安排医生。提供给被拘留者的衣服及食品均需记录在案。”此外，德国、法国、日本等国家的刑事诉讼法律及其他相关法律也均对被羁押者在押期间的基本生活保障作出了规定。与此同时，不受酷刑的权利也是被羁押者应当享有的一项重要权利。联合国《公民权利和政治权利国际公约》第 7 条明确规定：“对任何人均不得加以酷刑或施以残忍的、不人道的或侮辱性的待遇或刑罚。”《世界人权宣言》《禁止酷刑公约》《酷刑的法律调查和取证》等国际性文件对此也有明确规定，各国往往通过明确刑讯逼供的实体责任和确立非法言词证据排除规则来保障被羁押者不受酷刑的权利。

2. 知悉权。被羁押者应有权知悉自己被羁押的理由、针对其的指控及享有的哪些法律权利等事项。联合国《公民权利和政治权利国际公约》第 9 条第 2 款规定：“任何被逮捕的人，在被逮捕时应当被告知逮捕他的理由，并应被迅速告知对他提出的任何指控。”《欧洲人权公约》第 5 条规定：“任何被逮捕的人，应以其能理解的语言，立即告知其被逮捕的原因和针对他的指控。”各国国内法一般也有被羁押者知悉权方面的规定。例如，英国《警察与刑事证据法》第 28 条对“逮捕需告知的信息”作了明确规定，要求当某人被警察逮捕时，无论该逮捕的事实、理由是否显而易见，应当尽可能快地告知其已被捕及被捕的理由。在美国，“米兰达规则”要求警察必须在讯问前告知被捕者：你有权保持沉默；你现在所讲的每一句话都将作为呈堂证供；你有权获得律师帮助；如果你不能承担律师费用，在讯问开始之前会给你指定一位律师；你有权随时中止这次讯问。[①] 德国、法国、日本等国家也对被羁押者的知悉权有着明确规定。

3. 在合理时间内接受审判或释放的权利。该项权利也是联合国以及其他区域性人权文件普遍规定的一项被羁押者权利。例如，联合国《公民权利和政治权利国际公约》第 9 条第 3 款规定："……有权在合理的时间内受审判或者被释放……" 这项权利对于保障犯罪嫌疑人、被告人在审判前受到合理羁押具有重要意义，使得审前羁押期限的设置问题受到必要的关注。对于何谓"在合理的时间内"，联合国人权实务委员会在若干具体案件中对是否违反《公民权利和政治权利国际公约》所规定的上述原则作出了评论，但是它的幅度很大，从 3 个月至 8 年不等，总体的精神要取决于案件的各种不同情况。[②] 从各国情况来看，不少国家在刑事诉讼法律中明确规定了审前羁押的最高期限，有些国家虽然未规定明确期限，但对未决羁押状态下的诉讼迅速进行有所要求。例如，根据美国 1974 年通过的《迅速审判法》的规定，对于有被羁押者的案件，或者一个在等候审判过程中被保释但被检察官指定为存在高度危险的人，应当优先处理，其中审判应当在连续性羁押开始之后或检察官作出高度危险性的指定之后 90 日内开始；在 90 日的审前羁押期限届满之后审判仍未开始的，对任何被羁押的人，原则上不得继续羁押。[③]

4. 律师帮助权。该项权利包括被羁押者获得律师帮助的权利和律师为被羁押者提供法律帮助应享有的权利两个方面。可以说，律师帮助权是被羁押者最重要的一项诉讼权利，是其有效行使辩护权的基石。"一个人，即使最卑微的公民的生命也应当受到尊

---

① ［美］罗纳尔多·V. 戴尔卡门：《美国刑事诉讼——法律和实践》，张鸿巍等译，武汉大学出版社 2006 年版，第 410 页。

② 陈光中主编：《〈公民权利和政治权利国际公约〉与我国刑事诉讼》，商务印书馆 2005 年版，第 133 页。

③ 孙长永：《探索正当程序》，中国法制出版社 2005 年版，第 120 页。

重……国家在控诉他的时候，也必须要赋予他一切可能的手段为自己辩护。”[①] 正因如此，在联合国《公民权利和政治权利国际公约》第 14 条有关公正审判国际标准的规定中，将获得律师帮助的权利定位为受刑事指控者应当享有的“最低限度的保证”之一。《保护所有遭受任何形式拘留或监禁的人的原则》《囚犯待遇最低限度标准规则》《关于保护死刑犯权利的保障措施》《关于律师作用的基本原则》等国际性文件都对被羁押者获得律师帮助的权利作出了明确规定。例如，《关于律师作用的基本原则》第 7 条规定：“各国政府还应确保，被逮捕或拘留的所有的人，不论是否受到刑事指控，均应迅速得到机会与一名律师联系，不管在何种情况下至迟不得超过自逮捕或拘留之时起的 48 小时。”第 8 条规定：“遭逮捕、拘留或监禁的所有人应有充分机会、实践和便利条件，毫不延迟的在不被窃听、不经检查和完全保密的情况下接受律师来访和与律师联系协商。这种协商可在执法人员能看得见但听不见的范围内进行。”此外，《关于律师作用的基本原则》也对主管当局应当为律师充分履行辩护职责提供法律保障提出了明确要求，包括对律师阅卷权、履行职责不受不适当干涉权、与委托人进行自由磋商的权利、民事和刑事豁免权等权益的保障。从各国国内法来看，被羁押者的律师帮助权已得到普遍确立，而且随着人权保障意识的不断提高，这项权利的适用阶段不断前移，通常在警察实施拘留、逮捕的第一时间即可行使。不过，在律师的具体权限、法律援助制度的适用范围等方面，各国规定并不完全相同。

5. 获得救济的权利。无救济，即无权利。未决羁押措施作为最严厉的强制措施，一旦适用，可直接导致犯罪嫌疑人、被告人人身自由等基本权利被剥夺、被限制的严重后果。为了实现对被羁押者的权利保障，多个国际性文件和各国国内法均对被羁押者获得救

① ［法］孟德斯鸠：《论法的精神》（上），张雁深译，商务印书馆 1961 年版，第 75-76 页。

济的权利作出了规定。总体而言，针对未决羁押的救济权不仅包含在程序上允许被羁押者请求对羁押决定进行再次审查的权利，即获释救济权，也包含在实体上被羁押者对非法羁押或不当羁押获得赔偿的权利，即赔偿救济权。关于被羁押者获得救济的权利，多个国际性法律文件对此有所规定。例如，《世界人权宣言》第 8 条明确提出："任何人当宪法或法律所赋予他的基本权利遭受侵害时，有权由合格的国家法庭对这种侵害行为作有效的补救。"联合国《公民权利和政治权利国际公约》第 9 条第 4 款、第 5 款规定："任何因逮捕或拘禁被剥夺自由的人，有资格向法庭提起诉讼，以便法庭能不拖延地决定拘禁他是否合法以及如果拘禁不合法时命令予以释放。任何遭受非法逮捕或拘禁的受害者，有得到赔偿的权利。"《欧洲人权公约》第 5 条也有类似规定。在未决羁押的获释救济权和赔偿救济权的具体途径、实施机制等方面，各国国内法的规定各不相同。例如，英美法系国家在未决羁押的获释救济权方面，主要是通过被羁押人申请保释或申请人身保护令的途径进行的；而在法国、德国等传统大陆法系国家，普遍存在被羁押者申请撤销、变更未决羁押等救济权的相关规定，具体救济途径包括对羁押令提出抗告或准抗告、申请复议羁押令、请求开示羁押理由等。与英美法系国家不同的是，大陆法系国家针对未决羁押的救济途径往往直接质疑羁押适用的正当性，而与保释等非羁押性措施的适用没有必然联系。同时，在大陆法系国家未决羁押的撤销、变更机制中，除了权利人申请救济的途径之外，还存在司法机关在羁押持续过程中依职权主动对是否需要继续适用羁押进行复审的途径。通过这种自动审查，在没有权利人申请的情况下，不符合法律规定或不再具备法定理由的未决羁押仍将被撤销或被变更。在未决羁押的赔偿救济权方面，多数国家也都规定了针对未决羁押的国家赔偿制度，对被非法羁押或不当羁押者在被押期间受到的经济损失和其他损失给予一定程度的补偿。但在具体的立法体例上，各国有所不同。例如，法国、意大利将未决羁押的赔偿制度规定在《刑事诉讼法》中，德国、日本有专门的《冤狱赔偿法》，而英美法系国家则多数通过侵权法或判例法对此加以规范。

我国《宪法》《刑事诉讼法》对被羁押者享有的权利也作了必要的规定。例如，我国《宪法》第 37 条规定："中华人民共和国公民的人身自由不受侵犯。任何公民，非经人民检察院批准或者决定或者人民法院决定，并由公安机关执行，不受逮捕。禁止非法拘禁和以其他方法非法剥夺或者限制公民的人身自由，禁止非法搜查公民的身体。"该条规定赋予了所有公民不受非法羁押的权利，为《刑事诉讼法》有关未决羁押各项程序性规定奠定了基础。在犯罪嫌疑人、被告人享有的对抗羁押性强制措施的防御性权利方面，我国《刑事诉讼法》及相关司法解释规定了知情权、申请变更强制措施权以及获得律师帮助权这几项主要权利。[①] 在救济性权利方面，我国《刑事诉讼法》及其他相关法律主要规定了犯罪嫌疑人、被告人请求进行羁押必要性审查、在期限届满时要求解除强制措施的权利以及就非法羁押获得刑事赔偿的权利。[②] 从目前已有的规定来看，我国有关羁押性强制措施防御性权利和救济性权利的规定仍比较有限：一方面，赋予被羁押犯罪嫌疑人、被告人的权利仍不够全面。例如，在受到人道待遇权、在合理时间内接受审判或释放的

---

① 我国《刑事诉讼法》第 93 条第 2 款规定："逮捕后，应当立即将被逮捕人送看守所羁押。除无法通知的以外，应当在逮捕后二十四小时以内，通知被逮捕人的家属"。第 97 条规定："犯罪嫌疑人、被告人及其法定代理人、近亲属或者辩护人有权申请变更强制措施……"；第 34 条第 1 款规定："犯罪嫌疑人自被侦查机关第一次讯问或者采取强制措施之日起，有权委托辩护人；在侦查期间，只能委托律师作为辩护人。被告人有权随时委托辩护人。"

② 我国《刑事诉讼法》第 95 条规定："犯罪嫌疑人、被告人被逮捕后，人民检察院仍应当对羁押的必要性进行审查……"；第 99 条规定："……犯罪嫌疑人、被告人及其法定代理人、近亲属或者辩护人对于人民法院、人民检察院或者公安机关采取强制措施法定期限届满的，有权要求解除强制措施。"《国家赔偿法》第 17 条规定："行使侦查、检察、审判职权的机关以及看守所、监狱管理机关及其工作人员在行使职权时有下列侵犯人身权情形之一的，受害人有取得赔偿的权利：……（二）对公民采取逮捕措施后，决定撤销案件、不起诉或者判决宣告无罪终止追究刑事责任的……"

权利等方面缺乏细致的规定，有关事中、事后救济途径审查主体、审查程序等规定不明确、不细致，实践中缺乏有效的可操作性。另一方面，已有的防御性权利和救济性权利的限制性条件较多，犯罪嫌疑人、被告人享有的申请权或请求权具有较大的不确定性，决定权仍掌握在办案机关手中，而办案机关基于本身的利害关系，往往很难在审查决定中保持客观公正的立场。就更好地实现加强人权司法保障的目标而言，有必要在今后的刑事诉讼制度修改中逐步确立“羁押是例外，释放是原则”的基本理念，进一步细化被羁押者享有的各项实体性、程序性权利，进一步拓宽被羁押者要求听证、请求司法审查等事中、事后救济途径，并通过改革国家赔偿制度和错案追究制度进一步完善有关违法羁押实体法律责任和程序法律责任的相关规定。

综上所述，严格限制未决羁押适用的各项原则性要求，是整个未决羁押制度的构建基础，体现在有关未决羁押的适用范围、适用条件、适用程序以及救济、监督机制等方方面面，也是未决羁押撤销、变更机制赖以确立的基本前提。在未决羁押适用的整个过程中，一旦出现违背或不再符合这些要求的具体情形，即产生启动未决羁押撤销、变更机制的必要。因此，在很大程度上也可以说，社会各界对严格限制未决羁押适用上述基本理念的理解、接受程度，直接决定了未决羁押撤销、变更机制的具体设置及其实施效果。在我国，随着程序法治建设的不断推进，司法人权保障意识不断提高，严格限制未决羁押适用的基本理念获得了理论与实务部门的逐步肯认，这为确立未决羁押撤销、变更机制奠定了必要基础。但与此同时也应该看到，在长期“重打击轻保护”“重实体轻程序”的强职权主义诉讼模式之下，我国刑事诉讼中的未决羁押适用始终未能摆脱为侦查服务、为办案服务的工具化色彩，在逮捕适用范围、条件、程序等方面规定中仍未能充分体现严格限制未决羁押适用的理念，“构罪即捕”“一捕到底”的情况仍较突出，这也使得未决羁押撤销、变更机制难以在实践中发挥应有的作用。从今后进一步完善的方向看，有必要在立法中明确规定严格限制未决羁押适用的基本理念，并以此为基准重塑我国刑事强制措施体系尤其是拘留、逮捕等羁押性强制措施的立法规定。

第三章　未决羁押撤销、变更的动因

一、未决羁押适用要件不具备或发生变化

未决羁押撤销、变更的动因之一，是在未决羁押决定作出后发现不符合或不再符合法定适用要件的情况，从而有必要撤销、变更已经适用的未决羁押。就此而言，只有从法律规定上预先明确未决羁押适用的各项具体要件，才能在具体情势发生变更时，据此判断是否存在继续羁押的正当性和必要性。

（一）域外未决羁押适用要件之考察

在限制未决羁押适用的各项措施中，除了规定司法审查原则、设置充分的权利救济途径等程序性制约措施以外，以法定羁押理由为主的实质性要件限制也是其中不可或缺的重要组成部分。

未决羁押的适用要件，是指刑事诉讼中适用未决羁押的各项要求总和，一般可以将其分解为未决羁押的条件、未决羁押的法定理由、未决羁押的必要性三个方面。其中，未决羁押的条件一般是指法律明确规定的适用未决羁押的前提要件。例如，有些国家对允许适用未决羁押的罪名、罪行的严重程度、可能判处的刑罚以及案件的证据事实情况、被追诉人涉嫌犯罪的程度等先决条件有所要求，这些都属于未决羁押适用先决条件的范畴。如果不具备这些条件，自然不再考虑是否具有羁押理由、羁押必要性的后续问题。未决羁押的法定理由，是指法律明确规定的允许适用羁押的具体原因或情形。而羁押的必要性，是指羁押适用的适当性、合理性，是关于是否适用羁押的最后考量，往往通过个案裁量、评估的方式予以确定，体现了强制措施适用中比例原则的具体要求。“似乎有逮捕的

理由，但又似乎不属于必须逮捕的事情时，就是没有逮捕的必要。”① 大体而言，三者的适用顺序可以排列如下：羁押条件—法定羁押理由—羁押必要性。也就是说，必须先符合未决羁押的条件，然后再检视是否具备未决羁押的法定理由；在具备法律规定的未决羁押理由的情况下，再需要最后评估是否具有羁押的必要性。只有经过上述三个步骤，才能最后决定是否适用未决羁押。

可以说，在限制未决羁押适用的整个体系中，羁押条件、羁押法定理由和羁押必要性共同构成了一道完整的防线，三者中的任何一个缺乏或者设置不合理，都有可能导致滥用羁押侵犯人权的后果。不过，在多数情况下，羁押法定理由与羁押条件、羁押必要性是规定在一起的，难以截然分开。

1. 大陆法系

相对于英美法系，大陆法系的国家、地区往往在制定法中对未决羁押的适用要件有明确、具体的规定。

在德国，未决羁押的先决条件是要具有急迫的犯罪嫌疑，亦即要有高度的可能性显示被告确曾犯该罪行，并且其可罚性及可追诉性之要件均成立。② 对于未决羁押的具体理由，德国《刑事诉讼法典》第 112 条第 2 款以及第 112a 条规定，具体的羁押理由包括（1）可以确定犯罪嫌疑人逃跑或者隐藏。（2）分析个案情况，认为存在犯罪嫌疑人逃避刑事诉讼程序的危险（逃亡之虞）。（3）犯罪嫌疑人的行为，构成具有下列行为的重大嫌疑：①毁灭、改变、移除、隐藏或者伪造证据，或者②以不被允许的方式向共同犯罪嫌疑人、证人或者鉴定人施加影响，或者③让其他人实施此类行为，并且由此将产生加重侦查事实真相困难的危险（掩盖真相之虞）时，即构成羁押理由。（4）具有实施谋杀罪、杀人罪、残害人群

① ［日］田口守一：《刑事诉讼法（第 7 版）》，张凌、于秀峰译，法律出版社 2019 年版，第 95 页。

② ［德］克劳思·罗科信：《刑事诉讼法（第 24 版）》，吴丽琪译，法律出版社 2003 年版，第 282 页。

罪以及故意的、危及生命、身体的炸药犯罪等犯罪行为的重大嫌疑时，对该犯罪嫌疑人即使未构成前述羁押理由也允许命令待审羁押。(5) 具有实施特定重大的性犯罪，重复或连续实施毒品犯罪等重大嫌疑，并且一定的事实显示在生效判决作出前，其具有实施其他同类型严重犯罪行为或者连续实施犯罪行为之虞（再犯之虞)，也构成羁押理由。在未决羁押的必要性方面，德国《刑事诉讼法典》第 112 条第 1 款及第 113 条都体现了对必要性问题的考量。其中，第 112 条第 1 款规定："如果与案件的重大程度以及预期判处的刑罚、矫正及保安处分不合比例的，则不允许命令待审羁押"。第 113 条则规定："（1）对只能判处 6 个月以下自由刑或者 180 日以下的日额罚金的行为，不允许鉴于掩盖真相之虞命令待审羁押。(2) 在此较轻行为情形下，只有符合下列情况才允许鉴于逃亡之虞对犯罪嫌疑人命令待审羁押：①其已经逃避过程序一次或者已做逃跑准备，②在本法效力范围内无固定住处或居所，或者③不能证明其身份。"

法国《刑事诉讼法典》第 143-1 条对未决羁押的先决条件有明确规定："……只有下列情况，才能命令先行羁押或者延长先行羁押期间：(1) 受审查人当处重罪之刑罚；(2) 受审查人当处 3 年或 3 年以上监禁刑之轻罪刑罚。在受审查人故意逃避履行司法监督义务或者故意不遵守指定居住加电子监控制度下对其规定的各项义务时，也可以按照第 141-2 条的规定命令先行羁押。"也就是说，只有一个人受到指控的犯罪是重罪时，或者只有当其受到指控的轻罪当处刑罚为 3 年或 3 年以上监禁刑时，才能对该人命令未决羁押；此外，为了制裁不遵守司法监督义务的人，也可以（改为）对其实行先行羁押。[①] 对于未决羁押的具体理由，法国《刑事诉讼法典》第 144 条列举了下述 7 项：(1) 为了保存有利于查明事实真

① ［法］贝尔纳·布洛克：《法国刑事诉讼法》，罗结珍译，中国政法大学出版社 2009 年版，第 404 页。

相的证据或事实痕迹、线索；（2）为了阻止对证人或被害人及他们的家庭施加压力；（3）为了阻止受审查人与共同正犯或共犯进行伪诈串供；（4）为了保护受审查人；（5）为了保证受审查人能够随时听从法院安排；（6）为了终止犯罪或防止重新犯罪；（7）鉴于犯罪程度的严重性、实施犯罪的情节或者其造成的损失重大，为了制止对公共秩序造成特别的持续扰乱；但是，不能仅仅因为案件引起媒体方面的巨大反响就认为其对公共秩序造成了特别的持续扰乱，且该款规定不适用于轻罪案件。该条规定同时也体现了未决羁押的比例性要求，即“只有从程序的具体情节因素来看，证明实行先行羁押是达到以下所指一项或数项目标的唯一手段，并且仅仅实行司法监督或指定居住加电子监视制度仍然不能达到这些目标时，才能命令先行羁押或延长先行羁押期限。”

日本《刑事诉讼法典》第 60 条对未决羁押的先决条件与理由作了规定。根据该条规定，未决羁押的先决条件是“有相当的理由足以怀疑被告人有犯罪行为”；而其适用理由包括以下三种情形：“一、被告人没有一定的住居时；二、有相当的理由足以怀疑被告人将隐灭罪证时；三、被告人有逃亡行为或者有相当的理由足以怀疑被告人有逃亡可能时。”[①] 虽然该条规定并未明确提出未决羁押适用要考虑必要性问题，但该法典第 87 条有关撤销羁押的条文中规定了“羁押的理由或者羁押的必要性消失后，法院应当……以裁定撤销羁押”的内容，事实上也包含了在羁押理由之外还需要考虑是否具备羁押必要性的问题。此外，日本在未决羁押适用上还规定了独特的“羁押理由开示制度”。根据日本《刑事诉讼法典》第 82 条至第 85 条的规定，被羁押的被告人可以请求法院告知未决羁押的理由，被羁押被告人的辩护人、法定代理人、保佐

---

① 根据日本《刑事诉讼规则》第 70 条有关羁押证记载要件的规定，羁押证上除了记载《刑事诉讼法》第 64 条规定的被告人姓名、住居、罪名、公诉事实要旨、羁押场所、有效期间等事项之外，还应当将《刑事诉讼法》第 60 条第 1 款规定的羁押理由记载其中。

人、配偶、直系亲属、兄弟姐妹或其他利害关系人也可以提出该请求；告知羁押理由，应当在公开的法庭上、在法官和法院书记官出席下进行，被告人及其辩护人有权在场；在告知羁押理由的法庭上，检察官或者辩护人、辩护人及其他请求人可以陈述意见，法官认为适当时，也可以命令上述人提出书面记载意见以代替陈述意见。就其实质而言，羁押理由开示制度事实上是针对不当羁押的一项司法救济程序，“如果经过逮捕理由开示程序弄清了逮捕要件已消失的话，当然要撤销逮捕”①。

在俄罗斯，根据其《刑事诉讼法》第108条第1款规定，未决羁押的适用分为两种情况：第一种情况是针对依据刑法应当判处3年以上剥夺自由刑刑罚的犯罪嫌疑人、被告人，如果不可能适用其他更宽缓的强制措施时，可以适用未决羁押。也就是说，对于符合这一先决条件的犯罪嫌疑人、被告人，没有列举具体的羁押理由。第二种情况是在特殊情形下，对依据刑法应当判处3年以下自由刑刑罚的犯罪嫌疑人、被告人，如果要适用未决羁押，必须具备以下法定理由之一：（1）犯罪嫌疑人、被告人在俄罗斯联邦境内没有常住居所；（2）犯罪嫌疑人、被告人的身份不确定；（3）犯罪嫌疑人、被告人违反之前对其适用的强制措施；（4）犯罪嫌疑人、被告人逃避审前调查或审判。此外，该条第2款也规定，对未成年犯罪嫌疑人、被告人适用未决羁押作为强制处分，仅适用于其被控事实严重犯罪或特别严重犯罪的情形下，只有特殊情况下才可以对实施中等严重犯罪的未成年犯罪嫌疑人、被告人适用未决羁押。

我国台湾地区传统上也属于大陆法系范畴，其刑事诉讼制度中关于未决羁押适用要件的规定也较为具体、明确。根据我国台湾地区“刑事诉讼法”第101条第1项的规定，未决羁押适用的先决条

① ［日］松尾浩也：《日本刑事诉讼法》，丁相顺译，中国人民大学出版社2005年版，第115页。

件是“认为犯罪嫌疑重大”[①]，而法定的羁押理由包括三个方面，即“逃亡或有事实认为有逃亡之虞者”“有事实足认为有湮灭、伪造、变造证据或勾串共犯或证人之虞者”以及“所犯为死刑、无期徒刑或最轻本刑为五年以上有期徒刑之罪者”。同时，该条第3项明确规定，“第1项各款所依据之事实，应告知被告及其辩护人，并记载于笔录”。对于羁押必要性，修正后的第101条和第101-2条也作了明确限定，即“非予羁押，显难进行追诉、审判或执行者，得羁押之”，“被告经法官讯问后，虽有第101条第1项或第101-1条第1项各款所定情形之一而无羁押之必要者，得径命具保、责付或限制住居；其有第114条各款所定情形之一者，非有不能具保、责付或限制住居之情形，不得羁押”。从上述规定可以看出，我国台湾地区未决羁押的适用要件直接体现了比例原则的相关要求：一方面，必须先具有重大犯罪嫌疑和法定羁押原因这两个前提，才能进一步考虑是否具有羁押必要性的问题；另一方面，即使具备重大犯罪嫌疑和法定羁押原因，如果具保、责付或限制住居等羁押替代措施能够达到进行追诉、审判或执行的目的，也不能适用羁押。此外，在一般性羁押以外，我国台湾地区“刑事诉讼法”还就预防性羁押规定了专门的适用要件，其第101-1条规定：“被告经法官讯问后，认为犯下列各款之罪，其嫌疑重大，有事实足以认为有反复实施同一犯罪之虞，而有羁押之必要者，得羁押之：‘刑法’第174条第1项、第2项、第4项、第175条第1项、第2项之放火罪、第176条之准放火罪……”根据该条规定，预防性羁押适用于放火罪、准放火罪、强制性交罪、强制猥亵罪等十余个罪名，其适用要件包括犯罪嫌疑重大、有事实足认为有反复实施同一犯罪的可能以及具有羁押必要性三个方面。

---

① 该项实质要件的关键在于“嫌疑”重大而非“犯罪”重大，意义系指有具体事由足以令人相信被告很可能涉嫌其被指控的犯罪。不过，由于嫌疑重大与否较难检证，难免有裁量空间，因此，就法律控制之密度而言，此项要件的功能有限。参见林钰雄：《刑事诉讼法（上册　总论编）》，中国人民大学出版社2005年版，第269页。

2. 英美法系

在英美法系国家和地区，未决羁押与保释制度密切相连，不得保释的理由亦即适用未决羁押的理由。因此，保释的条件和案件范围往往直接决定未决羁押的适用要件与范围。

在英国，《1976 年保释法》附件 1 规定了保释权的例外。根据其规定，在不予保释的条件方面，对被指控或被判决监禁刑的被告人和被指控或被判决非监禁刑的被告人有着不同的规定。当被告人因至少一项可判监禁的罪行被指控或宣告有罪时，被告人不必被批准保释，如果：（1）法院有足够的理由相信，如果被告人被保释释放，他将：①不能自动归案，或②在保释期内犯罪，或③干扰证人或阻碍与他本人或其他人有关的司法进程；或（2）他被指控的犯罪是仅能以起诉书审判的或可以选任方式审判的罪行，并且在他被指控时已被保释；或（3）法院认为为保护他本人或，如果他是未成年人的话，为他自己的福祉，他应当被羁押；或（4）他已经在服监禁刑；或（5）法院认为，自程序开始以来，时间的缺乏已经使得为收集正确决定上述（1）－（3）项提出的问题而必需的信息已经变得不可行；或（6）在程序进行过程中他已经被保释，并因法案第 7 条而被逮捕的。[①] 在司法实践中，最经常使用的羁押理由是上述第 1 项列出的 3 个理由。根据上述规定，法院必须“认为有足够的理由相信”如果批准了保释，所列的一个或几个不良后果将尾随而至，如果是基于站不住脚的或不合理性的理由认为这将发生的主观信念，是不充分的；另外，控方并没有被要求必须排除合理怀疑地证明被告人会在保释中逃跑等，或甚至不需要提供正式的证据证明这一点。[②] 对于法官作出不予保释决定应当考虑的因素，《1796 年保释法》附件 1 第 9 条列举了下面 4 个方面：（1）犯

① ［英］约翰·斯普莱克：《英国刑事诉讼程序（第 9 版）》，徐美君、杨立涛译，中国人民大学出版社 2009 年版，第 120 页。

② ［英］约翰·斯普莱克：《英国刑事诉讼程序（第 9 版）》，徐美君、杨立涛译，中国人民大学出版社 2009 年版，第 121 页。

罪行为或不作为行为的性质和严重程度（和由此对被告人可能采取的处罚方式）；（2）被告人的品格、履历和社会交往；（3）被告人在先前的刑事诉讼保释中履行义务的记录；（4）除因调查或汇报而延期审理案件的情况外，被告人的犯罪行为或不作为行为证据的证明力，及其他显然相关因素。在英国，如果被告人被指控的犯罪行为或每项犯罪行为不是处以监禁刑的，法院对其拒绝保释的情形比较少见，不存在基于他可能逃跑的理由而拒绝保释的一般权力，除非他在以前的刑事诉讼程序中被保释后未能主动归押或处于保护他本人、他已经在服监禁刑，或者他已经在程序进行中被保释又根据第 7 条被逮捕等事由，才能对其拒绝保释。[1]

在美国，未决羁押的要件同样是与保释条件紧密联系的。美国《宪法修正案》第 8 条规定“不能要求过多的保释金”，但对于该规定的确切意旨曾长期存在争论。通过斯坦可诉博伊尔案[2]（Stack v. Boyle）及卡尔森诉兰登案[3]（Carlson v. Landon），美国最高法院肯定了保释权是法律赋予的一项基本权利，但不是绝对权利，对它的度量必须由联邦甚至州的立法来决定；如果法庭准许保证金保释，保释决定必须因人而异，设定保释金额的标准是确保被告人出庭受审的“合理计算”出来的额度。[4] 在不得保释即未决羁押的适用要件上，美国自 20 世纪中期以来经历了逐步发展的一个过程。长期以来，预防逃庭被根深蒂固地当作保释的唯一目的。在美国 1966 年《保释改革法案》中仅规定对于被指控死刑犯罪、在等待宣判或者在上诉期间的被告人，如果法院认为“没有任何一个条件或者一系列条件能够保证他不会逃跑，或者对他人和社区造成危

---

① ［英］约翰·斯普莱克：《英国刑事诉讼程序（第 9 版）》，徐美君、杨立涛译，中国人民大学出版社 2009 年版，第 123 页。

② Stack v. Boyle, 342 U.S.1(1951).

③ Carlson v. Landon, 342 U.S.524, 545-46(1952).

④ ［美］柏恩敬等编译：《审前羁押制度演变的比较研究》，法律出版社 2018 年版，第 16 页。

害的”，该被告人可以继续羁押；对于其他可以保释的被告人，法官无权在作出保释决定时考量社会危害性因素。[①] 美国 1984 年《保释改革法》修正了 1966 年的法案，要求保释是考量社会危险性，以回应“被告人释放后重新犯罪这个令人担忧的问题”。[②] 在未决羁押适用要件上，1984 年《保释改革法》规定，在保释听证结束后，“司法官在认定没有任何一种条件或者一系列条件能够合理保证被捕人（根据法庭需要）按时出庭以及不能保证任何其他人和社会的安全的，应当决定对被捕人进行审前羁押”；同时也规定，司法官在作出上述认定时，必须有“清楚而又令人信服的证据”作为根据。[③] 美国 1984 年《保释改革法》还首次在审前羁押的适用上规定了一个可推翻的推定。该法案规定，在同时具备下列三个条件时，法律推定没有任何条件能够合理保证其他人和社会的安全：第一，被告人曾因下列犯罪而被定罪的，无论是联邦法、州法或地方性法律规定的犯罪：（1）暴力犯罪；（2）法定最高刑为死刑或终身监禁的犯罪；（3）依法可处 10 年以上有期徒刑的毒品犯罪；（4）任何重罪，如果犯罪嫌疑人或被告人曾经因上述（1）-（3）项的犯罪而被两次定罪，不论是联邦法、州法还是地方性法律规定的犯罪。第二，该犯罪是在因联邦、州或地方性犯罪而接受审判前的保释期间实施的。第三，自定罪之日或从监禁中释放之日起（以较晚的一个时间为准）尚未超过 5 年的。此外，1984 年《保释改革法》还规定，在确定是否有条件足以保障社会及他人安全时，法官应考虑下列因素：第一，被指控的犯罪性质和情节，包括是否属于暴力性犯罪或与毒品有关。第二，不利于被告人的证据分量如何。第三，被告人的历史和特征，包括（1）被告人的性

① ［美］柏恩敬等编译：《审前羁押制度演变的比较研究》，法律出版社 2018 年版，第 27 页。

② ［美］柏恩敬等编译：《审前羁押制度演变的比较研究》，法律出版社 2018 年版，第 28 页。

③ 《美国联邦法典》第 18 编，第 3142（e）、（f）节。

格、身体和精神指控，家庭关系，就业情况，经济来源，居住本地时间，过去表现，有无吸毒或酗酒史，有无前科，以及以往出庭的情况；（2）在这次犯罪或逮捕时，被告人是否处于假释、缓刑或其他保释期间。第四，释放后被告人将对社会及其他人造成的危险的性质和严重程度。

在加拿大，根据其《刑事法典》第 497 条规定，对于被逮捕的人，如果治安法官有合理根据认为存在以下事项的，应当作出羁押的决定：（1）在全面考虑以下因素后，认为羁押该人对于维护公共利益是必要的，或者将其释放需要根据其他规定处理的：①查明该犯罪人的身份；②获取或保存与犯罪有关的证据；③防止继续犯罪、再次犯罪或又犯新罪；或者④确保与该犯罪相关的证人或辩护人的安全。或者（2）如果该人被释放，其不会出庭依法接受处理。此外，根据其《刑事法典》第 515 条第 6 款规定，被告人在因一可诉罪被释放期间又被控另一可诉罪，被告人被控可诉罪并且不是加拿大常住居民等情形下，如果检察官证明羁押被告人是正当的，治安法官应当裁定将该被告人羁押直至依法对其作出处理为止。

在澳大利亚，对于一般案件，法院在考虑能否届时出庭、对社会的危害性以及对证人的影响等情况后决定是否对被逮捕的被追诉人给予保释。[①] 除一般性羁押外，2005 年 12 月 6 日出台的澳大利亚《2005 年第 2 号反恐怖主义法》对预防性羁押作出了明确规定。该法第四编“控制性和预防性羁押的命令”对 1995 年《刑法典》的相关内容进行了修改和增删。根据该法规定，基于以下目的，对犯罪嫌疑人可以进行短期羁押：（a）防止即将发生的恐怖主义行为；（b）为保全证据，或者涉及了最近的恐怖主义行为。同时也规定，犯罪嫌疑人在下列情况下，对其适用预防性

① 高丽蓉、阮丹生：《澳大利亚司法制度及刑事诉讼程序》，载《国家检察官学院学报》2002 年第 2 期。

羁押：(a) 有合理理由怀疑犯罪嫌疑人：(ⅰ) 将要实施恐怖主义行为；(ⅱ) 持有与恐怖主义行为的准备、实施相关物品；(ⅲ) 已实施恐怖主义行为的预备、计划行为。(b) 预防性羁押可以预防恐怖主义行为的发生。(c) 根据第 (b) 项的规定，对犯罪嫌疑人羁押是正当的。①

3. 对域外有关未决羁押适用要件立法与实践情况的评析

从上述论述可以看出，各个国家和地区一般都有关于未决羁押适用要件的独立规定，这些规定是与逮捕的适用要件相分离的。逮捕的主要作用是强制被追诉人到案或出庭，只能附带较短时间的人身监禁。除非符合未决羁押的适用要件，被逮捕者才会被继续羁押，否则应当予以释放。也就是说，逮捕与未决羁押处于实质分离的状态，符合逮捕适用要件并不必然导致被羁押的后果。这种逮捕前置主义或者逮捕先行主义的制度设计，保证了对犯罪嫌疑人、被告人的逮捕和羁押将受到双重的审查，并使得剥夺公民人身自由的强制措施始终在司法机关的控制之下。② 同时，从上述论述也可以看出，各个国家和地区都在刑事诉讼法律中明确列出了可以适用羁押的具体条件和理由，这样既保障立法规定的实践可操作性，也通过排除模棱两可的适用情形而发挥限制羁押适用的作用。而且，在未决羁押适用要件的规范上，不仅大陆法系国家和地区对此有明确规定，即使在秉持习惯法传统的英国、美国、加拿大等国家，也对未决羁押适用要件有较具体的立法规定。这也在一定程度上体现了各个国家、地区对未决羁押这一较长时间剥夺公民人身自由的强制措施的重视程度。从未决羁押适用的先决条件、法定理由以及必要性三个方面，可以对各个国家和地区适用未决羁押的具体要件作如下分析：

---

① 赵秉志等编译：《外国最新反恐法选编》，中国法制出版社 2008 年版，第 1045、1047 页。

② 陈瑞华：《审前羁押的法律控制———比较法角度的分析》，载《政法论坛》2001 年第 4 期。

第一，未决羁押适用的先决条件。从各国、各地区有关未决羁押适用先决条件的规定来看，有些明确要求适用对象具有相当的犯罪嫌疑，但其具体要求的嫌疑程度有所不同。例如，德国要求“有急迫的犯罪嫌疑”，日本要求“有相当的理由足以相信”，我国台湾地区要求“认为犯罪嫌疑重大”，等等。也有一些国家，如法国，并未对未决羁押适用对象的犯罪嫌疑程度作出明确规定。但鉴于域外国家、地区的未决羁押措施是与拘留、逮捕措施相分离的、后续适用的强制措施，在拘留、逮捕措施通常已经要求具备必要的犯罪嫌疑的情况下，对未决羁押适用对象的犯罪嫌疑程度不作规定亦可理解。此外，在未决羁押适用的刑罚条件方面，多数国家、地区将未决羁押适用于较严重犯罪，或者根据案件可能判处的刑罚轻重设置不同的未决羁押适用理由。例如，德国规定对只能判处 6 个月以下自由刑或者 180 日以下的日额罚金的行为设置了特定的未决羁押理由，且不允许鉴于掩盖真相之虞命令羁押；在法国通常只能对重罪或当处刑罚为 3 年或 3 年以上监禁刑的轻罪适用未决羁押；在英国，拒绝保释的情形通常仅适用于可能判处监禁刑以上刑罚的案件；俄罗斯只对依据刑法应当判处 3 年以下剥夺自由刑刑罚的案件设置了未决羁押适用理由，而对应当判处 3 年以上剥夺自由刑刑罚的案件并未规定具体的未决羁押适用理由；而在我国台湾地区，对于所犯为死刑、无期徒刑或最轻本刑为 5 年以上有期徒刑的犯罪，规定了相对宽松的未决羁押适用理由。总体来说，域外多数国家、地区对未决羁押适用的先决条件有所规定，有些涉及犯罪嫌疑人、被告人实施犯罪的嫌疑程度，有些涉及犯罪嫌疑人、被告人可能被判处的刑罚轻重程度等，但在具体规定上存在较多差异。

第二，未决羁押适用的法定理由。相对于未决羁押适用的先决条件，域外各个国家和地区在未决羁押适用法定理由的规定上呈现较大的一致性。其一，多数国家、地区通过立法明确规定了未决羁押适用的具体理由。在一般性羁押的情形下，未决羁押理由多数包括以下几种情形：（1）犯罪嫌疑人、被告人有逃亡行为或存在逃亡的可能的；（2）犯罪嫌疑人、被告人有干扰证人作证、隐灭证据、伪造证据或串供等妨碍司法进程的行为或可能的；（3）为了保护犯罪嫌疑人、被告人以及证人、被害人的安全有此需要的；（4）犯罪嫌疑人、被告人之前违反保释规定的；（5）犯罪嫌疑人、被告人无固定住处的。其二，多数国家、地区对是否具备未决羁押法定理由要求运用具体证据证明到一定程度。例如，在英国，法官必须“有足够的理由相信”存在未决羁押的法定理由才能拒绝保释。在美国，法官必须有“清楚而又令人信服的证据”作为根据才能拒绝保释而作出审前羁押的决定。在德国，“如果因案件的情况而认为有使调查工作难以进行之可能性时，不能据此即自动地推定其亦有使调查工作难以进行之虞；而是应用特定之事实来证实该项危险之成立”①。在日本，对未决羁押理由是否具备的证明也要达到“有相当理由足以相信”的程度。而在我国台湾地区，规定的证明标准是“有事实足认为”，学者认为只要证明到使法院相信“很有可能如此”的程度即可，而并不要求至“无合理怀疑之确信程度”②。其三，不少国家、地区规定了对重罪案件放宽法定羁押理由或者不要求具备羁押法定理由的特殊情形。例如，德国《刑事诉讼法典》第112条第3项规定了具有实施谋杀罪、杀人罪、残害人群罪以及故意的、危及生命、身体的炸药犯罪等犯罪行为的重大嫌疑时，对该犯罪嫌疑人即使未构成法定羁押理由也允许命令待

---

① ［德］克劳思·罗科信：《刑事诉讼法（第24版）》，吴丽琪译，法律出版社2003年版，第284页。

② 林钰雄：《刑事诉讼法（上册　总论编）》，中国人民大学出版社2005年版，第280页。

审羁押。[①] 俄罗斯对依据刑法应当判处 3 年以上剥夺自由刑刑罚的犯罪嫌疑人、被告人没有规定适用未决羁押的具体理由，也属于重罪羁押的范畴。美国 1984 年《保释改革法》在审前羁押适用上规定的可推翻的推定事实上也包含重罪羁押的情形。而在我国台湾地区，犯罪嫌疑人、被告人“所犯为死刑、无期徒刑或最轻本刑为五年以上有期徒刑之罪者”也构成未决羁押适用的一种情形，即不需要再具备其他羁押理由。其四，不少国家、地区在一般性羁押之外设置了预防性羁押的未决羁押适用理由。“预防性羁押”是与“一般性羁押”相对应的概念，两者根据羁押目的的不同而作划分。其中，预防性羁押是以预防被追诉者再犯罪为目的的羁押，而一般性羁押是为了“确保被告于侦查及审判中出庭、确保判决确定后接受执行、确保其不会串证或湮灭证据”[②]。例如，在德国，根据其《刑事诉讼法典》第 112 条 a 规定，具有实施特定重大的性犯罪，重复或连续实施毒品犯罪等重大嫌疑，并且一定的事实显示在生效判决作出前，其具有实施其他同类型严重犯罪行为或者连续实施犯罪行为之虞（再犯之虞）的，也构成羁押理由。我国台湾地区“刑事诉讼法”第 101-1 条有关“被告经法官讯问后，认为犯下列各款之罪，其嫌疑重大，有事实足认为有反复实施同一犯罪之虞，而有羁押之必要者，得羁押之：‘刑法’第 174 条第 1 项、第 2 项、第 4 项、第 175 条第 1 项、第 2 项之放火罪、第 176 条之准放火罪……”的规定，亦明确体现了预防性羁押的适用。此外，

---

① 在德国，反对意见认为该条款存在违反法治国家原则的嫌疑：因为如此一来，不管是否对确保调查程序或刑罚执行程序有否必要性均得施行羁押。对此，德国联邦宪法法院尝试通过下述方式对《刑事诉讼法典》第 112 条第 3 项进行合宪性解释：在本条第 3 项的重大犯罪有急迫嫌疑时，只有当有逃亡或使调查工作难以进行之虞的羁押理由成立时，方得施行羁押；但是在认定这些羁押理由之成立与否时，并无须像同条第 2 项那么严格的要求，而只需要稍微轻度的逃亡或使调查工作难以进行之虞即可。参见［德］克劳思·罗科信：《刑事诉讼法（第 24 版）》，吴丽琪译，法律出版社 2003 年版，第 284 页。

② 王兆鹏：《刑事诉讼讲义》，台湾元照出版公司 2009 年版，第 281 页。

加拿大、澳大利亚也都曾对预防性羁押作出过规定。由于存在违反无罪推定原则、有违强制措施程序保障属性、违反正当程序原则乃至缺乏科学的再犯罪统计依据、不利于被追诉者再社会化等诸多负面评价，预防性羁押的适用一直饱受各界批评和质疑。鉴于预防性羁押的特殊性，上述国家和地区虽然在立法上确立了预防性羁押制度，但都对其适用设置了较为严格的条件限制，使其区别于一般性羁押相对宽泛的适用理由。其五，确立了与告知羁押理由相关的配套程序要求。仅仅在立法中规定详细的羁押理由并不能起到限制羁押适用的目的，还需要确立与之相配套的程序规则，如羁押理由的说明制度、羁押理由的告知制度等。从上述各国、各地区有关未决羁押适用要件的立法规定来看，普遍规定了应当将未决羁押适用的具体理由告知犯罪嫌疑人、被告人的程序要求。其中最典型的是日本的羁押理由开示制度，专门赋予了犯罪嫌疑人等权利人要求法官开示未决羁押理由的程序性权利，并就该项程序的具体操作步骤作了明确规定。此外，法国 2000 年进行的刑事诉讼法重大修改中也要求自由与羁押法官在作出羁押决定时必须附具理由，而我国台湾地区“刑事诉讼法”中也有类似要求。在我国台湾地区，规定羁押被告应使用押票，“羁押之理由及其所依据之事实”是押票中必须记载的事项之一，同时规定应将羁押被告所依据的事实告知被告及其辩护人，并记载于笔录，而羁押的押票也应送交辩护人、被告及其指定的亲友。

第三，未决羁押适用的必要性考量。根据比例性原则的要求，羁押作为最严重的强制措施，其适用必须限定在最必要的情形下。在实践中，即使具备未决羁押适用的先决条件、法定理由，仍需具体考量适用对象是否具有被适用未决羁押的必要性问题。从上述多个国家、地区有关羁押适用要件的设置来看，也体现了上述理念。例如，法国《刑事诉讼法典》第 144 条有关“只有从程序的具体情节因素来看，证明实行先行羁押是达到以下所指一项或数项目标的唯一手段，并且仅仅实行司法监督或指定居住加电子监视制度仍然不能达到这些目标时，才能命令先行羁押或延长先行羁押期限”，即直接体现了考量未决羁押必要性的这一要求。俄罗斯《刑事诉讼法》第108条第1款的规定亦类似。在我国台湾地区，通说即认为未决羁押的实质要件包括重大之犯罪嫌疑、法定之羁押原因和羁押之必要性三个方面，“纵使符合两项要件，亦须另有羁押之必要时，始能以羁押为手段而羁押被告”；而所谓的“羁押之必要性”，是指前述的比例原则而言——就一般性羁押，须“非予羁押，显难进行追诉、审判或执行者”，始能认为合乎必要；就预防性羁押，须“有事实足认为（被告）有反复实施同一犯罪之虞，而有羁押之必要者”①。

（二）我国未决羁押适用要件的立法与实践

在我国，未决羁押的适用要件主要是指逮捕的适用要件。同其他具有大陆法系传统的国家类似，我国长期以来对逮捕适用要件有着较为具体的成文法规定，但这些规定也经历了一个不断发展完善的过程。

我国1979年《逮捕拘留条例》第3条就曾明确规定逮捕的适用要件，即“主要犯罪事实已经查清，可能判处徒刑以上刑罚的人犯，有逮捕必要的，经人民法院决定或者人民检察院批准，应即逮捕”。这一规定被随后制定的1979年《刑事诉讼法》所吸收。根据1979年《刑事诉讼法》第40条，适用逮捕必须同时具备“主要犯罪事实已经查清”的事实证据要件，“可能判处徒刑以上刑罚”的刑罚要件，以及“采取取保候审、监视居住等方法，尚不足以防止发生社会危险性，而有逮捕必要”的必要性要件，三方面要件缺一不可。1996年《刑事诉讼法》第60条对1979年《刑事诉讼法》有关逮捕适用要件中的刑罚要件和必要性要件维持不变，但对逮捕适用的事实证据要件进行了调整，由原来的“主

① 林钰雄：《刑事诉讼法（上册　总论编）》，中国人民大学出版社2005年版，第269页。

要犯罪事实已经查清”修改为“有证据证明有犯罪事实”。2012年《刑事诉讼法》第79条维持了1996年《刑事诉讼法》有关逮捕适用要件中的事实证据要件和刑罚要件，但对必要性要件进行了较大幅度的调整，明确列举了采取取保候审尚不足以防止发生社会危险性的具体情形，同时增加了径行逮捕的例外情形。2018年《刑事诉讼法》对逮捕适用要件未作修改。从我国《刑事诉讼法》有关逮捕适用要件的立法完善历程可以看出，在普通案件[①]中，除“可能判处徒刑以上刑罚”的刑罚要件保持不变外，逮捕的事实证据要件和必要性要件均有所变动。具体而言，我国逮捕适用要件包括以下几个方面：

1. 刑罚要件

如上所述，我国《刑事诉讼法》有关逮捕适用中刑罚要件的规定始终维持“可能判处徒刑以上刑罚”这一表述。这也意味着，如果犯罪嫌疑人、被告人仅仅可能被判处管制、拘役、独立适用附加刑等较轻刑罚，则不应逮捕。

虽然有关逮捕刑罚要件的立法规定长期保持不变，但学界对于是否有必要规定刑罚要件以及目前的刑罚要件规定得是否科学合理仍存在不少争论。对于在逮捕适用中是否有必要规定罪行这一要件，有观点持否定态度，认为被追诉人所犯罪行之轻重，不是是否羁押的必要条件；即使被追诉人所犯仅为可判处徒刑以下刑罚之罪，只要有逃亡之虞即应考虑羁押。[②] 也有观点认为应当在逮捕要件中规定刑罚要件，认为无论从国际惯例、人权保障以及掌握和运用的便捷性来看，都有必要坚持刑罚要件。[③] 也有学者从逮捕与刑罚之间的关系出发肯定了刑罚要件对逮捕的重要性，认为逮捕与刑罚之间有着深层次的必然联系，甚至逮捕与刑罚经常是互为条件

① 即不属于可能判处10年有期徒刑以上刑罚的案件。

② 易延友：《刑事诉讼法（第2版）》，法律出版社2004年版，第191页。

③ 李忠诚：《刑事强制措施研究》，中国人民公安大学出版社1995年版，第250-252页。

的，亦即适用刑罚处罚是逮捕的必备条件、法定条件，而逮捕又是使严重犯罪实际受到刑罚处罚的物质性条件。[①] 对于如何设置科学合理的刑罚要件，一种观点认为，我国刑诉法将逮捕的刑罚要件规定为“可能判处徒刑以上刑罚”符合强制措施限制适用的理念和适度原则：原因之一是逮捕适用于人民法院判决确定有罪和处以刑罚之前，因此只能用“可能”二字作出规定；原因之二是徒刑以上刑罚的犯罪一般都比较严重或者很严重，对行为人实施逮捕符合适度原则；原因之三是逮捕与刑罚具有同向、同属性。[②] 但也有不少观点认为目前的逮捕刑罚要件过于宽松，不足以体现审前羁押是例外而不是原则的适用精神，导致司法实践中羁押率太高，并且因此而对犯罪嫌疑人、被告人准备辩护的能力和条件施加了不合理的限制，并进而建议将逮捕适用的刑罚要件提高到“可能判处有期徒刑 3 年以上刑罚”。[③]

笔者认为，“可能判处徒刑以上刑罚”作为逮捕适用的一个要件并不能发挥限制逮捕适用的实质作用。从《刑法》有关各个罪名包含的刑罚幅度来看，绝大多数罪名，无论罪行轻重程度如何，都符合逮捕的刑罚要件。从实践情况来看，虽然被逮捕的犯罪嫌疑人、被告人大多数被判处了徒刑以上刑罚，但是逮捕案件中的重罪案件占比并不高，而且尚有一定比例的被逮捕案件最终并未判处徒刑以上刑罚。例如，浙江某基层检察院的实证数据显示，2006—2008 年被逮捕案件中被判处 3 年以上有期徒刑刑罚的人数均不足 30%，而约 15%被逮捕案件的被告人在审判阶段并未被判处徒刑以

---

① 刘根菊、杨立新：《逮捕的实质性条件新探》，载陈光中、［德］汉斯-约格·阿尔布莱希特主编：《中德强制措施国际研讨会论文集》，中国人民公安大学出版社 2003 年版，第 79 页。

② 刘根菊、杨立新：《中国逮捕的实质性条件刍议》，载陈光中、［德］汉斯-约格·阿尔布莱希特主编：《中德强制措施国际研讨会论文集》，中国人民公安大学出版社 2003 年版，第 79 页。

③ 陈光中主编：《中华人民共和国刑事诉讼法再修改专家建议稿与论证》，中国法制出版社 2006 年版，第 379 页。

上刑罚。[①] 根据最高人民检察院公布的数据，2016年全国检察机关捕后不作犯罪处理的案件（包括判处无罪、绝对不起诉、相对不起诉、存疑不起诉、撤销案件）有1.4%，捕后判处徒刑以下刑罚的案件（包括拘役、管制、单处罚金）有6.5%。[②] 与此同时，与逮捕刑罚要件连带的司法问题也值得关注，即对于被逮捕的被告人，审判法官往往会产生这样的倾向：判处的刑期至少要相当于羁押的期间，即关多久判多久，很少判处缓刑，以免产生“刑期倒挂”的问题。可见，“可能判处徒刑以上刑罚”这一逮捕适用要件并没有发挥足够的过滤功能，没有很好地将罪行较轻的犯罪嫌疑人、被告人排除在逮捕的适用范围之外，从而同逮捕适用的适度与比例原则不相符合。因此，有必要进一步完善逮捕的刑罚要件，适度提高该要件的门槛，如可以将其提高到“可能判处3年有期徒刑以上”，以最大限度地满足追究犯罪与人权保障的共同需求。

2. 事实证据要件

我国1979年《刑事诉讼法》对逮捕的事实证据要件规定为必须达到“主要犯罪事实已经查清”的程度，这对防止滥用逮捕、以捕代侦具有一定积极作用，但在实践中，某些犯罪嫌疑人的犯罪事实已经查清，虽然主要犯罪事实尚未完全查清，但仍然需要逮捕。[③] 而且，司法实践中办案机关普遍反映“主要犯罪事实已经查清”的条件过于严格，在短期内无法查清，特别是对一些疑难、复杂案件很难做到，公安机关为了解决办案实践不够的问题，只好采取收容审查措施，由公安机关自己决定和执行，缺乏必要的制

① 栗旭峰：《逮捕适用中设置徒刑条件的必要性探究》，载《法制与社会》2010年8月。

② 孙谦：《司法改革背景下逮捕的若干问题研究》，载《中国法学》2017年第3期。

③ 顾昂然：《关于〈中华人民共和国刑事诉讼法修正案（草案）〉的说明——1996年3月12日在第八届全国人民代表大会第四次会议上》，载《中华人民共和国全国人民代表大会常务委员会公报》1996年第3期。

约，存在超范围、超时限、管理混乱的问题，出现了一些侵犯公民合法权益的现象。为了适应打击犯罪和切实保护公民合法权益的需要，在取消收容审查的同时，1996 年《刑事诉讼法》将逮捕的事实证据条件修改为“有证据证明有犯罪事实”。[①]

对于如何理解“有证据证明有犯罪事实”，1998 年最高人民法院、最高人民检察院、公安部、国家安全部、司法部、全国人大常委会法制工作委员会颁布的《关于刑事诉讼法实施中若干问题的规定》（以下简称六机关《规定》）第 26 条规定，“证据证明有犯罪事实”是指同时具备下列情形：（1）有证据证明发生了犯罪事实；（2）有证据证明犯罪事实是犯罪嫌疑人实施的；（3）证明犯罪嫌疑人实施犯罪行为的证据已有查证属实的；犯罪事实可以是犯罪嫌疑人实施的数个犯罪行为中的一个。其后，在 1998 年颁布的公安部《规定》第 116 条、1999 年颁布的最高人民检察院《规则》第 86 条以及最高人民检察院、公安部 2001 年联合颁布的《关于依法适用逮捕措施有关问题的规定》中，都对逮捕证据事实要件作了上述类似规定。最高人民检察院 2006 年颁布的《人民检察院审查逮捕质量标准（试行）》从正反两方面对“有证据证明有犯罪事实”的情形进行了规定。其中第 2 条规定：“‘有证据证明有犯罪事实’，是指同时具备以下情形：（一）有证据证明发生了犯罪事实，该犯罪事实可以是单一犯罪行为的事实，也可以是数个犯罪行为中任何一个犯罪行为的事实；（二）有证据证明犯罪事实是犯罪嫌疑人实施的；（三）证明犯罪嫌疑人实施犯罪行为的证据已有查证属实的。”第 3 条规定：“具有以下情形之一的，不属于‘有证据证明有犯罪事实’：（一）证据所证明的事实不构成犯罪的；（二）仅有犯罪嫌疑人的有罪供述，而无其他已查证属实的证据佐证的；（三）证明犯罪嫌疑人有罪和无罪的主要证据之间存在重大

---

① 郎胜主编：《中华人民共和国刑事诉讼法释义（最新修正版）》，法律出版社 2012 年版，第 192 页。

矛盾且难以排除的；（四）共同犯罪案件中，同案犯的供述存在重大矛盾，且无其他证据证明犯罪嫌疑人实施了共同犯罪行为的；（五）没有直接证据，而间接证据又未形成相互印证链条的；（六）证明犯罪的证据中，言词证据系采取刑讯逼供、暴力取证或者以威胁、引诱、欺骗等非法的方法取得，依法予以排除后，其余的证据不足以证明有犯罪事实的；（七）现有证据不足以认定犯罪嫌疑人符合犯罪构成主观方面要件的；（八）证明未成年的犯罪嫌疑人在实施被指控的犯罪时达到刑事责任年龄的证据不足的；证明患有间歇性精神病的犯罪嫌疑人在实施被指控的犯罪时系精神正常的证据不足的；（九）虽有证据证明发生了犯罪事实，但无证据证明犯罪事实是该犯罪嫌疑人实施的；（十）其他不能证明有犯罪事实的情形。”2010 年最高人民检察院修订的《人民检察院审查逮捕质量标准》基本保留了对“有证据证明有犯罪事实”的上述细化规定。其后的 2012 年《刑事诉讼法》、2018 年《刑事诉讼法》均保留了“有证据证明有犯罪事实”这一逮捕适用要件的规定。

对于目前逮捕适用中的证据事实要件是否合理，长期以来存在不同的学术观点。有学者认为逮捕的事实证据条件模糊不确定且设置过高，使得刑事拘留很难与其衔接，反过来又促使刑事拘留期限越来越长，超期羁押现象越来越严重。① 但也有观点与此截然相反，认为现行逮捕的证明标准偏低才是导致实践中羁押率居高不下、超期羁押屡禁不绝的一个重要原因，并且认为实践中“有证据证明有犯罪事实”实际上被“严格把握”的自定标准所取代，这种标准定位的疏失应当引起立法者的思考。② 还有观点认为，立法不宜对逮捕的证据要件作出过于机械性的规定；“有证据证明有犯罪事实”这样的规定既有利于侦查人员、检察人员从总体上把

---

① 孙洪波、富强：《论刑事强制措施的完善与人权保障》，载陈卫东主编：《羁押制度与人权保障》，中国检察出版社 2005 年版，第 316 页。

② 闵春雷、刘铭：《探寻羁押的实质条件——从逮捕条件的“关键词”说起》，载陈卫东主编：《羁押制度与人权保障》，中国检察出版社 2005 年版，第 137 页。

据证明要求，同时也能够做到因案而异，具体问题具体分析，以便准确把握和适用证据要件，从而保障适用逮捕的正当性。①

围绕如何完善逮捕的证据事实要件，学界的观点也不尽相同，依据证明标准的高低可以将主要观点排列如下：一是“确实证据说”。该观点认为，逮捕的证据事实要件宜修改为“有确实证据证明犯罪嫌疑人、被告人有实施犯罪行为的重大嫌疑”。其理由认为，根据无罪推定原则，逮捕的前提是“犯罪嫌疑”而非“犯罪事实”，而考虑到我国的“逮捕”实质上相当于国外的“羁押”，而且实践中通常以刑事拘留为前提，同时鉴于六机关《规定》第26条的解释导致司法实践中对逮捕条件的理解发生较多的歧义，为了防止错误地逮捕事实上没有犯罪的人以及“以捕代侦”的现象，有必要要求适用逮捕的对象必须有“重大犯罪嫌疑”，而且对此必须有确实证据加以证明，以提高逮捕的证明标准。② 二是“排除合理怀疑说”。该观点认为，有必要将逮捕的证据事实要件修改为“能排除合理地证明犯罪嫌疑人的部分犯罪事实”，这样既强调了“证明”，又因使用“排除合理怀疑”的表述而更具可操作性，强调“部分犯罪事实”是因为逮捕审查具有时间短的局限，与判决时要求的“全部犯罪事实”相区别。③ 三是“优势证据说”。该观点认为，应在逮捕过程中引入优势证据理念。优势证据确认规则符合审查逮捕中强调对重点事实锁定的要求，不再要求对所有相关证据进行全面、周详的核实，只要求收集足以影响定案的关键证据，分析认定关键证据相对于其他能否占明显优势，即可作出决定，这样有利于缩短证据认定所需要的周期，进一步强化证据认定

---

① 刘根菊、杨立新：《逮捕的实质性条件新探》，载《法学》2003年第9期。

② 陈光中主编：《中华人民共和国刑事诉讼法再修改专家建议稿与论证》，中国法制出版社2006年版，第379页。

③ 陈刚、卢新华：《审查逮捕适用标准刍议》，载《人民检察》2006年第5期（下）。

的针对性。[①] 四是“初步确定说”。该观点主张，应将逮捕的证据事实要件界定为“经查证属实的证据足以初步确定犯罪嫌疑人已实施了犯罪”。该观点中所谓的“初步确定”包括以下含义：（1）作出判断的基础是建立在初步侦查所收集的证据上，证据尚未达到最充分、全面的程度；（2）判断所依据的证据要查证属实，具有真实性、合法性；（3）查证属实的证据足以使一般人形成犯罪嫌疑人实施了犯罪的初步认识。[②] 此外，也有观点认为六机关《规定》所确立的具体标准是可行的，应及时吸收到法律规定中去。[③]

综合上述各方观点，未决羁押适用中待证事实其实包括以下两项：一是犯罪事实已经发生；二是犯罪事实是犯罪嫌疑人实施的。对于这两项待证事实，六机关《规定》第 26 条事实上确立了不同的证明标准，对于犯罪事实已经发生要求的证明标准是“有证据证明”，对于犯罪事实是犯罪嫌疑人实施的证明标准是“有证据证明”且“该证据已有查证属实”两个方面。从域外规定的情况来看，其未决羁押适用要件中多数仅对第二项待证事实即“犯罪事实是犯罪嫌疑人实施的”证明标准情况作出规定，例如，德国规定为“有急迫的犯罪嫌疑”，日本规定为“有相当的理由足以怀疑”等。之所以在未决羁押适用要件中不将犯罪事实已经发生这一事项列为待证事项，是因为在拘留、逮捕和未决羁押相分离的情况下，未决羁押适用时已经过了刑事诉讼启动的阶段；既然刑事诉讼已经启动，自然已经具备犯罪事实已经发生这一基本条件。从我国情况来看，虽然不存在与拘留、逮捕相分离的未决羁押制度，但因为我国刑事诉讼在侦查程序之前有独立的立案阶段，法律明确规

① 唐敏、张雅芳：《优势证据确认规则在审查逮捕中的运用》，载《犯罪研究》2008 年第 2 期。

② 周柄亮、黄楚元：《初步确定：逮捕的证明标准》，载《广西政法管理干部学院学报》2004 年第 2 期。

③ 陈卫东主编：《刑事审前程序与人权保障》，中国法制出版社 2008 年版，第 233 页。

定了“有犯罪事实发生、应当追究刑事责任”的立案条件，因此也没有必要在逮捕适用要件中再规定犯罪事实已经发生这一待证事项，而应重点规范犯罪事实是犯罪嫌疑人实施这方面的证据事实要件。对这一待证事项应当达到的证明标准，笔者认为可以表述为“有查证属实的证据证明犯罪嫌疑人、被告人有实施犯罪的重大嫌疑”。这样一方面突出了逮捕证据事实要件规范的重点是犯罪嫌疑人、被告人的“犯罪嫌疑”而非“犯罪事实”，另一方面也体现了这种证明应当达到的一定高度，即“有查证属实的证据证明”这一标准。相比于域外其他国家、地区“有急迫的犯罪嫌疑”“有相当的理由足以怀疑”等规定，“有查证属实的证据证明”这一标准显然是比较高的，主要是考虑到在我国未决羁押是逮捕的必然结果，且我们国家尚未确立“未决羁押是例外”的强制措施适用准则，因此有必要对逮捕的证据事实要件予以从严掌握，这样才能在逮捕适用中更好地实现程序法治与人权保障的目标。

3. 法定理由与必要性要件

长期以来，我国有关逮捕适用要件的规定中并没有区分逮捕的法定理由和逮捕必要性这两方面内容，而是将两者混同规定。

1979 年和 1996 年《刑事诉讼法》中均对逮捕的必要性作了以下原则性规定：“采取取保候审、监视居住等方法，尚不足以防止发生社会危险性，而有逮捕必要”的犯罪嫌疑人、被告人，才能适用逮捕。2001 年最高人民检察院、公安部《关于依法适用逮捕措施有关问题的规定》对“有逮捕必要”作了一定细化。根据该规定第 1 条第 2 项，具有下列情形之一的，即为《刑事诉讼法》第 60 条规定的“有逮捕必要”：（1）可能继续实施犯罪行为，危害社会的；（2）可能毁灭、伪造证据、干扰证人作证或者串供的；（3）可能自杀或逃跑的；（4）可能实施打击报复行为的；（5）可能有碍其他案件侦查的；（6）其他可能发生社会危险性的情形。该规定有助于人们正确理解逮捕必要性的法律内涵，帮助司法机关正确适用逮捕措施，但也有批评的观点认为该规定并没有真正解决逮捕必要性的法律含义，因而也不符合《刑事诉讼法》第 60 条规定的立法原意。[①] 该观点认为，逮捕必要性包括两方面含义，一是具有社会危险性，二是采取取保候审、监视居住不足以防止发生这种社会危险性；在决定对犯罪嫌疑人、被告人是否适用逮捕措施时，仅仅因为犯罪嫌疑人构成犯罪，具有社会危险性，而不考虑犯罪性质和程度，不考虑适用取保候审、监视居住是否可以防止发生这种危险性，就适用逮捕措施，显然不符合逮捕必要性的要求；2001 年颁行的上述规定中关于“逮捕必要”的内容之所以不当，就是混淆了社会危险性与逮捕必要性的区别，以社会危险性取代逮捕必要性。[②]

从逮捕的司法实践情况看，有一些部门反映，《刑事诉讼法》对于“社会危险性”包括哪些情况、是否有程度限制，如何理解“有逮捕必要”等规定得比较模糊，在具体案件中容易出现认识分歧，有的检察机关对逮捕条件掌握过严，甚至按照审查起诉条件把握逮捕条件，导致对一些本该逮捕的犯罪嫌疑人、被告人不批捕；公安机关为侦查需要，或者对犯罪嫌疑人采取监视居住措施变相羁押，或者采取拘留后延长拘留提请逮捕期限的办法，以拘待侦；公安机关不愿采取取保候审、监视居住措施，也提高了逮捕和羁押的比例，甚至对一些罪行较轻或者社会危险性很小的犯罪嫌疑人也适用逮捕措施，出现应该判处的刑期短于羁押期限，法院不得不关多久判多久的情形。为了解决司法实践中对逮捕条件理解不一致的问题，促进公安司法机关更准确地掌握逮捕条件，更好地规范和限制逮捕措施的适用，加强对犯罪嫌疑人、被告人人权的保障，我国在 2012 年《刑事诉讼法》修改中删除了逮捕条件中“有逮捕必要”

---

① 白泉民、高景峰：《如何掌握“逮捕必要性”》，载《检察日报》2004 年 2 月 13 日第 3 版。

② 白泉民、高景峰：《如何掌握“逮捕必要性”》，载《检察日报》2004 年 2 月 13 日第 3 版；郎胜主编：《中华人民共和国刑事诉讼法释义（最新修正版）》，法律出版社 2012 年版，第 192-193 页。

这一表述，代之以在第 79 条具体列出了“不足以防止发生下列社会危险性”的五种情形，即（1）可能实施新的犯罪的；（2）有危害国家安全、公共安全或者社会秩序的现实危险的；（3）可能毁灭、伪造证据，干扰证人作证或者串供的；（4）可能对被害人、举报人、控告人实施打击报复的；（5）企图自杀或者逃跑的。在随后出台的最高人民检察院《规则》中，其第 139 条对《刑事诉讼法》规定的五种社会危险性情形作了进一步细化。此外，为了更好地规范逮捕社会危险性条件的证据收集、审查认定，依法准确适用逮捕措施，最高人民检察院、公安部于 2016 年颁布的《关于逮捕社会危险性条件若干问题的规定（试行）》第 5 条至第 9 条对逮捕的社会危险性情形作了更为明确、具体的规定。虽然取消了“有逮捕必要”这一表述，但主流观点仍认为，逮捕的社会危险性情形是以犯罪嫌疑人、被告人的预期行为作为判断有无社会危险性的标准，应当根据案件和犯罪嫌疑人、被告人的具体情况，包括涉案轻重程度、可能的刑期高低、其人格和私人关系等个案情况作出综合权衡和认定，并不是只要具有社会危险性就要采取逮捕措施。比如，对于一些罪行虽然比较严重，但主观恶性不大，有悔罪表现，具备有效监护条件或者社会帮教措施的；初次犯罪、过失犯罪的；犯罪预备、中止、未遂的；犯罪后能够如实交代罪行，认识到自己行为的危害性、违法性，积极退赃，尽力减少和赔偿损失，得到被害人谅解的等客观情节，能够表明犯罪嫌疑人、被告人不会产生社会危险性的，复核刑罚要件和证据事实要件后也可以不采取逮捕措施。[①] 这一观点也即意味着，2012 年《刑事诉讼法》第 79 条事实上仍区分了逮捕的社会危险性与必要性两个层面的要求，其中列举的五种社会危险性属于逮捕适用的法定理由，而逮捕的必要性要求则体现在“采取取保候审尚不足以防止下列社会危险性”这

---

① 郎胜主编：《中华人民共和国刑事诉讼法释义（最新修正版）》，法律出版社 2012 年版，第 191 页。

一表述中，亦即只要取保候审足以防止这些社会危险性的，则不能适用逮捕措施。此外，我国2012年《刑事诉讼法》第79条第2款、第3款还增加了重罪羁押以及违反取保候审、监视居住规定而适用逮捕这两种特殊的逮捕理由，即“对有证据证明有犯罪事实，可能判处十年有期徒刑以上刑罚的，或者有证据证明有犯罪事实，可能判处徒刑以上刑罚，曾经故意犯罪或者身份不明的，应当予以逮捕”；“被取保候审、监视居住的犯罪嫌疑人、被告人违反取保候审、监视居住规定，情节严重的，可以予以逮捕”。

（三）完善我国未决羁押适用要件的建议

如前所述，未决羁押适用要件的相关规定，是未决羁押撤销、变更机制赖以存在的重要基础。可以说，未决羁押适用要件方面的规定是否明确、具体，是否具备基本的实践可操作性，直接关系到未决羁押撤销、变更机制能否正常启动、运行。与域外相关规定比较，我国《刑事诉讼法》有关逮捕理由及必要性要件的规定仍存在诸多缺憾，有必要在今后的立法修改中进一步改革完善：

其一，有必要将逮捕法定理由与逮捕必要性要件分别加以规定。从我国《刑事诉讼法》有关逮捕适用要件的规定来看，其经历了仅规定“有逮捕必要”到删除“有逮捕必要”而具体罗列五种社会危险性情形的修法过程，呈现进一步细化的发展趋势。但遗憾的是，我国并没有将逮捕的法定理由与逮捕的必要性要件相区别。从逮捕适用的实际情况来看，即使存在可能逃跑、可能毁灭证据等理由，也并不一定就具有逮捕必要性，很可能采取一些非羁押性的强制措施就可以保障诉讼顺利进行。在刑诉法条文将逮捕法定理由与逮捕必要性要件相混同的情况下，事实上掩盖了对逮捕必要性要件予以独立考量这一必要环节，从而形成只要具备逮捕理由就要适用逮捕这一普遍化的适用倾向，不符合逮捕适用中比例性原则的基本要求。

其二，在逮捕理由的设置上，应对不同类别的逮捕理由加以区分。在我国《刑事诉讼法》列举的各项理由中，事实上包含了两大类逮捕理由：第 1 项“可能继续实施犯罪行为，危害社会的”以及第 6 项“其他可能发生社会危险性的情形”是属于实施预防性羁押方面的理由，而第 2、3、4、5 项则是属于一般性羁押方面的理由。从强制措施的程序保障属性而言，逮捕的适用目的应当是程序的而不是实体的，而预防性羁押显然是以实体目的为指向的，它同被适用者的基本权利保障之间存在更为紧张、对立的关系。鉴于预防性羁押与一般性羁押的显著差异，对两者在逮捕理由乃至适用条件、适用必要性等方面不作任何区别地予以混同规定，很可能导致扩大羁押适用、侵犯公民基本权利的不利后果。鉴于此，有必要对《刑事诉讼法》第 81 第 1 款第 1、2 项预防性羁押理由予以严格限制，如可将其限定于“有事实足以认为有反复实施性犯罪、严重暴力犯罪、毒品犯罪、恐怖活动犯罪可能的”范围之内。

其三，有必要明确规定逮捕理由与逮捕必要性的证明要求。我国《刑事诉讼法》第 81 条中规定的“有证据证明”有犯罪事实，是关于犯罪嫌疑人涉嫌的犯罪事实是否存在的证明要求，并不是针对其逮捕理由是否具备的证明要求。为了避免实践中随意套用逮捕理由的情况发生，也应当明确逮捕理由是否具备的证明程度要求。借鉴其他国家和地区在这方面的有益做法，可以将相应规定表述为“有事实足以认为存在下列社会危险性时才能适用逮捕：……”这样既规定了逮捕理由的证明要求，也强调了严格限制逮捕适用的理念。

其四，有必要确立与逮捕理由相配套的程序性规则，包括逮捕理由的告知程序、对逮捕理由不服的救济程序等。在司法实践中，公安机关提请批准逮捕的材料中并不需要就逮捕理由作出明确说明，人民检察院作出批准逮捕决定时也不需要说明理由，只有在作出不予批准逮捕决定时才需要说明理由。此外，根据我国《刑事诉讼法》第 91 条规定，除无法通知的以外，应当在逮捕后 24 小时以内，通知被逮捕人的家属。但是，该条文并未具体规定办案机关通知的内容、通知的形式，也没有确定违反该规定会导致怎样的法律后果，这也使得逮捕理由的告知义务实际上处于可有可无的境地。另外，虽然我国《刑事诉讼法》赋予了犯罪嫌疑人、被告人及其法定代理人、近亲属或者辩护人申请变更强制措施的权利，但没有针对逮捕理由设置明确的救济程序，权利人如果对适用的逮捕理由有异议并没有专门的渠道提出不同意见或获得救济。为了落实《刑事诉讼法》第 86 条相关规定，应当要求侦查机关在作出提请批准逮捕决定时书面告知犯罪嫌疑人享有要求向检察人员当面陈述的权利。如果侦查机关不履行告知义务，犯罪嫌疑人有权获得相应救济。检察机关作出适用逮捕决定时必须列明逮捕理由，并书面告知被逮捕的犯罪嫌疑人及其辩护人。被逮捕人对逮捕理由不理解或者不服的，可以申请检察机关予以解释。对于犯罪嫌疑人被逮捕后的通知事项与通知对象，在实践中应当尽量从有利于权利保障的角度予以理解和适用。例如，在通知事项上，应要求通知时必须告知逮捕的理由、处所以及有权代为委托辩护人等事宜；在通知对象上，除通知被逮捕人的家属外，如果被逮捕人要求通知其他人员并提供了必要联系方式的，也应当予以通知。

总体而言，我国《刑事诉讼法》围绕逮捕适用要件所作的改革与完善，体现了进一步限制逮捕适用、加强权利保障的立法意图，有利于解决实践中存在的突出问题，其进步意义值得充分肯定。但是，《刑事诉讼法》有关逮捕适用要件的修正仍存在法律规范过于原则，可操作性不强，程序制裁不足乃至权利保障不够充分等问题。从长远角度来看，将逮捕与未决羁押相分离，使未决羁押成为逮捕之后的专门诉讼阶段，由专门的司法官在司法审查程序中就是否具备未决羁押适用要件以及未决羁押期限等问题予以审查和裁判，是较为理想的选择。但立足于现实，从更好地实施《刑事诉讼法》有关逮捕适用要件的规定，更好地实现逮捕适用中的权利保障目的来看，有必要通过制定司法解释或规范性文件的方式尽可能解决目前法律规定中的上述不足与缺憾之处。

二、未决羁押期限届满

未决羁押撤销、变更的另一项动因是未决羁押期限的届满，亦即一旦未决羁押的适用时间达到法律规定的特定期限则产生应予撤销或变更的后果。

对未决羁押期限的规定体现了法定原则的基本要求。“如果法律不明确规定羁押的期限，自由的确就不存在了，因为司法工作人员可以凭自己的意志、喜好和需要来决定羁押时间的长短。”[①] 在刑事诉讼中，未决羁押期限的设置，“对于保障犯罪嫌疑人、被告人的合法权益，防止以拘待侦、以捕代罚、超期羁押和久押不决等违法甚至犯罪现象的发生更是至关重要”。[②] 在具体设置上，未决羁押期限体现了比例原则的限制性作用。依据比例原则，在未决羁押适用中应当充分考量被追诉人涉嫌罪行的严重程度、预期刑罚的轻重程度以及妨碍诉讼的可能性等因素来确定羁押期限，在能够实现诉讼保障功能的前提下应尽量缩短羁押时间。从人性趋利避害的本能来看，被追诉人涉嫌罪行越严重、预期刑罚越重，其逃避指控、阻碍诉讼的可能性越大。正如英国学者约翰·斯普莱克指出：“指控越严重，被指控者越容易逃跑，因为他意识到有罪判决将导致长期的监禁处罚。”[③] 因此一般而言，对严重刑事案件的犯罪嫌疑人、被告人予以先行羁押的必要性更强烈，对其采用更长期限羁押的合理性也更充分，而在轻微刑事案件中则刚好相反。但是，不论犯罪嫌疑人、被告人涉嫌的是严重刑事案件，还是轻微刑事案件，在刑事诉讼中对其适用未决羁押都应当有必要的期限限制，一旦期限届满即产生撤销、变更未决羁押的结果。

---

① 江涌：《未决羁押制度的研究》，中国人民公安大学出版社 2011 年版，第65 页。

② 刘玫：《刑事诉讼法定期间问题研究》，载《诉讼法论丛》第 9 卷，第 117 页。

③ ［英］约翰·斯普莱克：《英国刑事诉讼程序》，徐美君等译，中国人民大学出版社 2006 年版，第 126 页。

（一）域外未决羁押期限之考察

1. 大陆法系

相较于英美法系，大陆法系传统的国家和地区在成文法习惯之下，其刑事诉讼法典往往对未决羁押期限有着严密、细致的规定。

在法国，自 1808 年《重罪法典》确立真正意义上的近代羁押制度以来，随着社会的进步、诉讼理念的发展以及域外经验的影响，其羁押制度在崇尚“自由”与“秩序”之间经历了多次“钟摆式”改革，其中多次改革都涉及未决羁押期限的变动。[①] 关于未决羁押的期限，现行法国《刑事诉讼法典》第 145-1 条、第 145-2 条针对轻罪案件和重罪案件分别作出了具体规定，包括：（1）轻罪案件，如果受审查人此前没有因重罪或普通法之轻罪被判处重罪刑罚或刑期在 1 年以上的无缓期监禁刑，以及如果法定当处之刑罚的刑期在 5 年或 5 年以下，先行羁押的期间不得超过 4 个月。其他案件，在特殊情况下，自由与羁押法官可以按照第 145 条第 2 款的规定组织对席辩论之后，按照第 137-3 条的规定作出一项说明理由的裁定，决定延长先行羁押的期限；延长的时间不得超过 4 个月，并且应当按第 114 条第 2 款的规定传唤律师。该项决定得依相同程序延展，但保留执行第 145-3 条之规定。先行羁押的累计期间不得超过 1 年。但是，当构成犯罪的行为是在法国领土之外实施，或者当事人是因毒品走私罪、恐怖活动罪、组织黑社会性质的团伙罪、淫媒牟利罪、诈骗金钱罪，或者是以有组织的团伙实施犯罪且法定最高刑为 10 年监禁刑时，先行羁押的期间可以增至 2 年。当预审

---

① 例如，法国 1960 年 6 月 4 日法令将请罪羁押的延长期限从 4 个月减为 2 个月；1975 年 8 月 6 日法律规定，当事人当处刑罚为 5 年以下监禁刑且此前未曾判处 1 年以上监禁刑的，最长羁押期限不得超过 6 个月；1996 年 12 月 30 日法律增设了“合理期限”原则，规定临时羁押不得超过合理期限，必须与当事人所涉嫌犯罪的严重程度及为查明真相所必要之侦查的复杂程度成比例；而在 2000 年 6 月 15 日法律修改中，重新设定了最长羁押期限，规定成年人为 4 个月，未成年人为 1 个月。参见施鹏鹏、王晨：《法国审前羁押制度研究》，载《中国刑事法杂志》2016 年第 1 期。

法官的侦查活动必须继续进行而如果释放受审查人可能对他人人身与财产造成特别严重的危险时，作为特别情形，上诉法院预审庭可以将本条规定的2年期间再延长4个月。(2) 重罪案件，对受审查人实行羁押的期间不得超过1年，但是，此期限到届满时，自由与羁押法官可以在按照第145条第6款之规定组织对席辩论之后，依据第137-3条规定作出一项说明理由的裁定，决定延长先行羁押的期间。延长的时间不得超过6个月，并且应当按第114条第2款之规定传唤律师。该项决定得依相同程序延展。如果受审查人当处之法定最高刑罚为20年以下有期徒刑或20年以下重罪拘押刑，受审查人被先行羁押的持续期间不得超过2年，其他情况下，先行羁押的持续期间不得超过3年；如果构成犯罪的行为是在法国领土之外实施，对受审查人实行先行羁押的期间在此两种情况下，分别增至3年与4年。如果当事人是因《刑法典》第二卷与第四卷所指的数项重罪受到追诉，或者是因毒品走私罪、恐怖活动罪、淫媒牟利罪、诈骗金钱罪或有组织团伙实施犯罪而受到追诉，先行羁押的期限也为4年。在预审法官的侦查行为必须继续进行而如果释放受审查人会对他人人身与财产造成特别严重的危险时，作为特别情形，上诉法院预审庭可以将本条规定的期间再延长4个月。上诉法院预审庭的该项裁定可以按照相同条件与相同方式延展一次。此外，法国还就未成年人犯罪案件的未决羁押期限作了特殊限制，使得相应期限比成年人案件要短。1970年后，法国多次通过立法修改对未成年人实行先行羁押的可能性进行限制；按照1993年1月4日的法律规定，只有实行羁押措施有绝对必要时，或者只有在不可能作出其他安排的情况下，才能命令将年满13岁的未成年人安置进看守所。[①] 在未成年人案件具体的羁押期限设置上，包括以下几种情形：在轻罪案件中，如果法律规定的刑罚不超过7年监禁刑，对年

---

① ［法］贝尔纳·布洛克：《法国刑事诉讼法》，罗结珍译，中国政法大学出版社2009年版，第405页。

龄不满 16 岁的未成年人实行先行羁押的时间不得超过 1 个月，但可以经对席审理后延展 1 次，延展的时间同样不得超过 1 个月；其他情况下，适用《刑事诉讼法典》第 145-1 条的规定，先行羁押期间不得超过 1 年，但经过对席审理可以延展；在重罪案件中，对 13 岁至 16 岁的未成年人的先行羁押不得超过 6 个月，可以延长相同的时间；如果未成年人已经年满 16 岁，则适用《刑事诉讼法典》第 145-2 条的规定，但是羁押不得延长到超过 2 年的时间。

在德国，有关未决羁押期限的规定区分了一般性羁押和预防性羁押两种不同情况。对于一般性羁押的期限，德国《刑事诉讼法典》第 121 条第 1 款规定："在未有判处自由刑、剥夺自由的矫正及保安处分的判决作出之前，只能在由于特别的侦查困难、范围或者其他重要原因使得还不能作出判决，并且在这些情况要求继续待审羁押的条件下，才允许因为同一行为维持待审羁押超过 6 个月。"因此，在一般情况下未决羁押的期限不超过 6 个月，如果未以其他轻微的措施代替羁押或者州高级法院未作出继续待审羁押决定的，6 个月期满后就应当撤销逮捕令。在 6 个月期限届满前，如果检察机关提出申请或羁押法官认为确有必要时，可以经检察机关将卷宗提交州高等法院或联邦最高法院的方式申请继续羁押。申请继续羁押需要具备实体和程序两方面的条件：（1）在实体上，延长羁押期限需要具备特殊原因，只有在遇到特别的困难或侦查的范围极为特别，或因其他重要因素以致尚未判决完成时，才得为逾 6 个月的羁押。[①] 在德国，学界普遍认为对延长羁押期限的上述实体要件应当严格掌握，"因为羁押时间长短的适当性不应被视为侦查工具，而应以刑诉法第 121 条合乎欧洲人权条约的解释来决定其长短，因此法院人员的不足，或者检察机关及法院、鉴定人员的过重的工作负担，这些基本上并不得成为使继续羁押合法的重要理由……对

---

① ［德］克劳思·罗科信：《刑事诉讼法（第 24 版）》，吴丽琪译，法律出版社 2003 年版，第 297 页。

‘范围极广的案件’也只有在极特别的例外情形，才得施以至审判程序开始时已逾一年以上的羁押”。[①]（2）在程序上，延长羁押期限的例外情形是否成立，由州高等法院或联邦最高法院通过任意的、言词的审理程序且经过讯问诉讼参与人之后作出决定。对于预防性羁押的期限，德国《刑事诉讼法典》第 122a 条规定，对于该类情形的羁押，维持羁押执行的期限不允许超过 1 年。

在日本，未决羁押期限分为起诉前和起诉后两个阶段。根据日本《刑事诉讼法典》第 208 条规定，起诉前的羁押期限自检察官请求羁押之日起不得超过 10 天，如果检察官没有在这个期限内提起诉讼，应当释放嫌疑人。如果存在不得已的事由，法官可以根据检察官的请求延长羁押期限，但延长期限累计不得超过 10 天。对于内乱罪、外患罪、危害国交罪等特殊案件，如果存在不得已的事由，法官可以根据检察官的请求，再次延长对嫌疑人的羁押期限，但再次延长累计不得超过 5 天。因此，日本刑事案件起诉前的羁押期限一般不超过 20 天，少数特殊案件可以达到 25 天。根据日本《刑事诉讼法典》第 60 条规定，起诉后的羁押自提起公诉之日起为 2 个月，特别有必要继续羁押时，可以附具理由地裁定延长，除特殊情况外，延长以一次为限。因此，日本起诉后的羁押期限通常为 3 个月。起诉后的羁押期限可以延长一次以上的特殊情况包括：被告人所犯系相当于死刑、无期惩役或无期监禁以及最低刑期为 1 年以上的惩役或监禁的犯罪时；被告人为惯犯而犯有相当于最高刑期为 3 年以上的惩役或监禁的犯罪时，有相当的理由足以怀疑被告人将隐灭罪证时；被告人的姓名或者住居不明时。

在意大利，未决羁押期限区分为审前羁押期限和审判羁押期限两种。根据意大利《刑事诉讼法典》第 303 条至第 305 条规定，审前阶段的未决羁押期限不能超过以下期限，否则未决羁押即失去效

① ［德］克劳思·罗科信：《刑事诉讼法（第 24 版）》，吴丽琪译，法律出版社 2003 年版，第 297 页。

力：（1）如果诉讼针对的是应当判处6年以下有期徒刑的犯罪，羁押期限为3个月；（2）如果诉讼针对的是应当判处20年以下有期徒刑的犯罪，羁押期限为6个月；（3）如果诉讼针对的是应当判处20年以上有期徒刑或者无期徒刑的犯罪，羁押期限为1年。在必要的情况下，在听取检察官和辩护人的意见后，法官可以延长审前羁押的期限，但审前羁押的总期限不得超过以下期限：（1）如果诉讼针对的是应当判处6年以下有期徒刑的犯罪，羁押期限为2年；（2）如果诉讼针对的是应当判处6年以上有期徒刑或无期徒刑的犯罪，羁押期限为4年。交付审判后，在生效的有罪判决作出之前，未决羁押的期限为：（1）如果诉讼针对的是应当判处6年以下有期徒刑的犯罪，羁押期限为6个月；（2）如果诉讼针对的是应当判处6年以上有期徒刑或者无期徒刑的犯罪，羁押期限为1年。但是，被告人如果在未决羁押期间脱逃的，或者最高法院撤销原判、发回重审的案件而重新决定适用未决羁押的，则重新计算羁押期限。

俄罗斯《联邦刑事诉讼法典》第109条对法院决定的未决羁押期限及其延长作出了详细规定。根据该条规定，在调查犯罪时未决羁押期限不得超过2个月；如果不能在2个月的期限内结束侦查和没有根据变更或撤销强制处分的，该期限可以由区法院或同级军事法院的法官依照该法典第108条规定的程序再延长6个月；只有对被指控实施特别严重的犯罪而且案情特别复杂并有根据选择这种强制处分时，才能由原法院的法官根据侦查员经俄罗斯联邦主体检察长或同级军事检察长同意而提出的申请再次延长到12个月；只有在特殊情况下，对被指控实施特别严重犯罪的刑事被告人，才可以根据由俄罗斯联邦主体法院或同级军事法院的法官根据侦查员经俄罗斯联邦总检察长或副总检察长同意而提出申请的情况下将未决期限延长到18个月。也就是说，法院决定的未决羁押期限一般为2个月，可延长至8个月，在特别情况下可分别延长至12个月和18个月。值得注意的是，根据该条款的规定，俄罗斯的未决羁押期限也包括作出羁押决定前犯罪嫌疑人被拘禁的时间、被监视居住的时间；另外，如果因同一刑事案件以及并案处理另一刑事案件或从该案发出另一刑事案件犯罪嫌疑人或刑事被告人再次被羁押，其以前被羁押的时间应计入羁押期限。

具有大陆法系传统的我国台湾地区也在“刑事诉讼法”中对未决羁押期限作了具体规定，第108条第1款规定：“羁押被告，侦查中不得逾二月，审判中不得逾三月。但有继续羁押之必要者，得于期间未满前，经法院依第101条或第101-1条之规定讯问被告后，以裁定延长之。在侦查中延长羁押期间，应由检察官附具体理由，至迟于期间届满之5日前申请法院裁定……延长羁押期间，侦查中不得逾二月，以延长一次为限。审判中每次不得逾二月，如所犯最重本刑为十年以下有期徒刑以下之刑者，第一审、第二审以三次为限，第三审以一次为限。案件经发回者，其延长羁押期间之次数，应更新计算。”根据该条规定，我国台湾地区侦查中的未决羁押期限一般为2个月，可以延长一次至不超过4个月；审判中的未决羁押期限一般为3个月，有继续羁押必要的可每次延长不超过2个月。值得注意的是，我国台湾地区“刑事诉讼法”仅对所犯最重本刑为10年以下有期徒刑以下刑罚的被追诉人规定了审判中未决羁押的总期限，对其他涉嫌严重犯罪的被追诉人并未作此规定。为了应对司法实践中涉嫌重罪的被追诉人被久押不决的问题，我国台湾地区2010年通过的“刑事妥速审判法”在第5条对重罪案件审判羁押的延长及总体期限作出了明确规定。经多次修改后，该条规定：“法院就被告在押之案件应优先且密集集中审理。审判中之延长羁押，如所犯最重本刑为死刑、无期徒刑或逾有期徒刑十年者，第一审、第二审以六次为限，第三审以一次为限。审判中之羁押期间，累计不得逾五年。前项羁押期间已满，仍未判决确定者，视为撤销羁押，法院应将被告释放。”

从大陆法系国家和地区有关未决羁押期限的规定可以看出，除了都在刑事诉讼法典中对未决羁押期限问题予以明确、细致规定这一相同点之外，其具体规定也在其他多个方面呈现共通之处：

其一，上述国家和地区都根据被羁押者涉嫌犯罪的严重程度、可能判处刑罚的轻重情况设置不同的未决羁押期限，而不是对所有被羁押者设置同样的、单一的未决羁押期限。例如，法国对轻罪和重罪设置了长短不同的羁押期限，轻罪的羁押期限明显短于重罪的羁押期限；日本要求起诉后的未决羁押期限一般只能延迟 1 次，只有在被追诉人所犯系相当于死刑、无期惩役或无期监禁以及最低刑期为 1 年以上的惩役或监禁的犯罪时等特殊情况下才可以多次延长；意大利根据可能判处刑罚的高低设定了审前羁押和审判羁押的不同期限；俄罗斯和我国台湾地区的规定也类似。这种根据罪行轻重区分未决羁押期限的做法，有助于避免涉嫌轻微罪行的被追诉人在最终定罪前被长期羁押乃至超过其最终可能被判处刑罚的情况出现。

其二，上述国家和地区都明确规定了整个诉讼过程中未决羁押能够维持的最长时间，这个时间不仅包括审前阶段适用的未决羁押，也包括审判过程中适用的未决羁押。例如，法国根据涉嫌犯罪的严重程度分别设定了 6 个月、1 年或 2 年的最长羁押期限；德国明确规定其预防性羁押的最长期限为 1 个月；意大利则根据被追诉人可能被判处的刑罚分别设置了 2 年或 4 年的未决羁押总期限；而根据俄罗斯和我国台湾地区的相关规定，也可以得出审前阶段和审判阶段总共可以适用未决羁押的最长期限。这种明确规定未决羁押最长期限的做法，为办案机关适用未决羁押设置了必须遵守的边界线，避免了对被追诉人进行无限期羁押的可能性，对于加强人权保障、督促办案机关妥速开展工作都具有积极意义。

其三，上述国家和地区对未决羁押期限的延长都设置了明确的司法审查要求以及其他程序性规定，均要求在控方提出申请的情况下由法官经过听证后对是否延长期限行使裁判权，且该听证应采取对席辩论的方式、法官作出的是否延长未决羁押的裁定应附具理由等。例如，在法国，有权延长羁押期限的主体包括预审法官、自由与羁押法官以及上诉法院预审庭；法官如果要延长未决羁押期限的，必须经过对席辩论，否则将成为重大程序违法事由受到上诉法院预审庭的审查。德国、意大利、俄罗斯以及我国台湾地区也有类似要求。

此外，从俄罗斯、意大利和我国台湾地区的规定还可以看出，相对于审判阶段的未决羁押期限，审前阶段特别是侦查阶段的未决羁押期限规定往往更为严格，时间更短。例如，在我国台湾地区，学者普遍认为："侦查中的案件，未经起诉，案件可能不是以起诉终结"，"在这样起诉与否尚未确定的程序里，运用强烈的强制处分限制其人身自由，并影响其各样权益，其中正当性何在，并非全无问题"①，因此对审前羁押尤应予以严格限制。根据台湾地区"刑事诉讼法"第108条规定，羁押被告，侦查中不得超过2个月，审判中不得超过3个月；在延长羁押期间方面，侦查中可以延长的次数仅一次，不得超过2个月，而审判中一般案件可以延长3次，每次不超过2个月，严重案件甚至没有延长次数的限制。虽然后来我国台湾地区通过"刑事妥速审判法"对审判羁押的总期限进行了限制，但也明显比审前羁押的期限要宽松。

2. 英美法系

在以判例法为传统的英美法系，对未决羁押期限直接予以立法规定的做法相对较少，其对未决羁押期限的控制更多是通过实行权利保释制度以及保障被追诉人获得迅速审判权的方式来实现的。

在美国，联邦宪法第六修正案赋予了被告人获得迅速及公开审判的权利，这一规定不仅适用于联邦，自1967年开始也适用于各州，② 但该修正案并未明确界定何为迅速审判，判断刑事诉讼程序是否侵犯被告人获得迅速审判权主要依靠法官运用自由裁量权进行

① 李荣耕：《试评释字第737号解释及2017年新修正的"刑事诉讼法"》，载台湾《月旦裁判时报》2017年第11期，第23页。

② Klopfer v. North California, 386 U. S. 213 (1967).

个案审查。通过美国诉马里恩案[①]、迪林汉姆诉美国案[②]这两个判例，美国联邦最高法院确定了如下规则：在被告人被羁押的状态下，迅速审判的起点是被告人被逮捕之时；在被告人被保释状态下，迅速审判应以大陪审团签署“应予起诉书”或者检察官签署“控告书”起算。[③] 1974年美国国会通过联邦《迅速审判法》，要求在任何刑事案件中，有管辖权的司法官应当与控辩双方律师协商之后尽可能早地确定审判期日，以确保迅速审判；并且分别就提出起诉书的期限、开始审判的期限以及其计算方法和违反期限的制裁作出了规定。[④] 关于未决羁押状态下的审判前期限，该法仅就下述情况进行了限定，即审判或者以其他方法处理的案件如果涉及一个仅仅是因为等候审判而被羁押的人，应当优先处理；其中审判应当在连续性羁押开始之后90日内开始；在90日的审前羁押期限届满之后审判仍未开始的，对任何被羁押人原则上不得继续予以羁押。[⑤] 不过，由于《迅速审判法》也规定了因为有关被告人的其他诉讼导致迟延等多种扣除迟延时间的情形，司法实践中被告人被审前羁押的时间达到6个月乃至1年以上的情况并不少见。除联邦《迅速审判法》外，美国多个州也都通过了规定一定期限内迅速审判要求的法律。其中加利福尼亚等21个州明确规定了自逮捕到开始审判的期限；明尼苏达等14个州限定了自正式起诉到开始审判

① United States v. Marion, 404 U.S.307(1971).

② Dillingham v. United States, 423 U.S. 64 (1975).

③ 马静华、潘利平：《迅速审判——不同刑事诉讼模式下的理念与制度比较》，载《四川大学学报（哲学社会科学版）》2007年第4期。

④ 根据联邦《迅速审判法》，指控某人犯罪的起诉书应当在其被逮捕或者被传唤之日起30日内提出，如果某人已经在一个地区因重罪被指控，而在此30日内该地区没有大陪审团任职的，提出正式起诉书的期限应当被延长30日；起诉后至审判前的期限一般为70日，特殊情况下可以延长至90日或180日。参见孙长永：《探索正当程序》，中国法制出版社2005年版，第117-119页。

⑤ 《美国法典》第18编第3164条、第3162条。转引自孙长永：《探索正当程序》，中国法制出版社2005年版，第118页。

的期限；特拉华等 11 个州要求审判的开始不得有“不合理的迟延”。[①] 由美国联邦及各州的上述规定可见，美国宪法第六修正案规定的“迅速审判”意味着“在逮捕与对抗制的诉讼程序启动之间，逮捕和起诉决定之间或起诉决定与开庭审理之间，不得有‘不正当的延迟’”[②]，因此其规范的重点主要是审判程序开始前的阶段，特别是审前羁押的期限，对于审判过程中的羁押期限则没有约束作用。此外，美国也对未成年人案件的羁押期限作了特殊限制，其在《青少年教养法》中规定：被羁押的少年，除特殊情况外，如果 30 日内没有被提交审批，应当根据该少年的申请或法院的法令，驳回起诉，不得再次提起。[③]

在英国，嫌疑人被剥夺人身自由的阶段可以划分为提出指控前的阶段和提出指控后的阶段两部分。如前所述，根据《1984 年警察与刑事证据法》的规定，警察在没有提出指控的情况下，对嫌疑人的拘禁期限可以长达 36 小时，如果需要更长期限，警察可以向治安法官申请延长至 96 小时。[④] 对于指控后未决羁押的最长期限，英国《1985 年犯罪追诉法》第 22 条作了如下规定：（1）治安法院首次出庭和移交程序之间 70 日；（2）可选任方式审判的罪行首次出庭和简易审判之间 70 日（如果简易审判的决定在 56 日内作出，则减至 56 日）；（3）简易罪行的首次出庭和审判之间 56 日；（4）在传讯和移交审判之间 112 日；（5）根据《1998 年犯罪和骚乱法》第 51 条（仅仅是可控诉罪行），申请审判的日期与审判开始之间 182 日。在上述期限届满前，控方可以申请延长期限，如果

---

① 孙长永：《探索正当程序》，中国法制出版社 2005 年版，第 117 页。

② ［美］哈罗德·J. 伯尔曼：《法律与革命》，贺卫方等译，中国大百科全书出版社 1998 年版，第 76 页。

③ 樊崇义主编：《刑事诉讼法实施问题与对策研究》，中国人民公安大学出版社 2001 年版，第 637 页。

④ ［英］麦高伟、杰弗里·威尔逊：《英国刑事司法程序》，姚永吉等译，法律出版社 2003 年版，第 49 页。

法院相信：（1）需要延期是因为：①被指控者、必要的证人、法官或治安法官生病或缺席；②在有两名或两名以上被指控者或两个或两个以上罪行的情况下，法院命令分别审判；或③其他一些良好或充分的理由；以及（2）皇室法院已尽全速地办案。[①] 如果期限届满而控方没有申请延长的，则《1976 年保释法》附件 1 列举的保释权利的例外不再适用，其实际效果是被指控者将获得绝对的保释权利。[②]

从美国与英国上述规定来看，虽然两国是判例法国家，在通过判例对未决羁押期限予以规制以外，其成文法中也存在未决羁押期限的必要规定。不过，与大陆法系详尽、具体的未决羁押期限之立法规定相比较，美国、英国的规定相对比较简单，并没有根据涉嫌犯罪轻重程度设置不同的未决羁押期限，而且其规定主要涉及控方提出起诉、指控之后到法院开始审判之前这一阶段的未决羁押期限限制，并不涵盖法院开始审判以后的诉讼阶段。对于法院开始审判以后的未决羁押期限，不同于大陆法系国家明确规定审判阶段最长羁押期限的做法，英美法系国家更多是在实践中通过适用保释制度、人身保护令制度以及广泛采用辩诉交易方式快速结案等途径，对多数案件在法院开始审判以后的未决羁押期限予以限制。

（二）我国未决羁押期限的立法与实践

我国的未决羁押期限事实上包括拘留后的未决羁押期限和逮捕后的未决羁押期限两种情况。鉴于逮捕后未决羁押的长期性、严重性，在此专门就该阶段的期限问题展开讨论。与域外其他国家和地区有关未决羁押期限的规定相比，我国有关逮捕后未决羁押期限的规定在多个方面呈现突出特点：

---

① ［英］约翰·斯普莱克：《英国刑事诉讼程序（第 9 版）》，中国人民公安大学出版社 2006 年版，第 123-124 页。

② ［英］约翰·斯普莱克：《英国刑事诉讼程序（第 9 版）》，中国人民公安大学出版社 2006 年版，第 124 页。

1. 迂回规定未决羁押期限，将未决羁押期限与办案期限相捆绑

关于逮捕后各诉讼阶段的未决羁押期限，我国 2018 年《刑事诉讼法》仅在第 156 条至第 160 条对侦查羁押期限有所规定，即对犯罪嫌疑人逮捕后的侦查羁押期限不得超过 2 个月；案情复杂、期限届满不能终结的案件，可以经上一级人民检察院批准延长 1 个月。交通十分不便的边远地区的重大复杂案件、重大的犯罪集团案件、流窜作案的重大复杂案件、犯罪涉及面广，取证困难的重大复杂案件，经省、自治区、直辖市人民检察院批准或者决定，可以再延长 2 个月；对犯罪嫌疑人可能判处 10 年有期徒刑以上刑罚，经省、自治区、直辖市人民检察院批准或者决定，可以在前述基础上再延长 2 个月。因为特殊原因，在较长时间内不宜交付审判的特别重大复杂的案件，由最高人民检察院报请全国人民代表大会常务委员会批准延期审理。此外，在侦查期间，发现犯罪嫌疑人另有重要罪行的，自发现之日起重新计算侦查羁押期限；犯罪嫌疑人不讲真实姓名、住址，身份不明的，应当对其身份进行调查，侦查羁押期限自查清其身份之日起计算。

对于案件进入审查起诉、审判阶段以后的未决羁押期限，我国《刑事诉讼法》并未作明确规定，仅在第 172 条、第 208 条、第 220 条、第 225 条和第 243 条对审查起诉、第一审普通程序、第一审简易程序、第一审速裁程序以及第二审程序的办案期限及其延长有所规定。例如，第 172 条规定："人民检察院对于监察机关、公安机关移送起诉的案件，应当在一个月以内作出决定，重大、复杂的案件，可以延长十五日；犯罪嫌疑人认罪认罚，符合速裁程序适用条件的，应当在十日以内作出决定，对可能判处的有期徒刑超过一年的，可以延长至十五日。人民检察院审查起诉的案件，改变管辖的，从改变后的人民检察院收到案件之日起计算审查起诉期限。"对于刑诉法有关这些诉讼阶段办案期限规定的理解，学界存在两种不同的观点。一种观点认为，刑诉法关于审查起诉和审判期

限的规定，对于羁押和非羁押案件同样适用，一旦办案期限届满就意味着不能再进行这一阶段的诉讼活动。另一种观点认为，我国《刑事诉讼法》第 172 条等有关办案期限的规定，事实上只是未决羁押状态下的办案期限，对被追诉人并不处于羁押状态的案件是没有办案期限要求的。对上述问题，从法条历史演进的角度以及目前立法部门的解释和司法实务部门的理解来看，都指向认可后一种观点。

从法条演进的历史角度来看，我国 1979 年《刑事诉讼法》对于不能在法定期限内办结的案件，其中在押的犯罪嫌疑人如何处理，并未予以规定。1984 年全国人大常委会针对这一情形发布了《关于刑事案件办案期限的补充规定》（以下简称《补充规定》），其第 4 条规定："对被羁押正在受侦查、起诉、一审、二审的被告人，不能在刑事诉讼法规定的期限内办结，采取取保候审、监视居住的办法对社会没有危险性的，可以取保候审或者监视居住。取保候审或者监视居住期间，不计入刑事诉讼法规定的办案期限，但是不能中断对案件的审理"。第 5 条规定："人民检察院审查起诉和人民法院审理的公诉案件，被告人没有被羁押的，不受刑事诉讼法第九十七条、第一百二十五条、第一百四十二条规定的办案期限的限制，但是不能中断案件的审理。"[①] 1996 年《刑事诉讼法》第 74 条将上述《补充规定》第 4 条的内容纳入其中，但删去了"取保候审或者监视居住期间，不计入刑事诉讼法规定的办案期限，但是

① 第六届全国人民代表大会常务委员会第六次会议针对这两条规定的说明中曾指出：作出这样明确的规定，各地就可以将已经逮捕但是未能按期办结的对社会没有危险的在押人犯，采取取保候审、监视居住的办法，继续进行调查审理。至于刑事案件被告人未被羁押的，对起诉和审理的期限，不好限制过严，因此，草案规定，被告人未被羁押的案件，不受刑诉法规定的起诉、一审、二审期限的限制。但是，不论被告人是未被羁押或者被解除羁押、取保候审的案件，均应当抓紧调查审理，不能中断，不能因不受规定的办案期限的限制而搁置不办或久拖不结。参见王汉斌：《关于刑事办案期限的补充规定草案的说明——1984 年 7 月 4 日在第六届全国人民代表大会常务委员会第六次会议上》，载中国人大网，http://www.npc.gov.cn/wxzl/gongbao/2000-12/26/content_5001543.htm，最后访问日期：2020 年 9 月 7 日。

不能中断对案件的审理”的表述，而且对于《补充规定》第5条所涉及的未被羁押的犯罪嫌疑人、被告人的审查起诉期间并未予以明确。在2012年修改时，《刑事诉讼法》第96条在原来第74条的基础上增加了“对犯罪嫌疑人、被告人应当予以释放”的表述，规定为：“犯罪嫌疑人、被告人被羁押的案件，不能在本法规定的侦查羁押、审查起诉、一审、二审期限内办结的，对犯罪嫌疑人、被告人应当予以释放；需要继续查证、审理的，对犯罪嫌疑人、被告人可以取保候审或者监视居住。”现行2018年《刑事诉讼法》第98条保留了上述表述。从上述规定可以看出，除了1984年《补充规定》的规定较为清晰以外，历次修改的《刑事诉讼法》在办案期限与羁押期限关系问题上都缺乏直接、明确的规定，但是结合法条演进的上述历史，同时从语义角度理解目前《刑事诉讼法》第98条这两个分句之间的关系，事实上已包含了“刑诉法规定的侦查羁押、审查起诉、一审、二审期限只对犯罪嫌疑人、被告人被羁押的案件才有约束作用，犯罪嫌疑人被取保候审或监视居住的案件并不需要在这些期限内办结”的意思。

从目前立法部门的解释和司法实务部门的理解来看，认可的也是上述第二种观点。例如，全国人大常委会法工委2012年编写的《中华人民共和国刑事诉讼法释义》曾在有关《刑事诉讼法》第169条①的解释中提道：“在实践中，人民检察院审查案件应当注意两点：一是应当严格按照法律规定的期限办结案件；二是如果在规定的期限内不能办结的，可以按照本法第96条的规定采取取保候审或者监视居住的办法。取保候审、监视居住期间，不计入本条规定的办案期限，但不能中断审查。”② 最高人民检察院在2013年12月19日通过了《关于审查起诉期间犯罪嫌疑人脱逃或者患有严重疾病的应当如何处理的批复》，在有关该批复内容的解读中提出：

① 现行《刑事诉讼法》第172条。

② 郎胜主编：《中华人民共和国刑事诉讼法释义（最新修正版）》，法律出版社2012年版，第364页。

关于审查起诉期限的适用范围，经研究认为，对于在押的犯罪嫌疑人，应当适用《刑事诉讼法》第169条规定的审查起诉期限的限制，审查起诉期限届满，可以改变强制措施后继续办理案件；对于犯罪嫌疑人脱逃不在案的案件，由于此时犯罪嫌疑人没有被羁押，审查起诉期限无须适用刑事诉讼法关于期限的相关规定。

从法条规定历史演进以及立法、司法部门的相关解读均可看出，同侦查阶段的羁押期限一样，我国《刑事诉讼法》事实上对审查起诉、审判阶段的未决羁押期限也作了限定，如果被追诉人未被适用羁押措施，该案件的审查起诉、审判程序即无期间的限制。但显然，我国《刑事诉讼法》对未决羁押期限的规定采用了一种迂回甚至隐讳的方式，客观上使得审查起诉以后的羁押期限缺乏明文规定，而极易被误解为各个诉讼阶段的办案期限。笔者认为，我国对未决羁押期限的迂回规定，实际上在很大程度上体现了未决羁押适用中的职权主义色彩与功能异化倾向。一方面，以办案期限的方式来表述未决羁押期限，使得未决羁押缺乏独立、明确的适用标准而捆绑于办案需要，只要办案有需要就可以持续羁押，从而脱离强制措施适用应当恪守的诉讼保障、人权保障之基本功能定位。[①]另一方面，对未决羁押期限和办案期限这种模糊、含混的规定方式，使得办案机关在遵守期限方面有相对灵活的处理方式，而对被羁押者而言，由于法律上找不到究竟能被羁押多长时间的明确规定，在权利保障与救济方面显然更易处于不利境地。

2. 未决羁押期限的延长具有明显的行政审批式特点，程序要求宽松

对于未决羁押期限的设定来说，为了应对实践中不同案件的不同情况，作一定程度的弹性规定、设置期限延长的若干特殊情形是完全必要的。但是，未决羁押期限的延长并不能任意、无节制地进

① 卞建林：《我国刑事强制措施的功能回归与制度完善》，载《中国法学》2011年第6期。

行，既要有延长理由、延长次数等方面的限制，也要求履行必要的正当程序。而从我国有关未决羁押期限延长的相关规定来看，则呈现延长期限的条件模糊、程序性规定宽松的明显特征。

其一，在各个阶段的未决羁押期限规定中，设置了多种可延长期限的特殊情形，在具体延长理由方面规定得较为笼统、含糊。例如，在《刑事诉讼法》第 156 条至第 159 条有关侦查羁押期限延长的规定中，设置了四大类七种延长期限的理由，这些理由多数表述较简单、模糊，缺乏明确指向和判断依据，如“案情复杂”“特别重大复杂的案件”“交通十分不便的边远地区的重大复杂案件”“重大的犯罪集团案件”“流窜作案的重大复杂案件”以及“犯罪涉及面广，取证困难的重大复杂案件”等延长理由的设置均存在不甚明确的问题，这也为实践中扩大适用、随意适用延长期限特殊情形提供了便利。2016 年 7 月，为了进一步规范人民检察院办理延长侦查羁押期限案件，最高人民检察院发布了《人民检察院办理延长侦查羁押期限案件的规定》。该规定第 14 条对《刑事诉讼法》第 156 条规定的“案情复杂、期限届满不能终结的案件”作出了具体解释，即“‘案情复杂、期限届满不能终结的案件’，包括以下情形之一：（1）影响定罪量刑的重要证据无法在侦查羁押期限内调取到的；（2）共同犯罪案件，犯罪事实需要进一步查清的；（3）犯罪嫌疑人涉嫌多起犯罪或者多个罪名，犯罪事实需要进一步查清的；（4）涉外案件，需要境外取证的；（5）与其他重大案件有关联，重大案件尚未侦查终结，影响本案或者其他重大案件处理的。”但对第 156 条以外的其他延长理由，该规定并未进一步细化。

其二，有关延长未决羁押期限的程序性要求非常简单，呈现明显的行政审批特点，既不需要中立的司法机关进行审查，也无须采用对席听证的方式。例如，在延长侦查羁押期限的程序性要求上，《刑事诉讼法》第 156 条至第 159 条规定了“经上一级人民检察院批准”“由最高人民检察院报请全国人民代表大会常务委员会批准”以及“经省、自治区、直辖市人民检察院批准或者决定”三种报批途径，事实上仅明确了延长侦查羁押期限需要哪一级人民检察院审批的问题，而这种由检察院负责审批的方式，因为“检察院与侦查机关一起承担刑事诉讼中的控诉职能，其目标和利益具有一致性，实际上形成了刑事公诉案件中的强势方——控诉方自行决定羁押期间的局面，辩护方和审判机关对此基本无能为力”①。同时，《刑事诉讼法》上述法条规定对于检察院审批期限延长需要提交哪些材料、履行哪些手续、依据什么程序进行批准或决定等问题也均未予以明确。2012 年年底发布的最高人民检察院《规则》第 285 条规定：“侦查监督部门审查延长侦查羁押期限、审查重新计算侦查羁押期限案件，可以讯问犯罪嫌疑人，听取律师意见，调取案卷及相关材料等”，2012 年公安部《规定》对延长未决羁押期限的程序也作了一定程度的细化，但采用行政化、书面审方式进行审批的模式并未改变。在最高人民检察院 2016 年发布的《人民检察院办理延长侦查羁押期限案件的规定》中，对侦查机关提请批准延长侦查羁押期限的时限、需要提交的材料以及人民检察院审查的内容、方式、处理结果等方面作出了规定。依据该规定，人民检察院侦查监督部门审查延长侦查羁押期限案件时，对于案件是否符合延长侦查羁押情形有疑问或者侦查活动可能存在重大违法等情形的，可以讯问犯罪嫌疑人，听取律师意见、侦查机关（部门）意见，调取案卷及相关材料。《人民检察院办理延长侦查羁押期限案件的规定》的出台，进一步明确了人民检察院办理延长侦查羁押期限案件时程序审查与实体审查并重的基本原则，在审查方式上也体现了一定的诉讼化改造倾向。但遗憾的是，即使根据该规定，无论讯问犯罪嫌疑人还是听取律师意见都不是强制性要求，而且被追诉方没有与侦查机关进行对席辩论的可能。2019 年年底修订的最

① 刘玫：《刑事诉讼法定期间问题研究》，载陈光中主编：《诉讼法论丛（第 9 卷）》，法律出版社 2004 年版，第 128 页。

高人民检察院《规则》基本延续了上述司法解释的精神。

其三，在延长未决羁押期限的决定作出前后，被追诉人难以获得通知，没有参与程序、发表意见、寻求救济的相应途径，也难以获得律师的有效帮助。从我国《刑事诉讼法》及最高人民检察院《规则》、公安部《规定》有关延长未决羁押期限的有限规定来看，多是从办案机关职权运行的角度规定如果期限届满应当如何办理延长，并没有从权利保障的角度规定被羁押人在这一过程中享有哪些权利、如何进行救济。例如，在延长未决羁押期限的通知问题上，《刑事诉讼法》并无任何相关规定，最高人民检察院《规则》仅有"及时将变更后的期限书面通知看守所"的要求，公安部《规定》仅在第50条作了"辩护律师向公安机关了解案件有关情况的，公安机关应当依法将犯罪嫌疑人涉嫌的罪名以及当时已查明的该罪的主要事实，犯罪嫌疑人被采取、变更、解除强制措施，延长侦查羁押期限等案件有关情况，告知接受委托或者指派的辩护律师，并记录在案"的规定。因此，对被羁押的犯罪嫌疑人、被告人而言，除非其有委托或指派的辩护律师，且该辩护律师向公安机关提出了解延长侦查羁押期限有关情况的请求，否则关于自己的羁押期限是否届满、是否已经延长羁押期限以及因何理由延长羁押期限等相关信息是无从知悉的。因为对延长未决羁押期限的不知情，也因为延长程序具有的封闭性、非诉讼化特征，被羁押者无法参与相关程序，无法对是否应当延长羁押期限发表意见，也无法对已经作出的延长决定寻求救济。据某课题组调查，在目前司法实践中，在延押案件审理过程中，极少甚至基本不存在检察机关承办人讯问犯罪嫌疑人和主动听取律师意见的情况；侦查机关基本不会将提请延长羁押的情况告知律师，因此也极少有律师主动向检察机关提出辩护意见。[①] 可见，虽然未决羁押的持续时间直接关涉被羁押者的切身利

① "延长侦查羁押期限问题研究"课题组：《延长侦查羁押期限案件实质审查的实践问题与模式重构》，载《中国人民公安大学（社会科学版）》2018年第3期。

益，但在是否延长未决羁押期限这一重大问题上被羁押者并不享有基本的知情权、参与权、发表意见权以及救济权，这显然既不利于被羁押者的权利保障，也不利于未决羁押适用的监督与制约。

3. 存在重新计算和不计入羁押期限的多种情形，对最长羁押期限缺乏限定

除了延长未决羁押期限的各种情形，我国《刑事诉讼法》还规定了改变管辖后重新计算羁押期限、发现犯罪嫌疑人另有重要罪行的自发现之日起重新计算侦查羁押期限、补充侦查完毕重新计算审查起诉或审理期限、发回重审的案件重新计算审理期限等多种重新计算羁押期限的情形，规定了侦查羁押期限自查清身份之日起计算、人民检察院对监察机关移送起诉案件决定采取强制措施的期间不计入审查起诉期限、第二审开庭案件检察院查阅卷宗时间不计入审理期限以及路途上的时间不计入办案期限、作精神病鉴定的期间不计入办案期限等多种不计入羁押期限、办案期限的情形，从而使得实际执行的未决羁押时间存在被大幅延长的多种可能性。而在重新计算羁押期限、不计入羁押期限等条款的适用上，其判断和决定权多数由办案机关自主掌握，无须司法审查，也不需要经过其他机关的审批或许可，这无疑给司法实践中随意或变相延长羁押期限提供了诸多便利。同时，我国《刑事诉讼法》并没有对整个刑事诉讼程序中或者审前程序中的未决羁押最长期限予以限定，甚至还存在第 157 条以及第 208 条第 1 款这种可以无限延长审理期限的“霸王条款”①，以致我国刑事诉讼中的未决羁押期限处于一种非常不确定的状态，一旦某人被采取了逮捕的强制措施，实际上很难预计其在法院作出生效裁判前究竟会被羁押多长时间。

4. 轻罪与重罪的羁押期限不分

与其他多数国家、地区根据被追诉人涉嫌犯罪的严重程度确定

① 我国《刑事诉讼法》第 157 条规定：“因为特殊原因，在较长时间内不宜交付审判的特别重大复杂的案件，由最高人民检察院报请全国人民代表大会常务委员会批准延期审理。”

未决羁押期限长短的做法有所不同的是，我国仅在是否适用逮捕的问题上考虑被追诉人可能判处刑罚的轻重程度，一旦被追诉人已经被采取逮捕措施，在逮捕后羁押期限的长短问题上则不再单独考虑与其涉嫌犯罪严重程度的匹配问题，而仅以案件复杂疑难程度、实际办案需要等为考虑因素，这就使得实践中很可能出现涉嫌犯罪严重程度截然不同的被羁押者在未决羁押期限上没有任何差异甚至涉嫌轻罪反倒被羁押更长时间的情况出现。正如有学者所言："在中国的司法实践中，一个可能被判处 2 年有期徒刑的嫌疑人与一个可能被判处 15 年甚至无期徒刑的嫌疑人，在审前羁押的期间上可以完全一样。"①

5. 对未成年犯罪嫌疑人、被告人的未决羁押期限未作特殊规定

鉴于未成年人身心特点及未成年人刑事犯罪的特殊性，在刑事诉讼中给予未成年犯罪嫌疑人、被告人特殊关照，严格限制未决羁押在未成年人刑事案件中的适用，已成为世界多个国家、地区的共识。根据联合国《儿童权利公约》第 37 条规定，不得非法或任意剥夺任何未成年人的自由，对未成年人适用逮捕、拘留或监禁应符合法律规定并仅应作为迫不得已的手段，羁押期限应尽可能缩短。我国《刑事诉讼法》第 280 条虽然作了"对未成年犯罪嫌疑人、被告人应当严格限制适用逮捕措施"的规定，但对于已被适用羁押措施的未成年犯罪嫌疑人、被告人，并未设置特殊的未决羁押期限，这就使得即使是涉嫌轻罪的未成年犯罪嫌疑人、被告人也不能排除长时间处于未决羁押状态的可能。

从上述论述不难看出，我国《刑事诉讼法》及相关司法解释、规范性文件在有关未决羁押期限的规定上存在明显缺陷：一方面，现有规定模糊、迂回，缺乏对未决羁押期限的清晰规定；另一方面，已有规定在未决羁押期限延长上缺少必要的程序控制与权利救

① 陈瑞华：《看得见的正义》，中国法制出版社 2000 年版，第 206 页。

济，为办案机关随意延长期限提供了诸多便利。立法规定的上述不足，客观上造成了对犯罪嫌疑人、被告人长期久押不决的不良局面，不仅与“尊重与保障人权”的刑事司法理念格格不入，也助长了诉讼效率低下、司法资源浪费的现实问题。

从司法实践情况看，超期羁押、久押不决[①]问题是我国长期存在的一个痼疾，曾与刑讯逼供、律师辩护难、执法过程中的滥用减刑假释一同被列为刑事诉讼四大难点问题。2000 年以后，在全国人大的组织下，在全国范围内开展了多次清理超期羁押的行动。2003 年最高人民检察院向全国人大所作的报告表明，5 年时间检察机关累计监督纠正超期羁押 30 余万人次；在 2003 年 6 月向全国人大内务司法委员会所作的关于超期羁押问题的专题汇报中，公安机关的报告显示，尽管一季度超期羁押的数量比去年同期下降了 18%，但超期羁押的人数仍然高达 2 万。[②] 经过多次清理、整治，最近若干年超期羁押问题有所缓解，但在未决羁押期限适用方面仍呈现以下特点：

第一，多数案件未决羁押持续时间较长，且中途变更为非羁押措施的案件占比很少。近几年，随着少捕慎捕理念的强化，我国普通刑事案件批捕率呈现较明显的下降趋势，从 2005 年的 90%下降至 2016 年 77.6%，审前羁押率从 2005 年的 90%降到 2016 年的

---

① 2015 年 6 月发布的《人民检察院刑事执行检察部门预防和纠正超期羁押和久押不决案件工作规定（试行）》对超期羁押、久押不决作了下述界定：“犯罪嫌疑人、被告人在侦查、审查起诉、审判阶段的羁押时间超过法律规定的羁押期限的，为超期羁押案件。犯罪嫌疑人、被告人被羁押超过五年，案件仍然处于侦查、审查起诉、一审、二审阶段的，为久押不决案件。”超期羁押的前提是按期羁押，但从上面的论述可知，在多个诉讼阶段，我国并没有关于羁押期限的明确规定，未决羁押事实上存在“无期可超”的不确定状态，因此“超期羁押”这样的称谓并不准确。

② 赵凌：《治理“超期羁押”顽症这次要动真格了》，载《南方周末》2003 年 7 月 25 日，http://news.sohu.com/74/88/news211448874.shtml。

59%左右。[①] 但是，在已被适用逮捕的案件中，未决羁押的持续时间仍较长，“一押到底”“久押不决”的情况依然存在。例如，某项根据中国裁判文书网公布的已生效判决进行的实证调查结果显示，在2013年至2017年，被告人在一审判决作出前平均被羁押的天数呈现不降反升的局面，平均需要被羁押超过5个月，而在适用逮捕措施后变更为非羁押性措施的案件占比虽有所上升，但仍维持在4.69%左右的较低水平。[②] 据最高人民检察院时任检察长曹建明在十二届全国人大五次会议第三次全体会议上所作的工作报告，2013年全国核查出羁押3年以上未结案的达4459人，2016年全国两会时降为6人，至2016年11月全部清理完毕。[③] 但这种运动式的久押不决清理纠正工作，是以中央政法机关下发通知开展专项活动的方式推进的，缺乏常态化的制度。

第二，大量轻罪案件也同样被适用未决羁押措施，在适用期限上没有明显区别。依据最高检的数据，2015年全国捕后判处缓刑和没有判处徒刑以上刑罚案件的比例分别达到8.4%和7.2%[④]；而依据中国裁判文书网的分析数据显示，2013年至2017年全国被逮捕但最终未被判处有期徒刑实刑的一审被告人占比始终在14%以上。[⑤] 这两个数据都说明，实践中构罪即捕、轻罪案件被适用羁押的情况仍然是比较突出的。考虑到逮捕以后变更非羁押性措施的比

---

① 孙谦：《司法改革背景下逮捕的若干问题研究》，载《中国法学》2017年第3期。

② 王禄生：《论刑事诉讼的象征性立法及其后果——基于303万判决书大数据的自然语义挖掘》，载《清华法学》2018年第6期。

③ 王治国、徐盈雁：《检察机关坚持不懈推进久押不决案件专项清理》，载最高人民检察院网，https://www.spp.gov.cn/zdgz/201611/t20161105_171753.shtml，最后访问日期：2016年11月5日。

④ 黄河：《侦查监督的现状、问题及发展方向》，载卞建林、杨松主编：《推进以审判为中心的诉讼制度改革》，中国人民公安大学出版社2017年版，第16页。

⑤ 王禄生：《论刑事诉讼的象征性立法及其后果——基于303万判决书大数据的自然语义挖掘》，载《清华法学》2018年第6期。

例很低，可以预见，一旦被适用逮捕措施，即使轻罪案件的犯罪嫌疑人、被告人也会面临处于平均长达数月的未决羁押状态。

第三，在延长羁押期限方面审查宽松，“逢提必延”现象突出。从实证数据来看，公安机关捕后提请延长侦查羁押期限的案件比例并不高①，特别是三延案件，但是在提请延期的案件中则普遍存在“逢提必延”的突出情况。例如，在某区检察院 2013 年 7 月至 2016 年 6 月承办、报上级院、市院审批的侦查机关（包含自侦部门）报请批准延长侦查羁押期限的 254 起案件中，侦查机关提请延长侦查羁押期限的要求全部得到了同意，呈现明显的逢提必延现象，检察院的审查把关明显宽松。② 与上述情况类似的是，在北京市 2014 年至 2016 年办理的 4000 余起提请延期案件中，检察机关不批准延期的案件基本维持在个位数，尤其是一延、二延的批准率基本维持在 97%以上，甚至达到 100%。③ 而天津市 2014 年至 2016 年提请延长羁押期限案件的批准率情况与此基本一样。④ 虽然 2016 年 7 月最高人民检察院颁布了《人民检察院办理延长侦查羁押期限案件的规定》，但从上述各地 2016 年下半年的数据来看，情况并没

① 例如，根据北京市的数据统计，在 2014 年至 2015 年以及 2016 年 1-6 月、2016 年 7-12 月，公安机关提请第一次延期的犯罪嫌疑人数量占当期逮捕人数的比例分别为 5.6%、4.48%以及 5.5%、6.9%，申请第二次延期的比例则分别为 2.23%、2.22%以及 2.7%、4.8%，而申请第三次延期的比例则分别为 0.1%、0.21%以及 0.05%、0.01%。在天津市从历年数据看，逮捕后两个月内侦结的案件占全部逮捕案件的 93%以上，三个月内侦结的案件占比 2%-4%，五个月内侦结的案件较为罕见，几乎可以忽略不计。参见“延长侦查羁押期限问题研究”课题组：《延长侦查羁押期限案件实质审查的实践问题与模式重构》，载《中国人民公安大学学报（社会科学版）》2018 年第 3 期；顾明：《我国延长侦查羁押期限制度的反思与调试——以某直辖市近三年延期羁押案件为研究样本》，载《天津法学》2017 年第 4 期。

② 李新刚：《延长侦查羁押期限制度的实证分析》，载《山西省政法管理干部学院学报》2017 年第 6 期。

③ “延长侦查羁押期限问题研究”课题组：《延长侦查羁押期限案件实质审查的实践问题与模式重构》，载《中国人民公安大学学报（社会科学版）》2018 年第 3 期。

④ 顾明：《我国延长侦查羁押期限制度的反思与调试——以某直辖市近三年延期羁押案件为研究样本》，载《天津法学》2017 年第 4 期。

有出现大的调整，可见该规定对延长羁押期限工作的规范指引效果尚不明显。此外，实践中还存在大量因共同犯罪、关联犯罪而被并案处理的轻罪嫌疑人和重罪嫌疑人，因案件报请延期审理而被一并延期的情况，这也客观上造成了轻罪嫌疑人被长期羁押的不良局面。①

第四，未成年人刑事案件也存在“一押到底”、未决羁押期限过长的问题。近年来，我国未成年人犯罪形势趋缓，对未成年犯罪嫌疑人、被告人适用羁押措施的比率有所下降，但实践中对已被适用逮捕措施的未成年犯罪嫌疑人、被告人同样存在“一押到底”、被羁押时间过长的问题，特别是在流动人口较为频繁的东部沿海地区尤为严重。② 据调查，在未成年人刑事案件审前羁押的时限上，对于判处 1 年以下有期徒刑的未成年人，羁押的平均期限达到了 141 日，而对于最终被判处 1 年以上、3 年以下有期徒刑的未成年人，平均羁押时长接近 200 日。③

（三）完善我国未决羁押期限的建议

我国《刑事诉讼法》第 99 条规定：“人民法院、人民检察院或者公安机关对被采取强制措施法定期限届满的犯罪嫌疑人、被告人，应当予以释放、解除取保候审、监视居住或者依法变更强制措施。犯罪嫌疑人、被告人及其法定代理人、近亲属或者辩护人对于人民法院、人民检察院或者公安机关采取强制措施法定期限届满的，有权要求解除强制措施。”作为撤销、变更未决羁押机制的两大动因之一，未决羁押的期限设置是否完备、合理，直接关涉办案机关或被羁押者一方能否据职权启动或依申请启动撤销、变更未决

① 顾明：《我国延长侦查羁押期限制度的反思与调试——以某直辖市近三年延期羁押案件为研究样本》，载《天津法学》2017 年第 4 期。

② 自正法：《涉罪未成年人羁押率的实证考察与程序性控制路径》，载《政法论坛》2019 年第 4 期。

③ 蔡领：《未成年人审前羁押的严格适用问题研究》，载《青少年犯罪问题》2018 年第 6 期。

羁押的程序。我国《刑事诉讼法》及相关规范性文件在未决羁押期限设置上的不明确、不完备，客观上造成了对犯罪嫌疑人、被告人的长期羁押、“一押到底”以及无区别羁押局面，既对被羁押者人身自由在内的各项基本权利造成了侵害和抑制，也给司法实践带来了理解不一、无所适从的困惑，滋长了办案机关以捕代侦、以捕维稳的异化做法。

从进一步健全未决羁押撤销、变更机制，更好地实现司法人权保障目标的角度，有必要从以下方面对我国未决羁押期限制度进行改革、完善：

1. 将羁押期限与办案期限相分离，明确规定各诉讼阶段的羁押期限

除了规定专门的侦查羁押期限以外，我国刑事诉讼其他各阶段都缺乏有关羁押期限的直接、明确规定，而仅对若干阶段的办案期限有所规定，而这些办案期限又仅仅是处于羁押状态下的办案期限。这样迂回的规定方式，事实上使得羁押期限处于法无明文规定的不确定、随意境地，而这种非法制化状况是造成羁押适用实践一系列突出问题的根由之一。从进一步完善的方向来看，明确规定各诉讼阶段的羁押期限，摆脱传统上将羁押期限与办案期限相捆绑、相混淆的规定方式，使未决羁押回归到诉讼保障与人权保障的基本功能定位上来，而不再服务于侦查需要或其他办案需要，是走出目前未决羁押适用困境的基本出路所在。

同时，应当取消《刑事诉讼法》第 157 条及第 208 条第 1 款有关“因为特殊原因，在较长时间内不宜交付审判的特别重大复杂案件，由最高人民检察院报请全国人民代表大会常务委员会批准延期审理”；“因特殊情况还需要延长的，报请最高人民法院批准”这两种无期限限制的例外规定，仍应对其设置必要的期限，譬如规定延长的期限不得超过 6 个月，从而更好地保障人权并促进诉讼及时进行，也有利于法律的明确性、统一性。

2. 按照涉嫌犯罪的轻重程度对羁押期限作差异化的设置

对轻罪案件和重罪案件不加区分地适用同样的羁押期限，不符合强制措施适用中应予遵循之比例原则的基本要求，也容易滋生司法实践中“刑期倒挂”、审前羁押“绑架”法院审判权等不良后果。从今后完善的方向来看，在羁押期限与办案期限相分离的基础上，有必要根据被追诉人涉嫌犯罪的轻重程度在羁押期限上作必要的区分。例如，可以比照逮捕适用条件中的重罪逮捕类型，将可能判处 10 年有期徒刑以上刑罚的犯罪定义为重罪，其余犯罪定义为轻罪，并分别设立不同的羁押期限。

3. 细化延长羁押期限案件的办理标准，增强审查的诉讼化属性

针对目前实践中突出的“逢提必延”现象，有必要进一步细化延长羁押期限的标准与条件，尽可能减少公安司法人员随意适用、主观擅断的可能性。具体而言，应当在立法修改时吸收《人民检察院办理延长侦查羁押期限案件的规定》第 14 条对“案情复杂、期限届满不能终结的案件”的细化规定，同时也有必要进一步明确“重大犯罪集团案件”“重大复杂案件”等例外规定的具体标准。例如，在“重大犯罪集团案件”这一条件的细化上，首先应当符合《刑法》第 26 条关于“犯罪集团”的内涵界定，即“三人以上为共同实施犯罪而组成的较为固定的犯罪组织”，同时该犯罪集团应当达到“重大”的程度，譬如属于黑社会性质组织、恶势力犯罪集团案件，在所在地、市有重大影响、新闻媒体广泛关注的恶性刑事案件，群体性事件引发且造成多人死伤的重大刑事案件等。对“重大复杂案件”这一标准也应当作类似的细化规定。在细化标准的基础上，就应当要求办案机关提出延长羁押期限的申请时需附具体理由。

与此同时，解决“逢提必延”问题的关键还在于通过一定程度的诉讼化改造实现人民检察院在审查环节的“兼听则明”，改变过去纯粹依据书面材料、不听取任何辩方意见的不透明、单向式、封闭式审查方式。首先，应当切实保障被羁押人、辩护律师的知情

权。办案机关在提出延长羁押期限的申请时，应当将这一情况告知被羁押人及其律师，以便其为发表意见、提出异议进行必要的准备；在审批机关作出批准延长羁押期限的决定时，也应当在特定时间内，如24小时以内，告知被羁押人及其律师，并通知家属。其次，应当切实保障被羁押人及其律师在是否延长羁押期限问题上进行申辩、提出意见的权利。目前司法解释中“可以讯问犯罪嫌疑人，听取律师意见，调取案卷及相关材料等”的弹性规定在实践中难以有效执行，有必要将讯问犯罪嫌疑人明确规定为检察院审查延长羁押期限案件的强制性要求，并畅通辩护律师提出意见的渠道。从长远角度来看，在延长羁押期限的审查中实行对席辩论的完全诉讼化模式，是保障被羁押人权利、减少不必要的羁押延长更理想的方案。再次，应当对延长羁押期限决定的说理程度提出明确要求。决定机关作出延长羁押期限的决定，应当具体阐明延长的理由，如是根据哪一条法律规定、具体哪一项或若干项情形作出该决定的，这样可以更好地体现该决定的司法正义，也能为被羁押人一方寻求救济提供基础。最后，应当赋予被羁押人及其律师对延长决定有异议时的复议、复核权利。延长羁押期限直接关涉被羁押人人身自由被剥夺的时间长短，其严重程度并不亚于逮捕，但目前的法律规定对不服延长羁押期限决定的被羁押人一方并未提供任何救济途径。“没有救济的权利等于没有权利。”从今后完善的方向看，有必要赋予被羁押人及其律师对延长羁押决定有异议时的复议、复核权利。例如，可以规定办案机关收到批准延长羁押期限决定书后特定时间内，如24小时以内，应向被羁押人及其律师告知该决定，被羁押人及其律师对该决定不服的可于7日内通过办案机关向决定机关提出申诉；如果决定机关维持延长的决定，被羁押人及其律师还可向决定机关的上一级进行申诉。

4. 对重新计算羁押期限、不计入羁押期限的情形作必要限制，防止这些例外情形被扩大适用、异化适用

对于重新计算羁押期限、不计入羁押期限的情形，目前的规范

性文件已对其细化问题有所关注，但仍未达到足够明确、具体的程度。例如，对于《刑事诉讼法》第 160 条规定的发现犯罪嫌疑人另有重要罪行而重新计算侦查羁押期限的条件，最高人民检察院《规则》和公安部《规定》作了类似的细化，即“另有重要罪行”是指与逮捕时的罪行不同种的重大犯罪以及同种犯罪并将影响罪名认定、量刑档次的重大犯罪。这样的细化，给“另有重要罪行”的衡量提供了一定可操作性标准，但对其中影响罪名认定、量刑档次的情形仍有必要作进一步细分，对何谓“重大犯罪”也有必要进一步明确，譬如将其界定为可能判处 3 年以上有期徒刑的犯罪。另外，除了进一步明确适用标准以外，加强程序控制也是防止这些例外情况被扩大适用、异化适用的关键。目前对于重新计算羁押期限，仅要求公安机关发现另有重要罪行重新计算侦查羁押期限的案件报批准逮捕的人民检察院备案，其他情形的重新计算羁押期限以及不计入羁押期限的情形都由办案机关自主决定即可。相比于逮捕的适用，重新计算羁押期限和不计入羁押期限对于被追诉人同样意义重大，而不受监督制约的权力显然存在滥用的极大风险。从更好地实现权利保障与权力规制的角度来看，公安机关重新计算侦查羁押期限的案件应当由人民检察院负责捕诉的部门批准，而侦查羁押期限自查清犯罪嫌疑人身份之日起计算等不计入羁押期限的情形应当报人民检察院备案。对于人民检察院、人民法院重新计算羁押期限、不计入羁押期限等情形，也应当通过报上一级机关批准、备案等方式加强规制。同时，应当进一步强化犯罪嫌疑人、被告人及其律师对重新计算羁押期限和不计入羁押期限的知情权、异议权，譬如在有异议时请求人民检察院侦查监督部门进行审查的权利等。

5. 在未决羁押期限的设置上体现对未成年人的特殊关照

为了在未成年人犯罪案件中更好地贯彻“教育、感化、挽救”的司法政策，更好地实现“对未成年犯罪嫌疑人、被告人应当严格限制适用逮捕措施”的立法意图，有必要在未决羁押期限设置问题上给予未成年人案件必要的特殊关照：一方面，可以在各诉讼阶段的未决羁押期限上设置较成年人案件更短的最长期限；另一方面，在延长羁押期限、重新计算羁押期限以及不计入羁押期限等情形下，可以要求未成年人案件履行更严格的程序要求，如必须进行听证、必须征求律师意见等。

通过上述完善措施，可以使得我国未决羁押制度在期限问题上更明确、直接，各诉讼阶段的羁押期限独立于办案期限，且能针对轻重罪行不同案件设置差异化的期限规定，羁押期限延长和重新计算、不计算更趋严格、透明。未决羁押期限的完善，不仅可以直接发挥防止权力滥用、保障被羁押人人身自由的作用，也能对未决羁押撤销、变更机制的有效运行提供必要基础。可以说，只有未决羁押期限真正明确了，才有我国2012年《刑事诉讼法》第97条有关“犯罪嫌疑人、被告人及其法定代理人、近亲属或者辩护人对于人民法院、人民检察院或者公安机关采取强制措施法定期限届满的，有权要求解除强制措施”这一权利性规定真正得到行使的可能。

三、未决羁押撤销、变更的具体情形

未决羁押适用要件的明确设置是其撤销、变更机制得以运行的重要前提，而从更有利于未决羁押撤销、变更机制启动、实践操作的角度而言，仍有必要就启动未决羁押撤销、变更机制的具体事由、具体情形作出直接的、专门性的规定。从域外各国、各地区的相关规定来看，基本上遵循了既明确规定未决羁押的适用要件，同时也就撤销、变更的具体情形作出直接规定的方式。

（一）域外未决羁押撤销、变更具体情形之考察

从域外各国、各地区有关未决羁押撤销、变更具体情形的规定来看，大体可以划分为以下两种类型：

第一种类型是将未决羁押撤销、变更的事由包含在强制措施撤销、变更的总体内容中一并加以规定。例如，意大利《刑事诉讼法典》、葡萄牙《刑事诉讼法典》都明确规定了预防措施的撤销与变更，其中也包含未决羁押撤销与变更的情形。

意大利《刑事诉讼法典》第299条规定：“1. 当第273条规定的适用条件或有关各项措施的条款规定的适用条件消失，包括因后来的事实而消失时，或者当第274条规定的预防要求消失时，立即撤销强制措施和禁止性措施。2. 除第275条所作的规定外，当预防要求减弱或者所适用的措施不再同事实或可能科处的制裁相适用时，法官采用其他较轻的措施实行更换，或者决定以不那么严厉的方式适用有关措施……”葡萄牙《刑事诉讼法典》第212条规定：“1. 如有下列情况，法官应当立即批示撤销强制措施：（1）强制措施并非在法律规定的情况或者条件下采用的；或（2）构成采用强制措施所依据的情况不再存在的。2. 如其后出现依法构成适用强制措施所依据的理由的，法官可以再次对犯罪嫌疑人采用已被撤销的措施，但是不得有损关于法定期间单一性的规定。3. 采取原强制措施时所需要防范事项的防范要求降低的，法官可以采取其他较轻的措施代替原措施，或者降低强制措施的实施强度。4. 本条所规定的撤销和代替，应当由法官依其职权或者应检察院或者犯罪嫌疑人的申请作出。为此除非有合理理由不能为之的情况，法官应当听取检察院的意见和犯罪嫌疑人的陈述。然而，如果法官认为犯罪嫌疑人的申请明显毫无依据，应当对其判处缴付6个纳税单位至20个纳税单位罚金。”俄罗斯《联邦刑事诉讼法典》的规定与上述两国基本类似，但特殊之处在于同时也对监禁类别的强制性处罚措施的撤销与变更作了专门性规定。该法第110条专门规定了“强制性处罚措施的撤销与变更”：“1. 当不再具有适用的必要性时，强制性处罚措施应予撤销。如果本法典第97条与第99条规定的强制性处罚措施在选择根据上发生变更的，可以变更为较为严厉或者较为宽松的强制性处罚措施。1-1. 监禁类别的强制性处罚措施，在查明实施犯罪的犯罪嫌疑人或者相似被告人罹患重度疾病不能对其适用拘留的，经依据医疗诊断结果作出的医疗鉴定予以确认的情况下，可以变更为较为宽松的强制性处罚措施。鉴于实施犯罪的犯罪嫌疑人与刑事被告人罹患重度疾病不能适用拘留的疾病种类列表，相应的医疗诊断程序与医疗鉴定的形式由俄罗斯联邦政府确定。2. 强制性处罚措施的撤销或者变更，应当根据调查官、侦查官或者法官裁决抑或根据法院的裁定进行……”

在这种模式之下，一般将强制措施撤销、变更的事由归结为以下三种情况：其一是强制措施并非在法律规定的情况或者条件下采用的，即强制措施初始适用就不合法；其二是强制措施原先具备适用条件但现在不再具备适用条件的；其三是防范要求下降，可以采取其他较轻的强制措施替代原措施的。

第二种类型是专门就未决羁押撤销与变更的具体事由作出规定。德国、法国、日本、韩国以及我国台湾地区的相关规定属于这一类型。

一方面，这些国家和地区均在刑事诉讼法律中明确规定了未决羁押撤销的情形，一般包括不存在羁押事由、羁押事由消灭、羁押必要性消失以及羁押期限届满等情形。例如，德国《刑事诉讼法典》第 120 条规定：“1. 一旦待审羁押的前提条件不再成立，或者情况表明继续待审羁押与案件的重大程度和将判处的刑罚或者矫正及报案处分不相称的，应当撤销逮捕令。如果犯罪嫌疑人被判决无罪，或者法院拒绝启动审判程序，或者程序的停止非为暂时的，尤其应当撤销逮捕令。2. 不允许通过提起法律救济而推迟释放犯罪嫌疑人。3. 尚未提起公诉前，如果检察院申请撤销逮捕令的，也应当予以撤销。在提出申请的同时，检察院可以命令释放犯罪嫌疑人。”德国《刑事诉讼法典》第 121 条第 2 款则就未决羁押期限届满时应当撤销逮捕令作出了专门规定：“在第 1 款规定的情形下，如果未依据第 116 条对逮捕令停止之下，或者州高等法院未命令继续待审羁押，则 6 个月届满后应当撤销逮捕令。”日本《刑事诉讼法典》第 87 条规定：“羁押的理由或者羁押的必要性消失后，法院应当依据检察官、被羁押的被告人或其辩护人、法定代理人、保佐人、配偶、直系亲属或兄弟姐妹的请求，或者依职权，以裁定撤销羁押。”韩国《刑事诉讼法》第 93 条规定：“不存在羁押事由或者羁押事由消灭时，法院依职权或依检察官、被告人、辩护人以及第 30 条第 2 款规定人员的申请，应决定撤销羁押。”我国台湾地区有关未决羁押撤销情形的规定也与此类似。

另一方面，除了应申请或依职权作出保释的决定之外，这些国家和地区往往还规定了未决羁押停止执行的制度，允许特定条件下由某项非羁押性措施代替未决羁押措施的适用。例如，德国《刑事诉讼法典》第 116 条规定：“1. 如果采取不这么严厉的措施，也足以达到待审羁押的目的，法官应当命令停止执行仅根据逃亡之虞而签发的逮捕令。尤其可以考虑：（1）责令定期向法官、刑事追诉机关或者由他们指定的机构报到；（2）责令未经法官、刑事追诉机关许可，不得离开住所或者居所或者一定区域；（3）责令只能在特定人员监督下才可离开住所；（4）责令犯罪嫌疑人或者其他人员提供适当的担保。2. 如果采取不这么严厉的措施，也足以达到某项减少掩盖真相风险的预期，法官也可以命令停止执行仅根据掩盖真相之虞签发的逮捕令。尤其可以考虑，命令不得与共同犯罪嫌疑人、证人或者鉴定人建立联系。3. 足以达到犯罪嫌疑人遵守特定命令从而实现羁押目的的预期的，法官可以停止执行根据第 112a 条签发的逮捕令……”法国《刑事诉讼法典》第 147 条规定：“在所有案件中，预审法官在听取共和国检察官的意见后，均可以依职权作出裁定，命令释放受审查人同时附加或不附加司法监督措施，但以受审查人作出承诺，保证在各项诉讼活动中均能随传随到，保证每次外出均向负责预审的司法官报告为保留条件。共和国检察官亦可以在任何时候提出释放受审查人的意见。除命令释放受审查人外，预审法官应当在共和国检察官提出意见之后 5 日内，将案卷连同其说明理由的意见移送自由与羁押法官。自由与羁押法官在 3 个工作日作出审理裁判。”此外，日本《刑事诉讼法典》第 95 条规定：“法院认为适当时，可以裁定将被羁押的被告人委托于其亲属、保护团体或其他的人，或者限制被告人的住居，而停止执行羁押。”韩国、我国台湾地区有关停止执行羁押制度的规定也与此类似。从停止执行羁押制度的上述规定可以看出，其情形主要是在防范要求下降、羁押必要性减弱时可以采用其他非羁押措施替代未决羁押的适用。

与俄罗斯相关规定类似的是，法国《刑事诉讼法典》第147-1条还规定了一种撤销、变更未决羁押的具体情形，即在“所有案件中以及在程序进行的任何阶段，经医疗鉴定证明受到先行羁押的人患有不治之症，或者身体状况或精神状况不适于继续羁押时，可以依职权或者应当事人的请求，命令释放受到先行羁押的人。未经有关当事人同意，不得按照本条之规定命令释放获准接受精神病治疗的受羁押人”。该条文也规定可以对这种情形下的受羁押人实行司法监督或者指定居住加电子监控，一旦当事人健康状况发生变化可以重新实行羁押。

（二）我国未决羁押撤销、变更情形的立法规定

我国并没有在《刑事诉讼法》中用专门条款规定未决羁押的撤销、变更事由，而是将其纳入强制措施的撤销、变更制度中一并加以规定。根据我国《刑事诉讼法》第96条至第99条、第117条，以及最高人民法院《关于适用〈中华人民共和国刑事诉讼法〉的解释》（以下简称最高人民法院《解释》）、最高人民检察院《规则》、公安部《规定》等规范性文件有关强制措施撤销、变更情形的相关规定，未决羁押撤销、变更的具体情形包括以下几种：

第一，未决羁押撤销的具体情形。其中主要是指采取未决羁押不当的情形。我国《刑事诉讼法》第96条规定：“人民法院、人民检察院和公安机关如果发现对犯罪嫌疑人、被告人采取强制措施不当的，应当及时撤销或者变更。公安机关释放被逮捕的人或者变更逮捕措施的，应当通知原批准的人民检察院。”这是《刑事诉讼法》中关于撤销强制措施乃至未决羁押最明确的法条依据。但如前文所述，对于何谓“不当”，《刑事诉讼法》及相关司法解释、规范性文件均未进一步明确。除“采取强制措施不当”这一情形之外，未决羁押撤销的情形也涵盖《刑事诉讼法》及相关文件中

关于应当立即释放犯罪嫌疑人、被告人的各类情形，除了将在下一章具体论述的未决羁押期限届满这一情形外，还包括：1. 不再具有羁押必要性的情形。《刑事诉讼法》第 95 条规定："犯罪嫌疑人、被告人被逮捕后，人民检察院仍应当对羁押的必要性进行审查。对不需要继续羁押的，应当建议予以释放或者变更强制措施。有关机关应当在十日以内将处理情况通知人民检察院。"因此，对于不再具有羁押必要性的案件，有关机关接受检察机关建议后可以作出释放被羁押人的决定。2. 第一审判决后予以释放的特殊情形。最高人民法院《解释》第 170 条规定："被逮捕的被告人具有下列情形之一的，人民法院应当立即释放；必要时，可以依法变更强制措施：……（二）第一审人民法院判处管制、宣告缓刑、单独适用附加刑，判决尚未发生法律效力的……"因此，该情形下也涉及未决羁押撤销的可能。

第二，未决羁押变更的具体情形。《刑事诉讼法》第 97 条专门规定："犯罪嫌疑人、被告人及其法定代理人、近亲属或者辩护人有权申请变更强制措施。人民法院、人民检察院和公安机关收到申请后，应当在三日以内作出决定；不同意变更强制措施的，应当告知申请人，并说明不同意的理由。"除了该条规定的被羁押者一方主动申请变更强制措施的情形之外，上述未决羁押撤销的情形也都包含未决羁押变更的适用情形，如采取未决羁押不当、经羁押必要性审查认为不需要继续羁押的以及"第一审人民法院判处管制、宣告缓刑、单独适用附加刑，判决尚未发生法律效力的"这些特殊情形下都可能采取未决羁押的变更。

总体而言，我国已有关于未决羁押撤销、变更情形的具体规定，但相关规定仍较零散、笼统，尚未达到体系化、确定化的理想状态。例如，在关于撤销未决羁押情形的规定中，对于何谓"采取强制措施不当"这一关键性问题缺乏必要的界定，使得办案机关在具体适用中缺乏明确的操作依据。同时，对于被追诉人一方在哪些情形下或者具备哪些条件可以申请变更强制措施的规定语焉不详，在我国尚未真正确立“保释是原则，羁押是例外”规则的现实情况下很容易导致被追诉人要求变更强制措施的申请难以获得办案机关的批准。

(三) 完善我国未决羁押撤销、变更具体情形的建议

因为我国司法实践中长期存在“普遍羁押”“一押到底”的突出问题，基于破解难题、消除痼疾的目的，在《刑事诉讼法》中就未决羁押的撤销、变更情形作出明确的、单独的规定，显然比笼统地在强制措施撤销、变更内容中一并加以规定更为有利。除了对未决羁押撤销、变更情形予以专条规定之外，还有必要进一步细化其具体内容：

一方面，有必要明确规定应当撤销未决羁押的具体情形。目前，对于《刑事诉讼法》第96条规定的“采取强制措施不当”这一撤销理由，不仅缺乏具体的司法解释，具体理解上也有不少分歧。例如，有观点认为：“强制措施涉及限制或者剥夺公民的人身自由，因此，适用强制措施应当严格按照刑事诉讼法所规定的条件和程序。对于采取强制措施不当的，应当及时撤销或者变更。”① 根据该解释，似可将未决羁押“不当”的情形界定为违反刑事诉讼法所规定的逮捕条件和程序的情形，如不符合逮捕的证据条件、刑罚条件或必要性条件，在程序上应当讯问犯罪嫌疑人而没有讯问以及超出提请批准逮捕、审查批准逮捕等程序性规定的情形。也有观点认为：“变更强制措施的不当，是指采用的强制措施的强度与保障诉讼顺利进行的需要不相符合，也即适用强制措施是必要的，但所采用的强制措施不合适。”② 与上一观点相比，该观点对“不当”的界定更为限缩，仅限于所采取的强制措施强度不适合的情形，并不强调原来采取的强制措施是否符合程序规定等方面的否定性评价。

① 全国人大常委会法制工作委员会刑法室编著：《〈中华人民共和国刑事诉讼法〉释义及实用指南》，中国民主法制出版社2012年版，第224页。

② 杨旺年：《论强制措施的变更、解除和撤销》，载《法律科学》2005年第5期。

笔者认为，从减少办案机关抵触情绪的角度而言，有必要对撤销未决羁押的具体情形作更宽泛的界定，改变过去将撤销与否定性评价关联在一起的理解方式。例如，可以在立法中明确规定："一旦逮捕的适用要件不再具备，或者继续羁押的必要性消失的，人民法院、人民检察院或者公安机关应当及时撤销逮捕或者变更为其他较轻的强制措施。被告人被逮捕的案件，如果第一审人民法院判处管制、宣告缓刑、单独适用附加刑，判决尚未发生法律效力的，应当及时撤销逮捕或者变更为其他较轻的强制措施。逮捕后的羁押期限届满的，人民法院、人民检察院或者公安机关应当及时撤销逮捕或者变更为其他较轻的强制措施。"

另一方面，有必要明确规定可以变更未决羁押的具体情形。除了上述撤销未决羁押后变更为其他强制措施的情形以外，还有必要对其他可能变更未决羁押的情形作出具体规定。在我国，逮捕后的羁押存在变更为取保候审或强制措施两种可能。《刑事诉讼法》第97条仅规定犯罪嫌疑人、被告人及其法定代理人或者辩护人有权申请变更强制措施，但未明确哪些情形之下可以申请变更为取保候审或监视居住。

从便于实践操作，尤其是便于被羁押人申请变更权行使的角度，有必要对此予以专门的明确规定。例如，可以规定为："犯罪嫌疑人、被告人被逮捕后，如果继续羁押的必要性减弱，采取取保候审不致发生社会危险性的，人民法院、人民检察院、公安机关可以依职权或犯罪嫌疑人、被告人及其法定代理人、近亲属、辩护人的申请将逮捕变更为取保候审。被逮捕的犯罪嫌疑人、被告人具有《刑事诉讼法》第74条第1款第1项至第3项规定情形的，人民法院、人民检察院、公安机关可以依职权或犯罪嫌疑人、被告人及其法定代理人、近亲属、辩护人的申请将逮捕变更为监视居住。犯罪嫌疑人、被告人及其法定代理人、近亲属或者辩护人提出变更强制措施申请的，应当说明理由，有证据和其他材料的，应当附上相关材料。"

第四章　未决羁押撤销、变更的程序

一、未决羁押撤销、变更的启动

(一) 域外未决羁押撤销、变更启动方式之考察

从域外各国有关启动未决羁押撤销、变更机制的具体规定来看，大体可以分为权利人申请启动和国家机关职权启动两种方式。相比较而言，英美法系国家更注重权利人自身的权利救济申请，而大陆法系国家则在提供被羁押人权利救济途径的同时也强调司法机关职权作用的发挥。

1. 权利人申请启动的方式

(1) 大陆法系

在传统大陆法系国家，普遍存在被羁押者申请撤销、变更未决羁押等救济权的相关规定，具体救济途径包括对羁押令提出抗告或准抗告、申请复议羁押令、请求开示羁押理由等。与英美法系不同的是，这些救济途径往往直接质疑羁押适用的正当性，而与保释等非羁押性措施的适用没有必然联系。

例如，在德国，被指控人被拘捕后，如果想要羁押令被撤销或者使羁押不被执行，有权向地方法院的刑事庭提起抗告。地方法院通常不经口头审理而作出是否撤销羁押的裁定。[①] 如果不服地方法院对该抗告的裁定，还可向邦高等法院提起再抗告。与此同时，被羁押者还享有申请复议羁押令这一救济权利。根据德国《刑事诉

① ［德］托马斯·魏根特：《德国刑事诉讼程序》，岳礼玲、温小洁译，中国政法大学出版社 2005 年版，第 102 页。

讼法典》第117条第1款规定，被指控人在羁押持续期间可以随时申请签发法官对羁押令进行复议。这种复议申请可以重复提出，但每两个月才能要求一次言词审理。[①] 在法国，其《刑事诉讼法典》第148条1规定，"任何被审查人、任何轻罪被告人或重罪被告人，不论案件进展如何，也不论在诉讼的任何阶段，均可提出释放的请求。任何法院一经受理案件，即有权决定临时释放。"在日本，对于法官所作羁押裁判不服的人，有权向该法官所属法院提出准抗告，请求撤销或者变更该项裁定。如果法院认为准抗告有理由的，应当裁定撤销原裁定，在必要时，应当重新作出裁判。但对抗告法院的裁定，不得提起再抗告。同时，被羁押者申请开示羁押理由也可起到撤销或变更羁押的目的。根据日本《刑事诉讼法典》第82条，被羁押的被告人及其辩护人、法定代理人、保佐人、配偶、直系亲属、兄弟姐妹或其他利害关系人，可以请求法院告知羁押的理由。如果认为羁押的理由或者羁押的必要消失的，上述权利人即可请求法院裁定撤销羁押。

（2）英美法系

在英美法系国家，未决羁押的撤销、变更机制主要通过被羁押者主动申请司法救济的两种方式启动，其一为申请保释，其二为申请人身保护令。

在英美两国，通过保释申请机制的适用，被逮捕或被羁押者中的多数人能够获得审前释放的机会，而关押候审的被告人往往占较小比例[②]，这在很大程度上体现了未决羁押适用的例外原则。在英

① ［德］克劳思·罗科信：《刑事诉讼法（第24版）》，吴丽琪译，法律出版社2003年版，第299页。

② 譬如，2000年，在英格兰和威尔士，由治安法官决定关押候审的被告人约占候审者的14%；而在1990年至2004年美国最大的75个郡中，被指控犯有重罪的人有62%在案件作出最终裁决之前被释放，而剩余38%未被释放的人中仅有1/6是被法院拒绝保释的人。参见［英］麦高伟、杰弗里·威尔逊主编：《英国刑事司法程序》，姚永吉等译，法律出版社2003年版，第111页；Thomas H. Cohen, Brian A. Reaves, Pretrial Release of Felony Defendants in State Courts, http://www.bjs.gov/content/pub/pdf/prfdsc.pdf.

国，根据《1976年保释法》，被告人享有保释权，除非可以适用某些例外，否则被告人必须被无条件保释。[①] 在美国，《联邦宪法修正案》第8条有关“不得要求过高的保释金”的规定赋予了有限的保释权利，即除死刑案件外，所有的犯罪嫌疑人、被告人都有权利要求释放，主管的司法官原则上应当命令释放而不是命令羁押。[②] 虽然两国有关保释的规定几经修改，但对被羁押的犯罪嫌疑人、被告人而言，申请保释仍然是其在诉讼中获得释放的最重要途径。

从保释申请的提出阶段及保释决定主体来看，英美两国的做法基本一致。在英国，实施逮捕的警察以及羁押警察有权作出保释决定。如果对被指控者没有作出保释决定，则应毫不迟延地将其提交到治安法院，由治安法官就羁押还是释放作出决定。原则上，从治安法官对被告人进行第一次听审开始，直到被告人被法院定罪或无罪释放时为止，被告人都享有申请保释的权利。而且，被告人如果不服治安法官不予保释的决定，有权向刑事法院或高等法院提出上诉。在申请保释的次数上，英国相关立法规定有所变动。英国《1976年保释法》曾规定了一项使被告人在每次出庭时都能申请保释的制度，但到20世纪80年代以后，这一制度被视为资源浪费。英国《1988年刑事司法法》下调了被告人例行到庭的频率，把被告人到庭之后再次到庭的间隔由7日改为28日。[③] 在美国，某些司法区允许涉嫌轻微犯罪的被捕者向警察交纳一定数目的保释金而获得释放，但大多数保释决定通常由初级法院法官作出。[④] 一般情况

---

① ［英］麦高伟、杰弗里·威尔逊主编：《英国刑事司法程序》，姚永吉等译，法律出版社2003年版，第112页。

② 孙长永：《侦查程序与人权——比较法考察》，中国方正出版社2000年版，第256页。

③ ［英］麦高伟、杰弗里·威尔逊主编：《英国刑事司法程序》，姚永吉等译，法律出版社2003年版，第111页。

④ ［美］罗纳尔多·V. 戴尔卡门：《美国刑事诉讼——法律和实践》，张鸿魏等译，武汉大学出版社2006年版，第42页。

下，警察在实施逮捕后应毫不迟延地将被捕者带至法官面前，由法官确定案件的进一步走向，包括羁押或是释放被捕者。在每一个诉讼阶段，被告人都有权提出保释的申请。对于法院拒绝保释、收缴过度保证金或者为审前释放附加其他条件的决定，被告人有权提出复审请求或者向州上诉法院或联邦上诉法院提出上诉。

人身保护令制度是英美法系国家救济审前或定罪后不当羁押的一项重要制度。在普通法传统上，人身保护令主要用以质疑审前羁押的合法性，英国目前的人身保护令仍然固守这一传统。根据该制度，在审前程序中，如果被羁押者认为羁押不当的，有权向特定的法院申请人身保护令，法官如果发现羁押不当的可直接或经过听审后签发人身保护令，命令对被羁押者予以释放、保释或者确保其毫不迟延地接受审判。[①] 有关部门必须立即执行人身保护令，而被释放者不得以同一理由再次被逮捕或羁押。与英国不同，美国的人身保护令制度更多地适用于定罪和处刑以后的被羁押者。除英美两国外，加拿大、澳大利亚、新西兰、印度等国家也实行人身保护令制度。不过，在多数国家，就审前羁押适用人身保护令的案件数量并不多。

2. 司法机关职权启动的方式

在大陆法系国家未决羁押的撤销、变更机制中，除了权利人申请救济的途径之外，还存在司法机关在羁押持续过程中依职权主动对是否需要继续适用羁押进行复审的途径。通过这种自动审查，在没有权利人申请的情况下，不符合法律规定或不再具备法定理由的未决羁押仍将被撤销或被变更。

在德国，根据《刑事诉讼法典》第 121 条，羁押逾 6 个月时，州高等法院或联邦最高法院需依职权主动对羁押进行审查；同时，在裁定开启审判程序、完成判决时，法院也需要依据职权主动对是

① Herrera v. Collins, 506U.5.394(1993).

否继续羁押及其时间长短进行审查。[①] 在法国，其《刑事诉讼法典》第147条规定："任何案件中，如受审查人作出承诺，在各项诉讼活动中均能随传随到，每次外出均向预审法官报告，在此情况下，预审法官得在听取共和国检察官的意见后，依职权作出裁定，释放受审查人，并且可以附加或者不附加司法监督措施。"同时，上诉法院预审庭庭长有责任特别关注在其管辖区内被未决羁押者的状况，其享有根据《刑事诉讼法》第201条第2款规定依职权宣告释放受审查人的权力。[②] 除德国、法国外，在日本、意大利等传统大陆法系国家，也都存在法官依职权撤销不再具备法定理由或必要性的未决羁押的类似规定。

"这种由法院主动、定期进行的司法复审，对于及时发现非法羁押现象，以及对于持续地审查羁押理由是否仍然具备，至少在理论上属于较为完善的制度设计。"[③] 大陆法系国家对羁押适用情况进行职权复审的这种方式，显然与其诉讼模式的职权主义特色有密切关系。但即使在英美法系国家，基于保障被羁押者权利的目的，也同样存在类似的做法。例如，在英国，如果治安法官在嫌疑人第一次出庭时对其作出了拒绝保释的决定，则应对其羁押情况每隔28日审查一次，根据情况变化适时作出变更。[④] 在加拿大，除叛国罪或者谋杀罪外，负责羁押被告人的官员应当在羁押被指控犯有可诉罪的被告人90日后、羁押被指控犯有简易罪的被告人30日后，向高一级法院的法官提出审查该羁押的申请；在这种长期羁押的审查过程中，法官不仅要考察通常的保释标准，还要考察该长期羁押

---

① ［德］克劳思·罗科信：《刑事诉讼法（第24版）》，吴丽琪译，法律出版社2003年版，第300页。

② ［法］贝尔纳·布洛克：《法国刑事诉讼法》，罗结珍译，中国政法大学出版社2009年版，第412页。

③ 陈瑞华：《比较刑事诉讼法》，中国人民大学出版社2010年版，第315页。

④ 参见陈卫东、刘计划：《英国保释制度及其对我国的借鉴意义》，载《人民检察》2003年第3期。

或者审判延误是否由被告人或检察官造成；审查法官可以作出给予被长期羁押的被告人保释的决定，也有权敦促审判法院迅速审理案件。[1]

（二）我国未决羁押撤销、变更启动方式的立法与实践

1. 我国有关启动方式的立法规定梳理

在2012年以前，我国《刑事诉讼法》及相关司法解释、规范性文件在未决羁押撤销、变更程序如何启动的方面已有若干规定，但存在较为笼统、缺乏程序性规定的明显缺陷。

1996年《刑事诉讼法》第73条规定："人民法院、人民检察院和公安机关如果发现对犯罪嫌疑人、被告人采取强制措施不当的，应当及时撤销或者变更……"第52条和第75条分别规定："被羁押的犯罪嫌疑人、被告人及其法定代理人、近亲属有权申请取保候审。""犯罪嫌疑人、被告人及其法定代理人、近亲属或者犯罪嫌疑人、被告人委托的律师及其他辩护人对于人民法院、人民检察院或者公安机关采取强制措施超过法定期限的，有权要求解除强制措施。人民法院、人民检察院或者公安机关对于被采取强制措施超过法定期限的犯罪嫌疑人、被告人应当予以释放、解除取保候审、监视居住或者依法变更强制措施。"从这三条规定可以看出，1996年《刑事诉讼法》在未决羁押撤销、变更程序如何启动方面规定了公安司法机关职权启动以及权利人申请启动两种方式。但其中的职权启动，仅指办案机关或办案部门在自身办案过程中基于诉讼职权主动对逮捕适用情况进行审查、对不当逮捕进行撤销或变更，而申请启动也仅指被羁押人一方要求办案机关或办案部门在羁押期限届满时解除羁押和申请取保候审这两种情形。对于这种职权启动的方式，有观点将其称为诉讼职能型的审查与处理，区别于后来增设的诉讼监督型的羁押必要性审查。虽然对未决羁押撤销、变更已有所规定，但对职权启动、申请启动的具体程序与步骤，1996

① 李哲：《加拿大保释制度评介》，载《国家检察官学院学报》2006年第4期。

年《刑事诉讼法》并未予以明确。

2012年《刑事诉讼法》在保留上述规定的同时，增加了第93条有关“犯罪嫌疑人、被告人被逮捕后，人民检察院仍应当对羁押的必要性进行审查。对不需要继续羁押的，应当建议予以释放或者变更强制措施。有关机关应当在十日以内将处理情况通知人民检察院”的内容，从而首次设置了诉讼监督意义上的羁押必要性审查制度。区别于诉讼职能型的羁押必要性审查，这种诉讼监督意义上的羁押必要性审查以“强化人民检察院对羁押措施的监督，防止超期羁押和不必要的关押”为目标，是在刑事诉讼程序中落实人权保障理念的一个重要举措。其中，尤其需要关注的是，检察机关在这种诉讼监督型羁押必要性审查后只具有“建议”而不是“决定”予以释放或者变更强制措施的权力，有关机关应当将处理情况“通知”检察机关而不是经检察机关“批准”。与此同时，2012年《刑事诉讼法》有关羁押必要性审查的规定仅有1个条文，该条文主要从授权角度对检察机关进行捕后羁押必要性审查的职权作出了规定，而对羁押必要性审查的启动方式、具体程序、救济途径等内容并未涉及。最高人民检察院2012年发布的《规则》第616条至第621条对羁押必要性审查制度作了一定程度细化，其中明确了羁押必要性审查的线索来源包括检察机关自己发现以及犯罪嫌疑人、被告人及其法定代理人、近亲属或者辩护人提出申请两种途径。

在2018年《刑事诉讼法》修改中，上述规定未变，只是条文序号有所变动。其中，第95条是关于检察机关审查继续羁押必要性的规定；第96条是关于办案机关撤销或变更不当强制措施的规定；第97条是关于当事人申请变更强制措施的规定；第98条是关于羁押期限届满未能结案应当如何处理的规定；第99条是关于强制措施法定期限届满如何处理的规定。

在司法解释层面，最高人民检察院于2016年2月2日颁布的《人民检察院办理羁押必要性审查案件规定（试行）》（以下简称

《羁押必要性审查案件规定》），是目前有关羁押必要性审查制度最详细的司法解释。2019 年年底修订的最高人民检察院《规则》在诉讼监督型羁押必要性审查的启动方式上有所变动，其第 574 条规定："人民检察院在办案过程中可以依职权主动进行羁押必要性审查。犯罪嫌疑人、被告人及其法定代理人、近亲属或者辩护人可以申请人民检察院进行羁押必要性审查。申请时应当说明不需要继续羁押的理由，有相关证据或者其他材料的应当提供。看守所根据在押人员身体状况，可以建议人民检察院进行羁押必要性审查。"据此，在人民检察院依职权主动启动和依申请启动两种方式外，新增了看守所建议人民检察院启动这一途径。

综上，我国在未决羁押撤销、变更机制的启动方式上，事实上包含了诉讼职能型启动与诉讼监督型启动两大类情形，其中前者包括依职权主动启动和依申请启动两种启动方式，后者是指 2012 年增设的羁押必要性审查制度，在启动方式上包括依职权主动启动、依申请启动和依看守所建议启动三种方式。从目前规定来看，上述两大类情形在启动方面呈现以下几方面状况：

其一，诉讼职能型和诉讼监督型两种启动方式关系不明。为了区分这两大类不同情形，最高人民检察院刑事执行检察厅 2016 年 7 月 11 日印发的《关于贯彻执行〈人民检察院办理羁押必要性审查案件规定（试行）〉的指导意见》（以下简称《指导意见》）曾强调羁押必要性审查是人民检察院依据《刑事诉讼法》第 93 条（现第 95 条）规定，对被逮捕的犯罪嫌疑人、被告人有无继续羁押的必要性进行审查，对不需要继续羁押的，建议办案机关予以释放或者变更强制措施的监督活动，即这种羁押必要性审查属于检察机关的诉讼监督活动，而人民法院、人民检察院和公安机关依据《刑事诉讼法》第 94 条（现第 96 条）规定，对犯罪嫌疑人、被告人撤销或者变更逮捕强制措施的，以及犯罪嫌疑人、被告人及其法定代理人、近亲属或者辩护人依据《刑事诉讼法》第 95 条（现第 97 条）规定申请变更逮捕强制措施的，不属于羁押必要性审查。

但对于诉讼程序中具体如何处理上述两者关系，《指导意见》并没有作进一步规定，尤其是在犯罪嫌疑人、被告人方提出申请而未明确诉求对象的情况下，两种审查适用的先后顺序并不明确。

其二，在通过诉讼职能型方式启动撤销、变更未决羁押的情况下，职权启动的具体负责部门存在频繁变动的情况。2012 年《刑事诉讼法》并未明确由检察机关内部的哪一个部门负责启动羁押必要性审查。2012 年年底出台的最高人民检察院《规则》规定，检察机关内部负责羁押必要性审查工作的主体根据诉讼阶段不同分别为侦查监督部门、公诉部门和监所检察部门，即实行分段负责的方式。最高人民检察院 2016 年印发的《羁押必要性审查案件规定》调整了负责羁押必要性审查的办案部门。该规定根据实践中分段审查方式暴露出来的问题，将羁押必要性审查的办案部门调整为由办案机关对应的同级人民检察院刑事执行检察部门统一办理，侦查监督、公诉、侦查、案件管理、检察技术等部门予以配合，即实行归口负责的方式。2019 年年底修订的最高人民检察院《规则》第 575 条、第 576 条规定：负责捕诉的部门依法对侦查和审判阶段的羁押必要性进行审查；审查起诉阶段，负责捕诉的部门经审查认为不需要继续羁押的，应当直接释放犯罪嫌疑人或者变更强制措施；负责刑事执行检察的部门收到有关材料或者发现不需要继续羁押的，应当及时将有关材料和意见移送负责捕诉的部门；办案机关对应的同级人民检察院负责控告申诉检察的部门或者负责案件管理的部门收到羁押必要性审查申请后，应当在当日移送本院负责捕诉的部门。据此，目前羁押必要性审查的负责部门为负责捕诉的部门，而不再是刑事执行检察部门。也有观点将这一模式称为“新归口模式”。相对于以前的启动方式，由捕诉部门负责办理羁押必要性审查模式具有节约司法成本、提高审查精准性以及更易于外部沟通等优势，但也存在客观中立性缺失、监督制约机制缺乏等明显弊端。

其三，对于职权启动或申请启动的条件、时间、次数及具体程序等方面内容仍缺乏细致规定。例如，在诉讼职能型职权启动的方式下，《刑事诉讼法》及《羁押必要性审查案件规定》均未对检察机关何时启动审查作出明确规定，羁押必要性审查是在出现特定事实后进行还是在特定环节、特定时间点进行均未明确。对于权利人申请启动的方式，究竟提出申请是否有次数限制，提出申请需要具备哪些条件，具体在哪个时间点或环节可以提出申请，接收申请方是否需要进行必要登记，审查部门进行审查后如何履行告知义务等问题仍待进一步明确。尤其是对于权利人提出的申请，如果相关人员或部门怠于履行接收、转交、审查职责的，目前已有规定并未设置任何程序制裁措施，这也产生了权利人主动申请启动未决羁押撤销、变更机制存在得不到任何回应的现实可能。

从上述论述可以看出，我国在立法上已规定未决羁押撤销、变更机制启动的多条途径，既有职权启动的途径也有权利人申请的途径，既有办案机关依自身诉讼职能启动的途径也有检察机关基于诉讼监督职能启动的途径，在启动方式上已经呈现较好的多元性特征。但与此同时，各种途径之间的关系尚未完全厘清，不同启动途径适用的先后顺序以及发生冲突时如何进行选择等问题并未明确，这也为司法实践具体适用中出现不统一、相混淆的状况埋下了伏笔。

2. 我国有关启动方式的实践情况分析

从各方面披露的实证数据看，我国在未决羁押撤销、变更机制启动实践方面呈现以下特点：

其一，诉讼监督型启动数量增长迅速，但捕后被撤销逮捕、变更强制措施的案件占比仍较少。

在 2012 年以前，通过诉讼职权型启动方式撤销、变更未决羁押的案件数量相当有限。例如，有一项统计显示，2006 年 1 月至 2008 年 9 月，S 市某区人民检察院共对公安机关提请批准逮捕的 2511 名犯罪嫌疑人作出批捕决定，其中有 64 人在执行过程中变更了逮捕措施，仅占批捕总人数的2.55%。[①] 2012年《刑事诉讼法》实施以后，羁押必要性审查这一新兴制度受到了实务部门尤其是检察机关的高度关注，对其实践适用产生了积极的推动作用。根据最高人民检察院的工作报告，2013年至2015年，检察机关分别对不需要继续羁押的23894名、33495名、29211名犯罪嫌疑人建议释放或者变更强制措施。2016年以来，羁押必要性审查的案件适用数量出现明显增长。其中，2016年，全国检察机关刑事执行检察部门羁押必要性审查案件立案数、建议数、采纳数、占逮捕数比例等核心业务指标创历史新高。[②] 2017年1—11月，全国检察机关刑事执行检察部门办理羁押必要性审查案件，立案审查55695人，向办案单位提出释放或者变更强制措施建议49993人，办案单位采纳44622人，与2016年同期相比，分别增长35.9%、35.7%和28.7%，创该项制度确立以来最高纪录。[③] 上述案件适用数量发生明显变化的时间与2016年《羁押必要性审查案件规定》出台的时间存在同步性，能够在一定程度上说明由刑事执行检察部门归口办理羁押必要性审查工作有利于解决分段审查模式下办案人员开展羁

① 魏化鹏、马伟：《公安机关捕后变更强制措施的程序正当性思辨》，载《河南警察学院学报》2015年第3期。

② 徐日丹：《强化监督：筑牢社会公平正义防线》，载《检察日报》2017年10月14日。

③ 贾潇：《王守安：抓办案强监督实现刑事执行检察新提升》，载《检察日报》2018年2月23日。据推算，2016年1—11月，羁押必要性审查案件立案审查40982人，提出建议36841人，办案单位采纳34671人。

押必要性审查主动性缺乏的问题，有助于增加案件适用数量。[①]

但是，与同期全部批捕人数以及最终被判 3 年有期徒刑以下刑罚的轻刑案件数量这两个数值相比，羁押必要性审查的案件数量仍处于偏低的水平。从全国数据来看，2013—2015 年因开展羁押必要性审查被释放或变更强制措施人数在同期逮捕人数中的占比分别是 2.7%、3.8%、3.3%。而 2013 年全国法院判处 3 年有期徒刑以下刑罚 934011 人，占生效判决人数的 80.61%；2014 年 980004 件，占 82.73%；判处拘役以下刑罚的人数占生效判决人数比，2013 年为 45.66%，2014 年为 46.37%。[②] 从 A 市数据来看，2013—2015 年检察机关共办理羁押必要性审查案件 591 件 722 人，而同期被判处 3 年有期徒刑以下较轻刑罚以及适用非监禁刑的共计 5600 余人。[③] 事实上，不只诉讼监督型撤销、变更未决羁押的案件数量偏低，即使加上诉讼职权型启动途径，在适用逮捕后得以撤销逮捕、变更强制措施的案件占比仍处于较低水平。例如，某实证调查结果显示，重庆市检察院 W 分院在 2013 年至 2015 年 9 月，共批准逮捕 255 件 378 人，变更逮捕的共有 22 件 25 人，平均变更逮捕率为 8.6%；黑龙江省密山市检察院在 2013 年至 2015 年 9 月共批准逮

① 不过，案件适用数量明显增加的原因也不能排除考核指标、上级压力等因素的影响。据相关资料介绍，在羁押必要性审查制度试行期间（2013 年至 2015 年），最高人民检察院刑事执行检察厅根据每个看守所的月平均关押量，规定了派驻看守所检察室每年要完成羁押必要性审查的案件数量分别为小型看守所每年 1 件、中型看守所每年 3 件、大型看守所每年 5 件；2016 年，最高人民检察院刑事执行检察厅又提出新的标准，即检察室每年要完成羁押必要性审查的案件数量分别是二级规范化检察室为当年押量的 5%、一级规范化检察室为当年押量的 8%。参见徐玲利：《羁押必要性审查之实证考察——以广东省东莞市检察机关办理的案件为考察对象》，载《中国检察官》2017 年第 6 期。

② 《全国法院判处三年有期徒刑及拘役以下刑罚人数逐年递增》，载中国网，http://news.china.com.cn/txt/2015-11/02/content_36958074.htm，最后访问日期：2017 年 12 月 20 日。

③ 陈建华：《羁押必要性审查制度研究——以 A 市检察机关为例》，载《湖北师范大学学报（哲学社会科学版）》2017 年第 3 期。

捕 136 件 213 人，变更逮捕的共有 20 件 29 人，平均变更逮捕率为 14.7%。[①]

其二，诉讼职权型启动方式和诉讼监督型启动方式存在混淆或变相转化的问题。

由于诉讼规则增设当事人对羁押必要性审查的申请权，因而实践中在侦查、审判阶段出现了当事人不依据《刑事诉讼法》第 95 条向公安机关、法院申请变更强制措施，而是依据第 93 条向检察机关申请羁押必要性审查，或者当事人不说明法律依据直接要求释放或变更强制措施的情况。检察机关是否应受理申请，以及如何处理第 93 条与第 95 条的关系，实践中认识分歧很大。一种意见是主动适用，认为第 93 条与第 95 条适用没有先后顺序，在检察环节和其他办案机关环节均可主动适用第 93 条进行羁押必要性审查，当事人申请启动羁押必要性审查和申请变更强制措施的权利都应当充分保障，当事人向检察机关提出申请是对检察机关的信任，不能将当事人“拒之门外”推给其他办案机关。另一种意见是选择适用，认为第 93 条是对各个办案机关在自己阶段依职权审查的一种补充，但检察机关不能自行选择适用，应由当事人选择，当事人选择第 93 条的就用第 93 条。还有一种意见是有限适用，认为第 93 条是第 94 条至第 97 条的事后救济条款，不是当事人申请变更强制措施的常规程序，而是其他办案机关拒绝变更强制措施后的救济程序和诉讼监督程序，当事人向其他办案机关提出申请，其他办案机关驳回申请后检察机关才能受理。[②] 上述认识分歧也产生了实践中做法不一甚至各种途径变相转化的问题。据调研显示，实践中较普遍地存在公安机关主动建议、检察机关被动审查的变相做法，即公安机关在侦查阶段决定变更逮捕前，以征询检察机关意见的形式提出，

---

① 于金凤：《逮捕变更的实证研究》，西南政法大学 2016 年硕士学位论文，第 2 页。

② 程宏谟：《羁押必要性审查的实践思考》，载《检察日报》2013 年 8 月 19 日。

在检察院提出变更建议后再解除逮捕措施。① 这种做法迎合了检察机关增加羁押必要性审查案件数量的现实需求，但事实上因不必要的程序流转而有损于诉讼效率及被羁押人的权利保障，也不利于公安机关依法履行限制逮捕适用的诉讼职能。此外，实践中还存在有的公安机关直接将申请变更强制措施的当事人推向检察机关，有的检察机关为扩大工作影响，片面追求案件数量，将不该捕的捕了，从而出现增加捕后无必要羁押人数等异化做法。

其三，依职权启动和依申请启动的比率在各地差异较大，但依申请成功启动未决羁押撤销、变更机制的情形总体占比较少。

从课题组对云南、北京等地公安机关的调研情况看，虽然被逮捕的犯罪嫌疑人及其法定代理人、近亲属或者辩护律师申请变更强制措施的情况并不少见，但能够启动审查程序、能够最终变更为其他强制措施的情形占比较少。而从诉讼监督型羁押必要性审查的实践数据来看，多数地区羁押必要性审查案件中依职权启动的方式占绝大多数。例如，在某市刑事执行检察部门办理的 35 件羁押必要性审查案件中，执行检察部门依职权启动的占比 92.11%，依当事人家属申请启动的仅 3 人，占比 7.89%。② A 市检察机关 2013 年至 2015 年共办理 591 件 722 人羁押必要性审查案件，其中仅 52 件为依申请启动。③ 北京、武汉等地检察执行部门有关羁押必要性审查的实证数据也反映出职权启动方式占据多数这一特点。④ 但也有个别地区，其依申请启动的羁押必要性审查案件占据了案件总量中的多数。例如，上海 F 区人民检察院 2013—2015 年依申请启动的羁

① 谢小剑：《羁押必要性审查制度实效研究》，载《法学家》2016 年第 2 期。

② 谢小剑：《羁押必要性审查制度实效研究》，载《法学家》2016 年第 2 期。

③ 陈建华：《羁押必要性审查制度研究——以 A 市检察机关为例》，载《湖北师范大学学报（哲学社会科学版）》2017 年第 3 期。

④ 孙春雨等：《监所检察部门羁押必要性审查实证研究》，载《犯罪与改造研究》2014 年第 4 期；赵红、薛芳：《羁押必要性审查实证研究及完善构思——以某基层检察院刑事执行为视角》，载《汉江大学学报（社会科学版）》2017 年第 2 期。

押必要性审查案件分别高达 81.7%、96.8%、98.3%。[①] 但即使依申请启动的羁押必要性审查案件占比不小，经审查后最终能予以释放或变更强制措施的情况仍然比较少见。例如，2014 年 6 月至 2017 年 5 月，在 S 区人民检察院办理的羁押必要性审查案件中，在依职权审查的 154 件案件中，146 件经审查后建议变更；而依申请审查的 151 件案件中，只有 53 件经审查后建议变更。[②]

其四，新增的诉讼监督型羁押必要性审查在具体适用中仍存在一定局限性。

从 2013 年诉讼监督型羁押必要性审查制度实施的情况来看，虽然取得了积极成效，但也在多个方面呈现出较明显的局限性：

一方面，启动羁押必要性审查的阶段主要是审查起诉阶段。从多地的实证数据可以看出，羁押必要性审查案件的启动多数发生在审查起诉阶段，侦查、审判阶段启动的案件相对较少，尤其是审判阶段的羁押必要性审查处于比较明显的虚置状态。例如，在某个羁押必要性审查项目 2014 年 7 月至 2016 年 6 月为期近 2 年的试点中，刑事执行检察部门在侦查阶段提出释放或变更强制措施建议的有 74 人，在审查起诉阶段的有 139 人，在审判阶段的有 52 人，审查起诉阶段的案件数量占比高达 52.5%。[③] 在某市刑事执行检察部门 2013 年 8 月至 2016 年 6 月办理的 35 件 38 人羁押必要性审查案件中，审查起诉阶段 25 人，占比 65.79%；侦查阶段 1 人，占比 2.63%，审判阶段 12 人，占比 31.58%。[④] 而在某地 12 个基层检察

---

① 樊华中：《羁押必要性审查法律适用之实证分析——以 S 直辖市 F 区检察院三年实践为样本》，载《河南财经政法大学学报》2017 年第 2 期。

② 上海市松江区人民检察院：《羁押必要性审查归口实施情况实证研究》，载《深化依法治国实践背景下的检察权运行——第十届国家高级检察官论坛论文集》，第 223 页。

③ 陈卫东：《羁押必要性审查制度试点研究报告》，载《法学研究》2018 年第 2 期。

④ 徐玲利：《羁押必要性审查之实证考察——以广东省东莞市检察机关办理的案件为考察对象》，载《中国检察官》2017 年第 6 期。

院2013年1月至2014年9月审查的512件羁押必要性案件中，审查起诉阶段启动的共计368件，占总数的71.9%。[①] 北京、上海、江西等地的实践数据与上述情况也是吻合的。[②] 检察机关在审查起诉阶段开展羁押必要性审查较多，而在侦查和审判阶段进行羁押必要性审查工作的积极性不高，这在一定程度上说明侦查、审判阶段开展羁押必要性审查的难度较大，诉讼监督机制仍不够畅通，同时也说明诉讼监督型与诉讼职能型羁押必要性审查在实践中仍存在很大程度的混同状态。

另一方面，启动羁押必要性审查的案件范围较为狭窄。虽然相关立法规定并未对启动羁押必要性审查的案件类型、罪名进行限制，但从实践情况看，启动羁押必要性审查的案件范围仍存在较狭窄的问题：由于撤销、变更未决羁押可能产生的诉讼风险，对外来人员、流动人口适用羁押必要性审查的较少；除未成年人刑事案件外，羁押必要性审查案件主要局限于交通肇事等过失犯罪、情节轻微的故意犯罪的范围，可能判处3年以上有期徒刑刑罚的案件较少适用。此外，启动羁押必要性审查的原因也较为单一。从司法实践看，启动羁押必要性审查的原因主要是刑事和解、被羁押人身体有疾病不适合羁押以及羁押期限届满而案件尚未完结等有限的几种情形[③]，从案件证据情况、刑罚情况是否有变化这些角度对羁押必要性案件进行审查的情形比较少见。这也使得一旦犯罪嫌疑人、被告人不存在达成和解协议、身体有疾病等情形，之前针对其所作的逮

① 胡波：《羁押必要性审查制度实施情况实证研究——以某省会市十二个基层检察院为对象的考察和分析》，载《法学评论》2015年第3期。

② 参见孙春雨等：《监所检察部门羁押必要性审查实证研究》，载《犯罪与改造研究》2014年第4期；樊华中：《羁押必要性审查法律适用之实证分析——以S直辖市F区检察院三年实践为样本》，载《河南财经政法大学学报》2017年第2期；谢小剑：《羁押必要性审查制度实效研究》，载《法学家》2016年第2期。

③ 宋英辉、张云鹏：《捕后羁押必要性审查制度运行状况研究》，载《人民检察》2015年第21期；陈卫东：《羁押必要性审查试点研究报告》2018年第2期；谢小剑：《羁押必要性审查制度实效研究》，载《法学家》2016年第2期。

捕决定是否妥当这一问题并不会受到必然的审查。

（三）完善我国未决羁押撤销、变更启动方式的建议

从上文论述可以看出，我国未决羁押撤销、变更程序在启动方式上仍存在多种途径关系不清、变相转化，各启动途径程序性规定粗疏，以及总体启动数量少、权利人申请难等突出问题。针对这些问题，有必要在今后的改革完善中采取以下改进措施：

其一，应进一步厘清诉讼职能型启动方式与诉讼监督型启动方式之间的关系。虽然《羁押必要性审查案件规定》和《指导意见》均强调了诉讼监督型启动方式不同于诉讼职能型启动方式，但从各地实践情况看仍存在将这两种不同性质的启动方式混同适用、变相转化的情况，这种做法显然有违2012年《刑事诉讼法》增设第93条的立法初衷。为了改变这一局面，有必要进一步强调诉讼职能型启动方式与诉讼监督型启动方式的不同性质，明确两者在适用顺序上的先后关系。相较于检察机关开展捕后的诉讼监督型羁押必要性审查，公检法机关基于诉讼职能启动未决羁押撤销、变更机制的做法可以更直接、更及时地达到防止、减少不必要羁押的目的，制度运行成本与困难程度也更低，因此在适用顺序上应当处于优先位置；而诉讼监督型羁押必要性审查制度基于其诉讼监督的目的与意义，在适用上应当强调其后位适用、补充适用的特性。在明确两种方式启动顺序的基础上，应当排除审查起诉阶段开展诉讼监督型羁押必要性审查的做法，同时避免公安机关决定变更逮捕前征询检察机关意见、由检察机关提出变更建议后再解除逮捕措施的变相转化做法。

其二，应进一步强化权利人申请启动未决羁押撤销、变更机制的能力。目前多地实践中依申请启动的案件数量少、比率低，在一定程度上说明权利人对申请撤销、变更未决羁押的权利特别是申请羁押必要性审查的权利仍存在认识不足、惮于行使以及未获得有效法律帮助等问题。为此，一方面应提升被羁押犯罪嫌疑人、被告人对申请未决羁押撤销、变更权利的了解程度，应明确规定审查部门

及人员的权利告知义务，通过向被羁押人提供权利义务告知书、广泛开展法制宣传等方式明确权利行使的具体内容、期限、方式等具体要求；另一方面应进一步发挥未决羁押撤销、变更机制启动过程中辩护律师的作用，完善有关律师程序参与、向办案机关提交意见以及获得办案机关必要反馈方面的规定。通过这些措施，旨在使被羁押的犯罪嫌疑人、被告人更了解自己在申请撤销、变更未决羁押方面享有的权利及这些权利行使的具体方式，同时通过强化律师法律帮助进一步发挥辩方对未决羁押撤销、变更机制运行结果的影响力，从而逐步增加、提高依申请启动未决羁押撤销、变更机制的案件数量和比率。

其三，应进一步细化未决羁押撤销、变更机制启动方式的程序性规定。从上述论述可知，我国《刑事诉讼法》及相关司法解释在如何启动未决羁押撤销、变更机制的具体程序性规定上仍呈现较笼统、粗疏的状况。从加强实践可操作性的角度，有必要对相关程序作进一步细化规定。在诉讼职能型未决羁押撤销、变更机制方面，应当明确规定办案机关在申请延长羁押期限、重新计算羁押期限、办理侦查终结、发回重新审判等诉讼环节有义务对适用逮捕措施是否存在不当、是否有必要继续羁押等问题进行专门审查。同时，应当明确规定被羁押人申请变更强制措施、要求解除强制措施的具体程序要求，如提出申请和要求的时间、次数限制，办案机关进行审查的方式及期限等。而在诉讼监督型未决羁押撤销、变更机制的启动上，在目前实行“捕诉合一”办案模式的背景下，应当明确规定检察官在哪些诉讼环节应当就案件的羁押必要性问题进行专门审查，如审批延长羁押期限、接到重新计算侦查羁押期限的备案以及提起公诉、发回重新审判等关键环节。

其四，应进一步完善未决羁押撤销、变更机制启动方面的动力机制。当前，在未决羁押撤销、变更机制的启动上，不论是诉讼职能型还是诉讼监督型启动方式都存在相关机关、部门和人员动力不足、积极性不够的问题，这也成为阻碍该机制有效运行的重要因素。为了督促公检法机关更加积极地开展未决羁押撤销、变更工作，一方面应当在刑事司法业务考评机制的设置上针对该项工作开展情况设置合理的奖优惩劣评价办法，将未决羁押撤销、变更工作纳入考评范围，对依法接受申请、及时启动审查以及采取其他有力推动措施的做法予以加分；另一方面也应当取消对未决羁押适用的多项反向制约考核，取消单纯考核逮捕数（率）的做法，取消对捕后不诉、捕后无罪等情形的负面考核，对不到案、脱逃等区分不同情形设置合理的追责标准，以进一步减轻办案人员在撤销、变更未决羁押方面的风险和压力。

二、未决羁押撤销、变更的审查主体

（一）域外未决羁押撤销、变更审查主体之考察

如前所述，未决羁押适用中的司法审查原则已获普遍肯认，多数国家和地区都将未决羁押相关事项的审查权，包括羁押决定的事前、事后审查权以及针对羁押决定的救济性审查权都赋予了中立的司法机构或司法人员。不过，对于“中立的司法机构”或“中立的司法人员”具体应当如何进行理解和限定，仍存在一定的分歧。

从国际性法律文件的角度来看，在未决羁押撤销、变更的审查主体上，通常要求由法院来行使审查权，也就是将“中立的司法结构”限定为法院。例如，《世界人权宣言》第8条、第9条规定：“任何人当宪法或法律所赋予他的基本权利遭受侵害时，有权由合格的国家法庭对这种侵害行为作有效的补救”；“对任何人不得加以任意逮捕、拘禁或放逐”。联合国《公民权利和政治权利国际公约》第9条规定：“……四、任何因逮捕或拘禁被剥夺自由的人，有资格向法庭提起诉讼，以便法庭能不拖延地决定拘禁他是否合法以及如果拘禁不合法时命令予以释放……”《欧洲人权公约》第5条第4款规定：“由于逮捕或监禁而被剥夺自由的每个人都应当被赋予权利提起一些程序；通过这些程序，某法院应当立即决定对他的监禁的合法性，并且在监禁不合法的情况下命令将其释

放。”值得注意的是，在联合国《公民权利和政治权利国际公约》和《欧洲人权公约》中，都是规定由法院对监禁的合法性进行司法审查，但也规定因刑事指控被逮捕或拘禁的人“应被迅速带见审判官或者其他法律授权行使司法权力的官员”。可见，这两个公约对未决羁押存续期内审查主体的要求都是在到案初始阶段更严格。但对于具体如何界定“法院”，欧洲人权法院的判决认为，《欧洲人权公约》第5条第4款规定的所谓“法院”并不非得是一个“与国家规范司法机关结合在一起的典型种类的法律法院”①，但它必须是一个具有某种“司法特征”、提供特定一些程序性保障的机构，② 它必须既独立于行政部门又独立于有关案件的各方当事人。③

从其他国家的规定来看，对司法机关的界定大体分为两种情况④：一种是仅将法院界定为司法机关；另一种是将法院、检察院都界定为司法机关。前者的典型代表是美国、德国、日本。在美国，其《美利坚合众国宪法》第3条第1款规定：“合众国的司法权，属于最高法院和国会不时规定和设立的下级法院。”德国《基本法》第九章第92条则规定：“司法权赋予法官，由联邦宪法法

---

① Weeks v. United Kingdom, Judgement of 2 March 1987, Series A. No.114;(1988)10 EHRR 293，判决第61段。

② De Wilde, Ooms and Versyp v. Belgium, Judgement of 18 June 1971, Series A, No. 12,(1978-80) 1 EHRR 438.

③ Neumeister v. Austra, Judgment of 27 June 1968, Series A, No, 8;(1978-80) 1 EHRR 91.“法律”第24段。转引自［英］克莱尔·奥维、罗宾·怀特：《欧洲人权法原则与判例（第3版）》，何志鹏、孙璐译，北京大学出版社2006年版，第181页。

④ 此外，也有个别国家将法院、检察院之外的其他一些机关也认为是司法机关。例如，1991年《保加利亚共和国宪法》第六章第117条第2款规定：“司法机关是独立的。法官、陪审员、检察员和侦查员在行使职能时只服从法律。”参见陈光中、崔洁：《司法、司法机关的中国式解读》，载《中国法学》2008年第2期。

院、本基本法规定的联邦法院和各州法院行使。”① 日本《宪法》第76条第1款规定：“一切司法权属于最高法院及依照法律规定设立的下级法院。”后者的典型代表是意大利和俄罗斯。例如，意大利《宪法》第102条规定：“司法职能由关于司法体制的法律规范所创设和规范的普通司法官行使”，而其司法官包括法官和检察官在内。在俄罗斯，其《联邦宪法》第七章有关司法权的规定直接涵盖检察院、法院两大部分。但是，与对司法机关的界定有所不同的是，即使在意大利和俄罗斯，对未决羁押的撤销、变更事项进行审查的主体仍然是法院。例如，依据俄罗斯《刑事诉讼法典》第108条有关“羁押”、第109条有关“羁押的期限”的规定，不论是羁押决定，还是延长或不延长羁押的决定仍由法院作出。

因此，从域外情况来看，虽然对于司法机关的外延仍有争议，但在未决羁押的存续期间内，依职权或依申请对是否应当撤销、变更未决羁押的事项进行审查的主体一般均为法院。即使如欧洲人权法院判决那样并不要求一定是典型的法律法院，也必须是独立于行政部门且独立于案件各方当事人的、具有司法特征的机构。

（二）我国未决羁押撤销、变更审查主体的立法与实践

关于我国的未决羁押撤销、变更主体，应当区分诉讼职权型审查和诉讼监督型审查两种情况进行分析。

在诉讼职权型审查方面，我国《刑事诉讼法》第96条规定：“人民法院、人民检察院和公安机关如果发现对犯罪嫌疑人、被告人采取强制措施不当的，应当及时撤销或者变更。公安机关释放被

---

① 对于检察机关是否也属于中立的司法机构，在德国理论界也存在一定争论。例如，罗科信教授即认为：“检察机关是一个既不属于行政机关，亦不属于第三种权力的体系，而为介于二者之间的独立的司法机构……检察机关的地位确实不同于法官。但检察机关也并非纯粹的行政机关。因为其与法院在现实司法的功能分配上，关系紧密，其职务，一如法官的职务，乃以法律价值为依据，即只以真实性及公正性为价值取向，而不问行政的需求如何。”参见克劳思·罗科信：《刑事诉讼法（第24版）》，吴丽琪译，法律出版社2003年版，第66页。

逮捕的人或者变更逮捕措施的，应当通知原批准的人民检察院”；第97条规定：“犯罪嫌疑人、被告人及其法定代理人、近亲属或者辩护人有权申请变更强制措施。人民法院、人民检察院和公安机关收到申请后，应当在三日以内作出决定；不同意变更强制措施的，应当告知申请人，并说明不同意的理由”；第99条规定：“人民法院、人民检察院或者公安机关对被采取强制措施法定期限届满的犯罪嫌疑人、被告人，应当予以释放、解除取保候审、监视居住或者依法变更强制措施。犯罪嫌疑人、被告人及其法定代理人、近亲属或者辩护人对于人民法院、人民检察院或者公安机关采取强制措施法定期限届满的，有权要求解除强制措施。”根据这些法条规定，人民法院、人民检察院和公安机关在相应的诉讼阶段都可以自主进行未决羁押撤销、变更事项的审查，如是否存在适用不当的情况，是否存在羁押期限届满的情况以及对被追诉人方提出的变更强制措施的申请作出是否同意的决定。而在诉讼监督型审查的情况下，根据我国《刑事诉讼法》第95条有关“犯罪嫌疑人、被告人被逮捕后，人民检察院仍应当对羁押的必要性进行审查。对不需要继续羁押的，应当建议予以释放或者变更强制措施。有关机关应当在十日以内将处理情况通知人民检察院”的规定，审查主体由检察机关担任。

从实践情况看，在诉讼职能型审查的情形下，对羁押是否适当、是否超期等进行重新审查的机构，仍然是作出原决定的公安机关、检察机关和人民法院。这种审查主体的设置显然缺乏必要的中立性，实践中办案机关进行审查、纠正的积极性不足，能够真正通过这种自我审查得以撤销、变更未决羁押的情形并不多见。而在诉讼监督型审查，也就是2012年《刑事诉讼法》新设的羁押必要性审查制度适用中，虽然由承担法律监督职能的检察机关负责审查是否存在继续羁押的必要，但因为审查方式欠缺司法性、检察建议刚性不足以及检察机关仍受制于追诉倾向等因素的影响，由检察机关行使审查权也具有一定局限性。

（三）完善我国未决羁押撤销、变更审查主体的建议

在学界，关于未决羁押撤销、变更等救济机制中的审查权究竟应当如何配置一直存在不同观点。多数意见认为，鉴于未决羁押适用中司法救济的重要性，在被羁押人受到羁押后，应当赋予其向法院申请救济的权利，由法院对羁押的合法性问题进行司法审查。例如，有学者提出，应当赋予被逮捕人向法院提出申诉的权利，由法院举行听证之后分别作出维持或撤销逮捕的裁定；同时，为了防止地方保护主义，加强上级法院对下级法院的审判监督职能，以权力之间的制约，对被逮捕人提供公正、有效的司法救济，还应赋予被逮捕人不服维持逮捕决定的上诉权利。[①] 但也有观点对此持不同意见。例如，有观点认为，在我国现有的法制体系下建立以法院为主的司法审查体制是不现实的，因为这将涉及整个政治体制的变革。[②] 也有观点认为，“三机关”分工负责、互相配合、互相制约，这就是我国的司法体制，它与资本主义国家的法律体制有着本质的区别，西方国家的“预审法官”制度不适合我国国情。[③] 在这两种观点之间也存在以下折中的意见，认为目前宜维持现状，但长远来看应当实行法官进行审查的方式。

从目前我国有关未决羁押撤销、变更审查主体的设置来看，诉讼职能型审查的主体是作出原决定的公安机关、检察机关和人民法院，这种“自我审查”“自我否定”往往因为办案人员、办案单位趋利避害的本能而难以得到顺利启动，司法实践中未决羁押适用中存在的“久押不决”“一押到底”局面也印证了这种推测。而在诉讼监督型审查的情况下，由检察机关负责羁押必要性审查虽然符合检察机关作为法律监督机关的预设，但从检察机关承担公诉职能、

---

① 陈光中主编：《中华人民共和国刑事诉讼法再修改专家建议稿与论证》，中国法制出版社 2006 年版，第 388 页。

② 冯哲：《论审查羁押与人权保障》，载《当代法学》2002 年第 10 期。

③ 李东军：《构建我国刑事羁押救济制度初探》，载《东南大学学报（哲学社会科学版）》2012 年第 13 卷。

与侦查机关存在天然紧密联系的角度来看，检察机关担任审查主体仍然欠缺足够的中立性。尤其是在目前检察机关内部实行“捕诉一体”办案机制，由捕诉检察官取代检察执行部门负责羁押必要性审查的情况下，这种诉讼监督型未决羁押撤销、变更机制很可能因“捕诉一体”下更为一致的追诉倾向而进一步消弭其中立性。因此，从长远的角度而言，在未决羁押的适用中，包括未决羁押撤销、变更机制的运行中，确立严格意义上的司法审查体制，由法院担任审查主体是更符合国际社会通行惯例、更有利于提升司法人权保障力度的做法。另外，司法救济体制的合理构建并不是一蹴而就的易事，有赖于转变诉讼观念、改革司法体制、完善立法规定等多方面任务的完成。目前我国尚不具备由法院进行司法审查的制度条件，而且法院在决定逮捕方面的实践状况也并不乐观，存在较普遍的决定逮捕随意化倾向。[①] 因此，在司法审查原则在我国尚未真正确立之前，鉴于检察机关实际担负了批准逮捕、复议复核等具有一定司法裁决性质的职权，而且宪法明确规定检察机关履行法律监督职责，进一步完善检察机关在未决羁押撤销、变更机制中的审查作用应该是更为现实的选择。[②] 从完善的角度而言，一方面应当进一步梳理诉讼职权型和诉讼监督型未决羁押撤销、变更机制的区分标准，明确两者适用的先后顺序，诉讼职能型撤销、变更机制应当在适用中处于优先的位置，而检察机关基于诉讼监督职能进行的羁押必要性审查则是补充性、最后救济性的手段，更具终局性和权威性；另一方面应当进一步明确检察机关进行羁押必要性审查的司法权属性，增强审查的司法化、诉讼化色彩，增强羁押必要性审查结果的刚性。

---

① 闵春雷：《论审查逮捕程序的诉讼化》，载《法制与社会发展》2016 年第 3 期。

② 杨剑波：《羁押救济制度研究——基于人权视角的分析》，载《政法学刊》2005 年第 2 期。

三、未决羁押撤销、变更的审查方式

（一）域外未决羁押撤销、变更审查方式之考察

在未决羁押撤销、变更机制启动之后，具体采用什么样的方式进行审查，是书面审查的方式还是控辩审三方在场的言词听证方式，抑或兼采两种方式，在很大程度上取决于不同国家在该制度运行中处理公正、效率、权利保障等冲突关系时的不同态度。

1. 大陆法系

传统大陆法系国家和地区在对未决羁押是否应当撤销、变更的审查中往往采取书面审与听审相结合的方式。这样的方式，体现了职权主义诉讼模式下对公权力行使的天然信任态度，使得未决羁押、撤销机制在为被羁押者提供必要权利救济途径的同时兼顾了诉讼效率方面的需求。

在德国，根据其《刑事诉讼法典》第118条、第309条规定：羁押审查时，依犯罪嫌疑人申请或者法院依职权裁量，通过言词审理作出裁决；如果针对逮捕令提出抗告的，对该抗告的裁决不经口头审理，可在适当听取检察官意见后作出裁决，但依犯罪嫌疑人申请或者法院依职权裁量，也可以通过言词审理作出裁决；如果言词审理后继续维持未决羁押的，犯罪嫌疑人只有在未决羁押已经至少执行了3个月，并且自上次言词审理以来至少已经执行了2个月的，才有权再次申请言词审理；对言词审理要毫不迟延地进行，未经犯罪嫌疑人同意不允许安排在收到申请的两周之后进行。在德国，立法赋予了被羁押者较充分的救济权利，只要在羁押存续期限内，被羁押者可任意、重复地提出抗告或羁押审查申请，如果只要被羁押者提出救济申请就要实行言词审理，显然不利于诉讼效率的提高和司法资源的节约。因此，在允许被羁押者重复提出救济申请的同时，对进行言词审理的间隔时间予以必要限制，是调和权利保障和诉讼效率保障矛盾的现实之举。

在法国，原则上要求上诉法院预审庭有关未决羁押撤销、变更

的程序应遵守“对席审理原则”，不过通常情况下采用的是书面程序并且是在评议室进行的，但是如果当事人在提出上诉状或者释放申请时明确提出要求，上诉法院预审庭就必须命令各方当事人亲自出庭，并且在所有情况下，都允许各方当事人的律师作出辩解。①

在具有大陆法系传统的日本，其《刑事诉讼法典》第 92 条规定法院在作出准许保释的裁定或者驳回保释请求的裁定时，应当听取检察官的意见；除检察官提出请求的情形外，法院作出撤销羁押的裁定时，也应当听取检察官的意见。此外，日本《刑事诉讼法典》第 429 条也允许对羁押、保释决定不服的人，向相应的法院请求撤销或变更该项裁定，受理法院的合议庭应当就此作出裁定。因此，日本在未决羁押撤销、变更程序的审查方式上，并未明确要求听证的方式，而是允许法官仅依据书面材料审查作出裁定。

在俄罗斯，对法官同意选择羁押作为强制处分的裁决，权利人可以在作出裁决之日起的 3 日内依照第二上诉审程序向上级法院提出上诉；第二上诉审法院最迟在收到上诉或抗诉之日起的 3 日内对上诉作出裁判；在此期限后，权利人还可以通过监督程序对法官裁决是否合法有据提出申诉。② 依据俄罗斯《刑事诉讼法典》第四十五章、第四十八章相关规定，在第二上诉审程序和监督审程序中均实行开庭审理的方式。其中，在第二上诉审程序中，被羁押人申请在审理时出庭的，有权直接出庭或者通过电视电话会议系统参加审判庭叙述自己的立场。③

在我国台湾地区，根据其“刑事诉讼法”第 403 条规定，当事人对于法院羁押被告的裁定不服的，有权依一般的救济途径向上级法院提出抗告；同时，根据其“刑事诉讼法”第 107 条、第 110

---

① ［法］贝尔纳·布洛克：《法国刑事诉讼法》，罗结珍译，中国政法大学出版社 2009 年版，第 414 页。

② ［俄］K. Ф. 古岑科主编：《俄罗斯刑事诉讼教程》，黄道秀等译，中国人民公安大学出版社 2007 年版，第 250 页。

③ 俄罗斯《刑事诉讼法典》第 376 条第 3 款。

条规定，被告人、辩护人、被告人辅佐人及检察官有权向法院提出撤销羁押、停止羁押的声请。在审查方式上，对羁押裁定的抗告以书面审理为原则，而撤销、停止羁押声请的审理方式除书面审外，也可以言词方式进行。①

从上述国家和地区有关未决羁押撤销、变更审查方式的具体规定来看，多数并未采用一律听证的方式，而是允许采用书面审的方式，或者对采用听证方式的频率作了必要限制。但值得注意的是，在审查方式的选择上，有国家对被羁押者的选择权给予了特别重视。例如，在德国和法国，只要权利人提出了对席审理的要求，法院必须采用言词审理的方式审查未决羁押是否存续的问题；在俄罗斯，如果被羁押人提出出庭申请，法院也应当保障其直接出庭或以其他方式参与庭审的权利。这一做法，从保障被羁押者诉讼参与权、辩护权行使的角度而言显然是更为有利的。

2. 英美法系

英美法系国家和地区在对未决羁押撤销、变更事项的审查，特别是是否保释的审查程序中，多数情况下采用言词审理的方式，但也存在不进行听审、被羁押人不出庭等例外情形。

在英国，和法院程序的其他方面一样，保释程序也是一个抗辩程序。② 在被羁押者是否于听证时在场的问题上，英国经历了变化的过程。之前英国要求在每周一次的还押审查时被指控者都必须在场，鉴于该做法在诉讼效率等方面的弊端，英国《1982 年刑事司法法》增加了被指控人有代理人情况下允许在被指控人不出庭情况下还押羁押最多达 28 日的规定。③ 在理论上，控方和辩方各派

---

① 林钰雄：《刑事诉讼法（上册　总论编）》，中国人民大学出版社 2005 年版，第 297 页。

② ［英］麦高伟、杰弗里·威尔逊主编：《英国刑事司法程序》，姚永吉等译，法律出版社 2003 年版，第 115 页。

③ ［英］约翰·斯普莱克：《英国刑事诉讼程序（第 9 版）》，徐美君、杨立涛译，中国人民大学出版社 2009 年版，第 115 页。

代理人出庭，法官根据他们提供的信息独立裁判，然而多数案件的现实和理想相距遥远——由于控方和辩方已经达成一致，因而大多数保释并无争议，而且往往控方的看法对保释或羁押的决定具有支配地位。①

在美国，在被告人被逮捕后的初次到庭程序中，法官往往针对逮捕是否存在可能性根据以及案件诉讼期间内被告人是否以及在什么条件下被释放等问题作出裁决②，对这两个问题的裁决都可能导致释放被告人的结果。美国联邦最高法院曾作出裁决，指出逮捕的可能性根据裁定无须举行抗辩听证会，法官根据警察提供的书面资料作出决定的非正式程序，就足以裁定认为嫌疑人犯了所指控的罪行是否具有可能性根据。③ 在初次到庭程序中，除被告人到庭外，如果其有辩护人，辩护人也可以出庭发表意见。在其后有关保释问题的审查上，美国并不要求一律采用听审的方式。“听审一般发生在公诉方要求羁押，辩护方要求保释，或者控辩双方对保释金数额争执不一，或者被告人不符合权利保释的条件而又提出申请的情况下才会出现……如果双方达成一致协议，提交给法官，一般情况下，只要协议是双方自愿达成，法官就不会举行听审，稍加审查后会同意保释，并认可双方达成保释金额及其他附加条件。如果双方分歧很大，很难达成一致意见，那么控辩双方就要在法官的主持下，举行一个保释听审程序，以决定是否对嫌疑人进行保释。”④

在加拿大，对被追诉者是否予以审前释放也是由中立的法官作出决定的，其保释程序呈现为与正式的诉讼程序相类似的三方构

① ［英］麦高伟、杰弗里·威尔逊：《英国刑事司法程序》，姚永吉等译，法律出版社 2003 年版，第 115-116 页。

② ［美］爱伦·豪切斯泰勒·斯黛丽、南希·弗兰克：《美国刑事法院诉讼程序》，陈卫东、徐美君译，中国人民大学出版社 2002 年版，第 333 页。

③ ［美］爱伦·豪切斯泰勒·斯黛丽、南希·弗兰克：《美国刑事法院诉讼程序》，陈卫东、徐美君译，中国人民大学出版社 2002 年版，第 334 页。

④ 郭天武：《保释制度研究》，西南政法大学 2005 年博士学位论文，第 61 页。

造：如果控方认为不应在审前释放被追诉者而应予以羁押，则应在逮捕后尽快将被告人带至法官面前，由法官决定羁押还是保释；在法官审查的程序中，首先由检察官提出与指控犯罪有关的证据，出示被告人的犯罪记录（如果有的话），然后提出应当羁押的理由，并给予被告人反驳的机会，法官则在此基础上作出是否保释的决定。[①] 因此，加拿大在未决羁押撤销、变更的审查上是实行听证的方式。

从上述大陆法系和英美法系多个国家、地区有关未决羁押撤销、变更的审查方式来看，较之作出羁押决定时一律要求法官进行言词审理的方式，前者对于听审的要求相对较弱，并不都是通过控辩双方在场的言词辩论方式进行审查，而是尽可能兼顾权利救济与诉讼效率的双重目标，一方面允许法官采用双面审的方式进行审查，另一方面也赋予被羁押人要求言词审理的必要权利。

（二）我国未决羁押撤销、变更审查方式的立法与实践

我国《刑事诉讼法》第95条至第99条有关未决羁押撤销、变更机制的规定中，并未对审查主体进行审查的方式作出具体规定。例如，《刑事诉讼法》第97条规定："犯罪嫌疑人、被告人及其法定代理人、近亲属或者辩护人有权申请变更强制措施。人民法院、人民检察院和公安机关收到申请后，应当在三日以内作出决定；不同意变更强制措施的，应当告知申请人，并说明不同意的理由。"但对于具体通过什么程序作出决定，该条规定并未明确。

对于诉讼职能型未决羁押撤销、变更机制的审查方式，最高人民法院《解释》、最高人民检察院《规则》及公安部《规定》细化程度有限，在相关条文表述上和《刑事诉讼法》基本一样。例如，对于申请变更强制措施的审查，公安部《规定》第160条规定："犯罪嫌疑人及其法定代理人、近亲属或者辩护人有权申请变更强

---

① 宋英辉、何挺：《我国取保候审制度之完善——以加拿大的保释制度为借鉴》，载《法学评论》2007年第5期。

制措施。公安机关应当在收到申请后三日以内作出决定；不同意变更强制措施的，应当告知申请人，并说明理由。”这和上述《刑事诉讼法》第97条规定基本无异。最高人民检察院《规则》第151条则规定：“犯罪嫌疑人及其法定代理人、近亲属或者辩护人向人民检察院提出变更强制措施申请的，人民检察院应当在收到申请后三日以内作出决定。经审查，同意变更强制措施的，应当在作出决定的同时通知公安机关执行；不同意变更强制措施的，应当书面告知申请人，并说明不同意的理由。犯罪嫌疑人及其法定代理人、近亲属或者辩护人提出变更强制措施申请的，应当说明理由，有证据和其他材料的，应当附上相关材料。”该条规定增加了被追诉人方提出变更申请的程序要求，但对检察机关进行审查的具体方式同样未予规定。从诉讼职能型未决羁押撤销、变更机制审查方式的实践做法来看，“无论是由公检法机关自行实施的，还是由被羁押者一方申请提出的，都采取了典型的行政化的救济方式……重新审查的程序是行政式的，也就是通过阅卷和调查作出单方面的决定，而从不采取由控辩双方同时参与的对席辩论式的司法程序”①。

对于诉讼监督型未决羁押撤销、变更机制的审查方式，最高人民检察院《规则》及相关司法解释的规定经历了逐步细化、调整的一个过程。2016年印发的《羁押必要性审查案件规定》第13条在2012年最高人民检察院《规则》第620条的基础上对羁押必要性审查的方式作了较具体的规定：“人民检察院进行羁押必要性审查，可以采取以下方式：（一）审查犯罪嫌疑人、被告人不需要继续羁押的理由和证明材料；（二）听取犯罪嫌疑人、被告人及其法定代理人、辩护人的意见；（三）听取被害人及其法定代理人、诉讼代理人的意见，了解是否达成和解协议；（四）听取现阶段办案机关的意见；（五）听取侦查监督部门或者公诉部门的意见；（六）调查核实

① 陈瑞华：《未决羁押制度的理论反思》，载《中国法学》2002年第5期。

犯罪嫌疑人、被告人的身体状况；（七）其他方式。”同时，该规定第 14 条首次提出：“人民检察院可以对羁押必要性审查案件进行公开审查。但是，涉及国家秘密、商业秘密、个人隐私的案件除外。公开审查可以邀请与案件没有利害关系的人大代表、政协委员、人民监督员、特约检察员参加。”2019 年 12 月出台的最高人民检察院《规则》第 577 条基本延续了上述关于审查方式的规定，也提出了“必要时，可以依照有关规定进行公开审查”。从实践情况看，各地在羁押必要性审查案件中开展听证等方式进行公开审查的案例屡有报道，也有羁押必要性审查方面的实证研究项目重点就听证方式进行了试验。例如，在中国人民大学诉讼制度与司法改革研究中心与 A 省 W 市联合进行的为期 2 年的试点研究中，一大亮点就是设置听证制度；在整个试点过程中，A 县检察院提出释放或者变更强制措施建议 50 件 50 人，其中采取听证形式审查的有 9 件 9 人，占 18%；W 市共提出释放或变更强制措施建议 265 件 265 人，其中 38 件 38 人举行了公开听证，占 14.3%。① 而从最高检层面来看，羁押必要性审查召开公开听证会的方式也得到充分肯定，在其公布的第十批涉疫典型案例中专门提道：“羁押必要性审查可采取公开听证的方式进行，实现以公开促公正、以公正促公信，有利于化解矛盾，促成谅解，降低影响社会稳定的消极因素，依法维护、保障民营企业合法权益，以利其生产经营。”②

（三）对我国未决羁押撤销、变更审查方式的完善

从实然层面来看，我国未决羁押撤销、变更的审查主体难以在短时间内出现大的调整，这种情况下审查方式、审查程序的选择尤显重要。长期以来，我国在未决羁押撤销、变更事项的审查上主要采取内部行政化审批的方式，呈现出司法属性淡薄、审查过程封

① 陈卫东：《羁押必要性审查制度试点研究报告》，载《法学研究》2018 年第 2 期。

② 《全国检察机关依法办理涉新冠肺炎疫情典型案例（第十批）》，载最高人民检察院网，https://baijiahao.baidu.com/s? id=1664184457103584805&wfr=spider&for=pc。

闭、信息来源单一等突出问题，不仅达不到兼听则明的效果，也不利于消解被羁押者的不满、不服情绪。未决羁押作为对被追诉人最严厉的一种强制措施，是对公民人身自由这一宪法权利和基本权利的重大干预，在其适用决定作出之时以及作出之后的审查中理应选择最有利于权利保障、最能体现程序正当性的诉讼化、司法化方式进行。“刑事程序的诉讼化（司法化），主要是依照诉讼的特有规律实现对程序的设计，表现为控辩双方充分平等地参与以及裁判者的中立性，以区别于行政化的决定模式。”① 最高人民检察院《“十三五”时期检察工作发展规划纲要》已明确将“围绕审查逮捕向司法审查转型，探索建立诉讼式机制”作为一项改革目标，最高检领导也认为逮捕的诉讼化转型具有符合审查逮捕的司法属性、契合司法责任制改革的内在要求以及顺应国际人权保障主流趋势等多项积极意义。② 与作出逮捕决定相比，逮捕后能否依法撤销、变更不合法、不必要的未决羁押对被追诉人而言同样关系重大，长远来看未决羁押撤销、变更机制审查方式的诉讼化改造同样势在必行，但考虑到目前诉讼职权型和诉讼监督型两种途径的差异性，仍有必要在审查方式上作适当的区分。此外，在未决羁押撤销、变更审查方式的确定上，还要考虑诉讼效率、司法资源的问题。如果对被羁押人申请救济的频率不作严苛的限制，允许其在未决羁押存续期内持续提出撤销、变更未决羁押的申请，在审查方式的选择上就不能一味强调言词审理的方式，否则很可能造成司法资源的巨大浪费，也有碍于诉讼的顺利进行。从上述域外情况的考察也可以看到，多数国家、地区在未决羁押撤销、变更机制审查方式的确定中并未一律要求言词听证的方式，而是兼顾了对诉讼效率的追求。基于上述认识，对未决羁押撤销、变更机制中的审查方式可以作以下规定：

一方面，对于诉讼职权型未决羁押的撤销、变更而言，本身就

① 闵春雷：《论审查逮捕程序的诉讼化》，载《法制与社会发展》2016 年第 3 期。

② 孙谦：《司法改革背景下逮捕的若干问题研究》，载《中国法学》2017 年第 3 期。

是决定机关对自己所作未决羁押决定的一种复查，仅有决定机关和适用对象两方主体，缺乏采用诉讼化、司法化审查方式的必要基础。同时，这种诉讼职权型的未决羁押撤销、变更机制，在适用顺序上优先于诉讼监督型的未决羁押撤销、变更机制，相对而言更具备救济的直接性、及时性以及快捷性等特点。因此，在这一类型撤销、变更机制审查方式的确定上，有必要突出其在诉讼效率方面不同于诉讼监督型机制的特殊性。因此笔者认为，在诉讼职权型未决羁押撤销、变更机制的审查方式上可以继续维持原来书面审的方式，但是为了增强这种审查的有效性、说服力，应当在立法上对决定机关进行审查的方式、审查的期限、审查依据的材料以及审查结论的说理、告知等事项作出更为明确的规定。例如，可以要求审查机关在审查过程中应当亲自讯问被羁押人，当面或采用视频提讯等方式听取其陈述和意见，被羁押人的辩护人、近亲属提出要求的，应当当面或书面听取他们的意见等。

另一方面，对于诉讼监督型未决羁押的撤销、变更机制而言，它是针对未决羁押问题进行救济的最终手段，由行使法律监督职能的检察机关充当审查主体，审查对象主要是公安机关、人民法院所适用的未决羁押措施，因此具备采用诉讼化、司法化构造的必要基础。从目前多地的实践情况来看，在这种诉讼监督型未决羁押撤销、变更机制中采用听证这种言词审查方式具有明显优势，“不但有利于促进羁押必要性审查工作顺利进行，而且有利于保障审查工作的民主性、公开性，使社会公众深入了解审查工作并予以理解和支持，也有利于减低办案风险，调动有关办案人员的积极性，最终减少审查过程中可能存在的阻力，为充分保障被羁押人员的合法权益创造条件”①。不过，承认听证方式具有优势并不意味着所有诉讼监督型未决羁押撤销、变更案件都应当采用这种方式。基于诉讼

① 陈卫东：《羁押必要性审查制度试点研究报告》，载《法学研究》2018 年第 2 期。

效率的必要考虑，如果检察机关和办案机关（部门）对于是否存在继续羁押的必要没有大的分歧，被羁押人没有提出采用言词审理申请的，也不存在案情重大、复杂或影响广泛等特殊因素的，就没有必要采用听证的方式进行审查。相反，如果存在被羁押人提出了言词审理的申请，或者检察机关与办案机关（部门）就是否需要继续羁押存在重大意见分歧的，或者存在案情重大、复杂或影响广泛等情形，则应当进行听证等言词审理的方式，在检察机关主持之下，由被羁押人及其辩护人、法定代理人或者近亲属，办案机关（部门）代表以及被害人及其法定代理人、诉讼代理人或者近亲属等各方在场，采用言词辩论的方式就是否存在继续羁押的必要进行审查。同时，对于这种言词听证的方式是否需要公开进行，是否需要邀请其他机构、人员到场参加，应当根据个案情况予以确定。

四、未决羁押撤销、变更审查结果的再救济

从性质上来说，未决羁押撤销、变更机制本身即属于整个未决羁押制度中的救济制度，是解决未决羁押适用中被羁押人要求释放、要求变更为其他强制措施等权利救济需求的基本途径。但与此同时，未决羁押撤销、变更机制中的各项权利诉求同样存在是否需要再救济的问题。[①] 从域外多个国家、地区的未决羁押撤销、变更机制来看，因为同时存在多种权利救济渠道，对其中某一项渠道是否再设置二次救济的途径，并没有相对一致的规定与做法。

（一）域外未决羁押撤销、变更审查结果再救济之考察

1. 大陆法系

在大陆法系国家和地区，一般赋予被羁押人就法官所作的适用未决羁押以及不予撤销、变更未决羁押的裁定再向上级法院提出上

① “再救济”事实上包含两种情况：一种是广义的情形，只要是对未决羁押问题的再审查，不论审查主体是否同一，都属于再救济的范围；另一种是狭义的或严格意义上的情形，即只有上级审查主体对未决羁押问题的审查才属于再救济的范围。本部分主要从狭义的角度论述再救济的问题。

诉、抗告的权利，针对上诉、准抗告的结果往往可以提起再上诉或再抗告，但也有不允许再上诉或再抗告的例外。

在德国，其《刑事诉讼法典》第 304 条第 1 款赋予了被羁押人对法院所作有关未决羁押的裁定提起抗告也就是针对程序问题的上诉的权利。同时，该法第 310 条也赋予了被羁押人就该程序问题进一步上诉的权利："1. 涉及下列情形，对州法院或者根据《法院组织法》第 120 条第 3 款由管辖权的州高等法院所作的（程序问题的）上诉裁定不服的，可以进一步提起（程序问题的）上诉：（1）羁押；（2）暂予收容；（3）根据第 111b 条第 2 款第 111d 条之下的财产扣押所涉金额超过 2 万欧元的。2. 除此之外，对（程序问题的）上诉作出的裁决不得提起进一步异议。"

在法国，依据其《刑事诉讼法典》第 185 条第 1 款和第 186 条第 1 款，检察院和受审查人（在其利益范围内），均可对实行或继续维持先行羁押、延长羁押期间或者撤销羁押的裁定，向上诉法院预审庭提出上诉，不论裁定是由预审法官作出还是自由与羁押法官作出。[①] 依据该法典第 567 条第 2 款，对于上诉法院预审庭的裁决可以向最高司法法院提出上诉，最高司法法官应当在接受案卷之日起 3 个月内作出审理决定，否则应当依职权释放受到指控的人。[②]

在意大利，根据其《刑事诉讼法典》第 310 条和第 311 条的规定，被告人及其辩护人可以针对关于人身预防措施的裁定提出附具理由的上诉，法院自接受文书之日起 20 日内由合议庭经听审后作出裁决；对该裁决，被告人及其辩护人还可以向最高法院上诉，最高法院在收到有关文书后的 30 日以内由合议庭经听审后作出裁决。

在日本，根据其《刑事诉讼法典》第 429 条第 1 款第 2 项规定，对法官作出的羁押、保释裁判不服的人，有权向相应的法院提

---

① ［法］贝尔纳·布洛克：《法国刑事诉讼法》，罗结珍译，中国政法大学出版社 2009 年版，第 414 页。

② ［法］贝尔纳·布洛克：《法国刑事诉讼法》，罗结珍译，中国政法大学出版社 2009 年版，第 409 页。

出准抗告，请求撤销或者变更该项裁判；根据该法典第 43 条以及第 427 条的规定，对准抗告法院所作裁定，不得再抗告。因此，日本并不允许被羁押人在就羁押问题提出准抗告后针对裁判结果再向上一级法院提出准抗告。

在我国台湾地区，依据其“刑事诉讼法”第 403 条、第 404 条，在法院裁定羁押被告后，当事人对于法院的裁定不服的，有权依一般的救济途径抗告于直接上级法院；对于审判长、受命法官、受托法官或检察官所为的关于羁押、具保、责付、限制住居等处分，有权声请所属法院撤销或变更，学说上称为准抗告。[①] 根据台湾地区“刑事诉讼法”第 415 条、第 418 条，除例外情形外，对于抗告、准抗告法院所作的裁定，不得再行抗告。

从大陆法系上述国家和地区的规定来看，德国、法国和意大利都赋予了被羁押人针对法院有关未决羁押裁判进一步上诉的权利，但日本和我国台湾地区并没有规定被羁押人有权就准抗告结果进一步上诉。后一种情形显然减少了被羁押人进一步获得权利救济的可能性，但考虑到大陆法系传统的国家和地区普遍在上诉、准抗告之外规定了未决羁押复查制度，被羁押人在羁押存续期间内享有多次、反复请求复查的权利，这也使得否定再上诉权、再抗告权不会导致被羁押人权利救济产生过大影响，这种做法事实上也兼顾了诉讼效率的考虑。

2. 英美法系

在英美法系国家，未决羁押撤销、变更机制中的再救济问题多数和保释裁判的再救济问题密切相关。

在英国，如果治安法官或刑事法院拒绝保释时，应当说明拒绝的理由，以便申请人能考虑向上级法院提出申请。当治安法官拒绝无辩护律师或事务律师代理人的保释，如果应将该人交付刑事

---

① 林钰雄：《刑事诉讼法（上册　总论编）》，中国人民大学出版社 2005 年版，第 296 页。

审判，应当告知其可以向皇室法院或高等法院申请保释；而向皇室法院和向高等法院提出的保释申请相互独立，即尽管之前曾向皇室法院提出一次不成功的保释申请，高等法院法官还是可以批准保释。[①] 此外，在英国，申请人身保护令也是刑事程序中用以救济未决羁押的一种途径。在1960年之前，依人身保护令进行的诉讼是简易诉讼，没有正式的判决，不能根据纠错令予以审查，但允许申请人根据同样理由连续提出申请。英国议会通过的《1960年司法行政法》废除了申请人提出连续申请的权利，而是允许所有人身保护令案件的申请人对法院作出的裁决提出上诉，由上议院对该上诉进行裁决；上议院所作裁决是终局的，申请人不得再行上诉。[②]

在美国，根据法律规定，如果是治安法官裁定羁押，不准保释，被告人仍可以请求初审法院复审，要求撤销羁押裁定；对于该复审请求，初审法院一般都会在尽可能短的时间内对治安法官的裁定作出全面审查；无论对于初审法院首次作出的羁押决定还是复查时作出的羁押决定，被告人都有上诉权，接受上诉的法院也应当立即作出裁决。[③]

（二）我国有关未决羁押撤销、变更审查结果再救济的立法与实践

由于我国没有确定严格意义上的未决羁押司法审查制度，不论是诉讼职权型未决羁押撤销、变更机制还是诉讼监督型未决羁押撤销、变更机制都未采用完全诉讼化、司法化的审查方式，对其审查结果也没有规定上诉、准抗告之类的司法性再救济途径。当然，也不能就此得出我国未决羁押撤销、变更机制中完全没有再救济途径的结论。

---

① ［英］约翰·斯普莱克：《英国现实诉讼程序（第9版）》，徐美君、杨立涛译，中国人民大学出版社2009年版，第135页。

② 薛泓：《人身保护令制度研究》，西南政法大学2006年博士学位论文，第42-43页。

③ 郭天武：《保释制度研究》，西南政法大学2005年博士学位论文，第63页。

一方面，从我国《刑事诉讼法》第 95 条至第 99 条有关未决羁押撤销、变更机制的相关规定来看，对犯罪嫌疑人、被告人申请变更强制措施、期限届满后要求解除强制措施等权利都没有规定行使的次数，这也意味着即使第一次申请未获释放或变更强制措施，权利人仍可以反复、多次提出类似申请。此外，根据最高人民检察院《规则》以及《羁押必要性审查案件规定》相关内容，目前对被羁押人申请检察机关进行羁押必要性审查的次数也没有明确限定，这也使得被羁押人申请撤销、变更的权利在整个未决羁押存续期内都存在可能性。

另一方面，我国《刑事诉讼法》第 117 条规定："当事人和辩护人、诉讼代理人、利害关系人对于司法机关及其工作人员有下列行为之一的，有权向该机关申诉或者控告：（一）采取强制措施法定期限届满，不予以释放、解除或者变更的……"该条规定赋予了被羁押人一方在办案机关未及时释放或变更为其他强制措施的情况下提出申诉或抗告的权利，这也使得羁押期限届满的情况下要求解除未决羁押权利诉求得不到支持的被羁押人还有再提出申诉、抗告的机会。但与上述途径类似的是，这种对申诉或抗告的审查仍然是由原机关作出的，难以具备良好的中立性与独立性。

如上所述，我国刑事诉讼中的被羁押人在未决羁押撤销、变更机制中享有一定意义上的再救济可能，即使之前提出的撤销、变更申请遭到否定，也不意味着后续就不能再提出类似的申请。但是这种情形并不属于严格意义上的再救济，被羁押人对于审查机关不予撤销、变更未决羁押的决定并无进一步申请复议、复核的机会，更无提出上诉这一司法救济的可能。例如，《羁押必要性审查案件规定》第 24 条规定："对于依申请立案审查的案件，人民检察院办结后，应当将提出建议和办案机关处理情况，或者有继续羁押必要的审查意见和理由及时书面告知申请人。"依据该规定，在检察机关认为有继续羁押必要的案件中，除了被书面告知审查意见和理由之外，申请人对该审查结论没有获得进一步救济的可能。因此，对于被羁押人而言，只有反复提出变更强制措施申请或提出申诉、控告这两种再救济途径，但这种向同一审查主体反复提出救济申请的方式很可能出现怠于启动审查、惮于纠正自身错误的弊端。从我国司法实践情况来看，“构罪即捕”“一押到底”的情况在刑事诉讼案件中仍然普遍存在，诉讼过程中通过申请或职权启动途径变更强制措施的案件占比很小，这也在一定程度上说明现有权利救济途径并没有发挥很大作用。

（三）完善我国未决羁押撤销、变更审查结果再救济的建议

在未决羁押撤销、变更审查结果的再救济问题上，直接面临犯罪控制与人权保障、司法公正与诉讼效率之间的冲突与平衡关系：如果设置多重再救济途径，显然更有利于被羁押人寻求权利救济，但很可能因为反复审查而延缓诉讼进程，导致诉讼效率的降低；反之，如果不给予被羁押人再救济的权利，自然不会因此出现诉讼拖延或中断的情况，但被羁押人获得权利救济的机会也因此受损。因此，从域外情况来看，不同国家、地区在这个问题上也并未采取整齐划一的做法，有些规定了可以针对未决羁押撤销、变更的审查结果再提起上诉、抗告，而有些则明确规定了不能再行上诉或抗告。但需要注意的是，域外多数国家和地区在未决羁押适用中已经确立“羁押是例外，释放是原则”的基本理念，在未决羁押状态中待审的犯罪嫌疑人、被告人只占少数；同时，多数国家、地区都在撤销、变更审查中实行司法审查制度，审查主体具有必要的中立性、独立性；而且，在否定再上诉、再抗告机会的国家和地区，往往同时规定了较便利的申请保释、申请停止执行未决羁押制度，这些因素都有助于消减再救济途径缺失的负面影响。

就我国情况而言，在目前的未决羁押撤销、变更审查仍然呈现明显行政化、内部化且多数缺乏对席辩论机会的情况下，再救济途径的缺乏进一步弱化了被羁押者获得有效救济的可能性。为了更好地实现被羁押人的权利保障和权利救济，有必要对未决羁押撤销、变更机制中的再救济途径予以健全和优化。对于不服不予变更强制

措施决定的被羁押人，应当赋予其向上一级办案机关提出复核的权利；对于不服检察机关羁押必要性审查结果的被羁押人，也应当赋予其向上一级检察机关提出复核的权利。[①] 而从长远发展的角度来看，在未决羁押撤销、变更机制中真正确立司法审查制度以后，应当为被羁押的犯罪嫌疑人、被告人提供针对司法审查结果再提出上诉的机会，这种诉讼化的司法救济方式更有利于扭转过去行政化、审批式救济方式的缺陷。当然，在实现救济方式司法化、诉讼化转型的同时，也需要兼顾诉讼效率的问题，可以采取限制被羁押人提出申请的频率、次数等方式减少权利救济对正常诉讼进程的影响。

① 孙谦：《司法改革背景下逮捕的若干问题研究》，载《中国法学》2017 年第 3 期。

第五章　未决羁押撤销、变更中的律师帮助

“由于被刑事指控者往往处于自由受到严重限制的被羁押状态，其所面对的是强大的国家公权，同时也由于现代诉讼是一种极其复杂的程序设计，需要专门的知识和技巧。可以说，如果没有律师的帮助，被刑事追究者就不可能在与刑事追究者或指控者对等的意义上充分有效地实现自己的辩护权。”① 在犯罪嫌疑人、被告人已被作出羁押决定，在试图撤销、变更该未决羁押的过程中，律师帮助的重要性尤为凸显。甚至可以说，被羁押人能否获得及时、有效的律师帮助，直接关系到其获得权利救济的可能性。

一、域外有关未决羁押撤销、变更中律师帮助之考察

从域外规定来看，刑事诉讼中的被羁押人享有获得律师帮助的权利已经成为普遍肯认的刑事司法准则之一，但被羁押人在未决羁押撤销、变更申请与审查中是否有权获得免费的法律帮助则并不存在整齐划一的做法。

联合国《公民权利和政治权利国际公约》第 14 条第 3 款第 2 项、第 4 项规定：“审判被控刑事罪时，被告一律有权平等享受下列最低限度之保障：……（2）给予充分之时间及便利，准备答辩并与其选任之辩护人联络……（4）到庭受审，及亲自答辩或由其

① 张志铭：《关于被刑事追究者获得律师帮助的权利——国际标准与国内立法之比较》，载《人权》2006 年第 6 期。

选任辩护人答辩；未经选任辩护人者，应告以有此权利；法院认为司法利益有此需要时，应为其指定公设辩护人，如被告无资力酬偿，得免付之。”① 据此，受到刑事指控的人都有权获得辩护人的帮助，但根据该款第 4 项，为被告人提供免费法律帮助的要求仅适用于审判阶段，并不明确是否适用于未决羁押撤销、变更审查程序之中。在伊斯特拉诉乌拉圭案②中，联合国人权事务委员会拒绝了乌拉圭主张的只有在提起公诉后才可以申请刑事法律援助的主张。这暗含着被告人有权先于审判获得法律帮助，即不仅在审判中应当获得法律援助，在审判开始之前的司法程序中也应当获得援助。不过这种权利是否在拘留后立即有效仍不明确。③ 而在联合国 1988 年通过的《保护所有遭受任何形式拘留或监禁的人的原则》第 17 条则规定：“1. 被拘留人应有权获得法律顾问的协助。主管当局应在其被捕后及时告知其该项权利，并向其提供行使该权利的适当便利。2. 被拘留人如未自行选择法律顾问，则在司法利益有此需要的一切情况下，应有权获得由司法当局或其他当局指派的法律顾问，如无充分的支付能力，则无须支付。”该条规定首次明确了被拘禁人获得法律援助的权利，并将该项权利限定在“司法利益有此需要”这一情形之下。联合国 1990 年通过的《关于律师作用的基本原则》第 6 条、第 7 条分别规定：“任何没有律师的人在司法需要情况下均有权获得按犯罪性质指派给他的一名有经验和能力的律师以便得到有效的法律协助，如果他无足够力量为此种服务支付费用，可不交费”；“各国政府还应确保，被逮捕或拘留的所有人，无论是否受到刑事指控，均应迅速得到机会与一名律师联系，不管何种情况下至迟不得超过自逮捕或拘留之时起的四十八小时。”

① 联合国，www.un.org/zh/documents/treaty/files/A-RES-2200-XXI-2.shtml，最后访问日期：2020 年 11 月 20 日。

② Angle Estrella v. Uruguay Communication, No.110/1981.

③ 彭锡华：《法律援助的国家责任——从国际人权法的视角考察》，载《法学评论》2006 年第 3 期。

2013年《关于在刑事司法系统中获得法律援助机会的原则和准则》是联合国层面对刑事法律援助问题所提出的最新、最全的标准。该文件指出："法律援助是以法治为依据的公正、人道和高效的刑事司法系统的一个基本要件。法律援助是享有《世界人权宣言》第11条第1款所界定的其他权利包括公正审判权的基石，是行使这类权利的一个先决条件，并且是确保刑事司法程序基本公正而且得到公众信任的一个重要保障。"该文件明确指出："'法律援助'一词包括向被拘留者、被逮捕者或被监禁者、涉嫌或被控告或被指控刑事犯罪者以及向刑事司法程序中的受害人和证人提供法律咨询、援助和诉讼代理，对于没有足够的经济手段者或在司法利益有此需要时将免费提供"，"国家应当确保被拘留者、被逮捕者、涉嫌或被控可处以徒刑或死刑的刑事犯罪者在刑事司法程序各阶段均有权得到法律援助。"因此，从联合国文件的标准而言：一方面，要求各国允许因涉嫌犯罪而被拘留和逮捕的人咨询律师；另一方面，设定了在刑事审判阶段提供法律援助的最低标准，同时也鼓励、倡导为被拘留者、被逮捕者提供免费的法律援助这一做法。

《欧洲人权公约》第6条第3款c项规定："被诉某种刑事违法行为的每一个人都享有下列最低限度的权利：……c. 亲自或者通过他自己所选择的法律帮助来进行辩护，或者，如果他不具有支付法律帮助的足够财力，则在司法利益如此要求时无偿给予法律帮助……"传统上，欧洲人权法院认为该条款主要用于保障被追诉人获得公正审判的权利。而就审前阶段限制律师帮助权是否会侵害公正审判权的问题，欧洲人权法院之前长期持整体平衡的标准，认为只要不影响程序的公正性，相关限制造成的损害就可以在事后予以补救，但从萨多斯诉土耳其案①以后，欧洲人权法院逐渐摒弃整体平衡的标准，而开始采取更为严格的标准。② 欧洲人权法院大法

① ECtHR, Salduz v. Turkey, 36391/02 [2008].

② 陈苏豪：《侦查初期律师帮助权的欧洲标准及其启示——以欧洲人权法院萨多斯诉土耳其案为中心的分析》，载《交大法学》2019年第2期。

庭在此案裁决中指出：犯罪嫌疑人自第一次被警察讯问起就应当获得律师帮助，除非在个案中有迫不得已的理由限制此项权利，即使有充分的理由可以在例外的情形下阻止犯罪嫌疑人获得律师帮助，但无论如何这样的限制都不能过度妨碍犯罪嫌疑人就《欧洲人权公约》第6条所享有的权利。[①] 在这一案件的基础上，欧洲人权法院在其后100多个案件中进一步巩固和发展了相关规则，形成了更加明确的“萨多斯规则体系（Salduz Jurisprudence）”。与此同时，欧盟在2009年采取了一项旨在加强刑事被追诉人程序性权利的计划：其中，就律师帮助权的告知，规定有关部门应当立即向被逮捕或羁押的犯罪嫌疑人告知其有获得律师帮助，获得免费法律咨询的权利及条件；就律师帮助权的范围，认为犯罪嫌疑人有权获得全方位的法律帮助，而不限于在讯问时获得法律建议。[②] 因此，从欧盟的范围来看，已经逐步确立一套关于侦查初期律师帮助权的国际标准，这一标准着重保障犯罪嫌疑人在讯问时获得律师法律帮助的权利，但有向其他法律帮助事项进行拓展的趋势。[③]

从两大法系多个国家和地区的规定来看，在未决羁押撤销、变更申请及审查中的律师帮助及法律援助问题上也有着不一样的规定和做法。

1. 大陆法系

在法国，上诉法院预审庭在对有关未决羁押的上诉案件进行审理前，应当至少在48小时前通知当事人和他们的律师；在这种上诉案件的审理中，当事人可以要求亲自出庭，否则即由其律师代理出庭。[④] 法国2002年9月9日在《刑事诉讼法典》中增加了第148-

① ECtHR, Salduz v. Turkey, 36391 /02［2008］, para.55.

② ECtHR, Dayanan v. Turkey, 7377 /03［2009］, para. 32.

③ 陈苏豪：《侦查初期律师帮助权的欧洲标准及其启示——以欧洲人权法院萨多斯诉土耳其案为中心的分析》，载《交大法学》2019年第2期。

④ 参见［法］贝尔纳·布洛克：《法国刑事诉讼法》，罗结珍译，中国政法大学出版社2009年版，第408-409页。

1-1条规定，设置了有利于控诉方的针对羁押事由的紧急审理程序。在该程序中，当事人及其律师可以提出其认为必要的书面辩解；如果律师提出请求，上诉法院第一院长可以在办公室主持开庭。① 可见，法国在未决羁押撤销、变更审查中允许律师介入提供法律帮助，在开庭审理的情况下律师有权在场提出辩解。在法律援助方面，法国2011年修订了《刑事诉讼法典》第63-3-1条、第63-4-2条等规定，改变了过去只能在拘留20小时后被拘留人才能会见律师的做法。依据新条文规定：自拘留开始，当事人即可要求得到一名律师协助；如果当事人自己不能指定律师，或者无法与其指定的律师联系，可以请求由律师公会会长依职权为其指定一名律师；律师可以在能够保证谈话秘密的条件下与被拘留人交谈，谈话时间不得超过30分钟；律师可以查阅有关笔录；被拘留人可以请求在听取其陈述以及进行对质时有律师在场，但是如果案件存在调查的紧迫性等特殊情形，应司法警察警官的请求，检察官或者自由与羁押法官有权以说明理由的书面决定批准推迟律师参与案件的时间。但上述权利仅限于犯罪嫌疑人被拘留的情况。② 为了符合《欧洲人权公约》第6条的规定，法国最高法院又规定，法官在法律没有规定的情况下，也可以主动向诉讼当事人建议辩护人。③

在德国，根据其《刑事诉讼法典》第137条规定："犯罪嫌疑人可以在程序的任何阶段由辩护人进行辅佐，选任的辩护人不得超过3人；犯罪嫌疑人有法定代理人的，法定代理人也可以独立选任辩护人。"德国并没有赋予犯罪嫌疑人、被告人获得免费辩护的一

---

① 参见［法］贝尔纳·布洛克：《法国刑事诉讼法》，罗结珍译，中国政法大学出版社2009年版，第414页。

② 顾永忠主编：《刑事法律援助的中国实践与国际视野》，北京大学出版社2013年版，第388页。

③ 顾永忠主编：《刑事法律援助的中国实践与国际视野》，北京大学出版社2013年版，第388页。

般权利，[①] 但其在 2009 年的法律修改中增加了第 140 条第 1 款第 4 项、第 5 项，规定了被追诉人羁押状态下的强制辩护制度："符合下列情形的，须有辩护人参与诉讼：……（4）依据第 112 条和第 112a 条的规定对犯罪嫌疑人实行待审羁押，或者依据第 126a 条或者第 275a 条第 6 款的规定对犯罪嫌疑人实行暂予收容的；（5）根据法官的命令或者在法官的批准下，犯罪嫌疑人已经羁押了至少 3 个月，并且至少是在审判开始 2 周前不会被释放……"同时，根据该法典第 142 条第 1 款，犯罪嫌疑人还享有在一定期限内自行提名指定辩护人的机会。

在日本，其《宪法》第 34 条规定保障在押犯罪嫌疑人、被告人的辩护委托权，《刑事诉讼法典》第 30 条第 1 款也规定犯罪嫌疑人不论是否被羁押，都有辩护人委托权。1990 年日本法律扶助协会开始设立"刑事犯罪嫌疑人辩护人援助制度"，为无力聘请辩护人的犯罪嫌疑人提供法律援助。2004 年后日本建立了对在押犯罪嫌疑人的国选辩护人制度。在 2016 年的《刑事诉讼法典》修改中，国选辩护人制度进一步扩大到包括犯罪嫌疑人"被签发逮捕证"等在内的所有案件，侦查阶段的辩护制度本身出现了重大转折。[②] 在日本，辩护人具有开示逮捕理由请求权、撤销逮捕请求权、对逮捕的准抗告权、对限制会见等处分的准抗告权以及讯问时在场权等。

在俄罗斯，一个人（在宣布起诉前）被适用任何强制处分就会成为犯罪嫌疑人，但只有被适用羁押这一强制处分时辩护人才能介入。[③] 根据俄罗斯《联邦刑事诉讼法典》第 52 条规定，辩护人

---

① ［德］托马斯·魏根特：《德国刑事诉讼程序》，岳礼玲、温小洁译，中国政法大学出版社 2004 年版，第 52-66 页。

② ［日］田口守一：《刑事诉讼法（第 7 版）》，张凌、于秀峰译，法律出版社 2019 年版，第 179 页。

③ ［俄］K. Ф. 古岑科主编：《俄罗斯刑事诉讼教程》，黄道秀等译，中国人民公安大学出版社 2007 年版，第 166 页。

的职能权限包括会见权、阅卷权、讯问时在场权，实施侦查行为时在场权，对调查官、侦查官、检察官、法院的诉讼行为提起上诉并参与法庭对此的审理等。在法律援助方面，该法典第51条规定了犯罪嫌疑人、刑事被告人是未成年人的，犯罪嫌疑人、刑事被告人不通晓在刑事案件诉讼程序中应用的语言，被指控实施犯罪的行为人因该指控可能被判处15年以上剥夺自由刑、终身剥夺自由刑或者死刑的，刑事案件应当由陪审法庭参与审理以及案件遵循简易程序进行调查等辩护人必须参与刑事诉讼的8种情形，也就是俄罗斯刑事案件中应当指定辩护的范围。从该条规定可以看出，俄罗斯并未针对所有的被羁押犯罪嫌疑人、被告人规定普遍的法律援助制度，而主要在严重刑事案件和未成年人刑事案件中有此设置。

我国台湾地区“刑事诉讼法”第27条规定：“被告有权随时选任辩护人。犯罪嫌疑人受司法警察官或司法警察调查的，亦同”；第34条规定：“辩护人与侦查中受拘提或逮捕之被告或犯罪嫌疑人接见或互通书信，不得限制之。但接见时间不得逾一小时，且以一次为限。接见经过之时间，同为第九十三条之一第一项所定不予计入二十四小时计算之事由。”在法律援助方面，我国台湾地区长期以来仅在法庭审判阶段实行强制辩护制度①。2017年我国台湾地区“刑事诉讼法”增加了第31-1条，专门就羁押审查程序中的指定辩护作出了规定：“侦查中之羁押审查程序未经选任辩护人者，审判长应指定公设辩护人或律师为被告辩护。但等候指定辩护人逾四小时未到场，经被告主动请求讯问者，不在此限。前项选任辩护人无正当理由而不到庭者，审判长得指定公设辩护人或律师。”据此，强制辩护制度扩及侦查中检察官声请羁押、延长羁押、再执行羁押被告的法院审查及救济程序，但是侦查中的羁押审查不包括法院已裁准羁押后的声请撤销羁押、停止羁押、具保、责

① 例外情况是，如果被告或犯罪嫌疑人因精神障碍或其他心智缺陷无法为完全之陈述或具原住民身份者，于侦查中未经选任辩护人，检察官、司法警察官或司法警察应通知依法设立之法律扶助机构指派律师到场为其辩护。

付或限制住居等程序。①

2. 英美法系

在英格兰和威尔士，《1984 年警察与刑事证据法》首次明确赋予了犯罪嫌疑人在刑事诉讼侦查阶段获取法律咨询的法定权利，律师在犯罪嫌疑人接受警察讯问时就有权在场。同时，该法也要求警察在对拘留犯罪嫌疑人进行审查时必须征求律师的意见，但律师在此程序中权利有限，既没有对拘留犯罪嫌疑人的必要性也没有对起诉或保释决定等提出抗议的正式权利。② 在刑事法律援助方面，英国在该项制度确立伊始也仅适用于法庭审判阶段，之后延伸至满足贫弱被追诉人获得法律咨询、帮助及诉讼代理等需求相关的诸多诉讼阶段。《1984 年警察与刑事证据法》引入了一项无须对犯罪嫌疑人进行经济状况和品行调查的免费法律援助方案，由义务律师为犯罪嫌疑人提供 24 小时服务。③ 2012 年 5 月，英国通过并生效的《法律援助、判决和刑事处罚法》对法律援助制度作了重大修改。根据该法，由于刑事追诉被逮捕并羁押在警察局或者其他场所的犯罪嫌疑人，经主管者判断符合法律援助的条件，就有权及时获得法律建议和帮助。④ 从实践情况看，为被羁押者提供法律咨询的费用构成增长中的重要部分，1991 年达到 5000 万英镑，到 20 世纪 90 年代末则上升至 1 亿英镑。⑤

---

① 我国台湾地区“刑事诉讼法”§31－1－条文内容，载法源法律网，https//db.lawbank.com.tw/FLAW/FLAWDOC01.aspx? lsid = FL001445&lno = 31－1，最后访问日期：2020 年 10 月 26 日。

② ［英］麦高伟、杰弗里·威尔逊主编：《英国刑事司法程序》，姚永吉等译，法律出版社 2003 年版，第 91 页。

③ ［英］麦高伟、杰弗里·威尔逊主编：《英国刑事司法程序》，姚永吉等译，法律出版社 2003 年版，第 90 页。

④ 顾永忠主编：《刑事法律援助的中国实践与国际视野》，北京大学出版社 2013 年版，第 357 页。

⑤ ［英］麦高伟、杰弗里·威尔逊主编：《英国刑事司法程序》，姚永吉等译，法律出版社 2003 年版，第 95 页。

美国宪法第六修正案规定了："在一切刑事诉讼中，被告人有权……获得律师帮助为其辩护"，这项权利从1963年开始应用于各州。在美国，刑事法律援助最初仅适用于对被告人提出指控后的庭审程序。其后，通过联邦最高法院的多个判例，逐步确立了贫困被告人有权在"诉讼程序的所有关键性阶段"获得辩护律师帮助的准则。除了庭审程序以外，诉讼中的关键性阶段还包括：在上诉法院的第一次上诉程序①、审前的列队辨认程序②、讯问程序③、预先听证程序④、认罪协商程序⑤以及作出认罪答辩的程序⑥等。因此，美国在保释这一撤销、变更未决羁押的主要环节是否适用法律援助制度，取决于保释决定是否在上述实行强制辩护的环节，例如，是不是在预先听证程序中作出的，并未有非常明确的规定。

在加拿大，根据其《1982年权利和自由宪章》，加拿大公民拥有包括生命权、自由权、人身保障权、聘请和委托律师权以及无罪推定等权利。自布里奇斯（R. v. Brydges）一案后，加拿大最高法院要求所有省级政府拨款设立和运行24小时免费法律咨询热线，任何人自被逮捕或拘留时起均有权秘密进行免费法律咨询。⑦同时，任何被追诉人第一次出庭时均可要求获得当值律师的帮助，当值律师的职责是提供有关检控、法庭审理程序及当事人权利方面的法律咨询，还可以代理当事人参与保释听证及简易认罪答辩。⑧

---

① Douglas v. California, 372 U.S. 353, 355-357 (1963).

② United States v. Wade, 388 U.S. 218, 224 (1967).

③ Hamilton v. Alabama, 368 U.S. 52, 55 (1961).

④ United States v. Ash, 413 U.S. 300, 311 (1973); Coleman v.Alabama, 399 U.S. 1 (1970).

⑤ White v. Maryland, 373 U.S. 59, 60 (1961).

⑥ Iowa v. Tovar, 124 S.Ct. 1379, 1383 (2004); Argersinger v.Hamlin, 407 U.S. 25, 34 (1972); White v. Maryland, 373 U.S.59 (1963).

⑦ 顾永忠主编：《刑事法律援助的中国实践与国际视野》，北京大学出版社2013年版，第430页。

⑧ 顾永忠主编：《刑事法律援助的中国实践与国际视野》，北京大学出版社2013年版，第430页。

从上述域外情况来看，赋予被追诉人在整个刑事诉讼阶段都享有获得律师帮助的权利，同时对因被拘留、逮捕而处于羁押状态的被追诉人的辩护权予以特别保障而赋予其获得免费律师帮助的权利，不仅是国际公约积极要求、倡导的一项重要准则，也成为多个国家和地区立法完善的基本趋势。可以说，被羁押人获得律师帮助，尤其是获得免费律师帮助的权利，其重要性已经得到越来越多的关注和认可，日益成为刑事司法人权保障的一个普遍性做法。

二、我国有关未决羁押撤销、变更中律师帮助的立法与实践

未决羁押撤销、变更机制中的律师帮助问题是整个刑事辩护制度的一个重要组成部分。新中国成立以来，我国刑事辩护制度从确立到发展经历了不断曲折、反复的发展过程，直到 1978 年宪法重新确立了刑事辩护制度的重要法律地位。从我国 1979 年《刑事诉讼法》制定以来，刑事诉讼程序中对被追诉人律师帮助权的保障经历了不断发展、逐步完善的一个过程。

1979 年《刑事诉讼法》对辩护制度作了专章规定，但仅有 5 个条文。根据规定，辩护人只能在审判阶段参与诉讼活动；辩护人享有的诉讼权利极为有限，其中，辩护律师可以查阅本案材料，了解案情，可以同在押的被告人会见和通信，其他辩护人经人民法院许可也可以了解案情，同在押的被告人会见和通信。因此，在 1979 年《刑事诉讼法》施行以后，在审前阶段的被羁押人并不能获得律师帮助，即使到了审判阶段，在当时控辩双方力量对比悬殊、法庭权力过大且不够中立的情况下，被羁押人获得有效律师帮助的情况也不甚乐观。

1996 年《刑事诉讼法》在改革庭审方式、加强控辩对抗的基础上，对辩护制度作了重要改进，提前了律师介入刑事诉讼的时间，扩大了指定辩护的范围，也扩大了律师和其他辩护人的诉讼权利。根据该法第 96 条，犯罪嫌疑人在被侦查机关第一次讯问后或者采取强制措施之日起，可以聘请律师为其提供法律咨询、代理申

诉、控告；犯罪嫌疑人被逮捕的，聘请的律师可以为其申请取保候审。虽然1996年《刑事诉讼法》并未明确侦查阶段介入律师的辩护人地位，但第一次明确规定了介入侦查阶段的律师可以为被羁押人申请取保候审，这也是首次由立法条文对未决羁押撤销、变更机制中的律师帮助问题予以直接肯定。

2012年《刑事诉讼法》针对司法实践中律师“会见难”“阅卷难”“调查取证难”等突出问题作出了重大改革和完善：明确规定了律师在侦查阶段的法律地位是辩护人，并增加规定了辩护律师有权“向侦查机关了解犯罪嫌疑人涉嫌的罪名和案件的有关情况，提出意见”；完善了律师会见程序，规定除特定案件侦查阶段会见需经侦查机关批准外，其他案件一律持“三证”即可会见；进一步扩大了法律援助范围，调整了法律援助案件律师指定方式，并将法律援助适用阶段前延至侦查阶段；扩大了辩护人阅卷的范围，审查起诉阶段阅卷范围从“诉讼文书和鉴定材料”扩大到“案卷材料”；增加规定了对阻碍辩护权利行使的救济机制等。通过2012年这次修法，从侦查阶段开始，被羁押人都可以委托律师提供法律帮助；辩护律师有权与被羁押人会见、通信，有权代理申诉、控告，申请变更强制措施，有权了解案件有关情况、提出意见，也有权进行阅卷、调查取证等。同时，通过法律援助适用范围与阶段的扩大，被羁押人是盲、聋、哑人，尚未完全丧失辨认或者控制自己能力的精神病人，未成年人，或者可能被判处无期徒刑、死刑的，有权自侦查阶段开始就获得免费的法律援助。因此，对于委托了辩护人或者有权获得法律援助辩护律师帮助的被羁押人而言，也获得了在未决羁押撤销、变更环节中得到必要法律帮助的机会。但也可以看出，2012年《刑事诉讼法》并没有赋予被羁押人获得法律援助的一般性权利，在自行委托律师和获得法定法律援助的范围之外，仍有相当一部分被羁押的犯罪嫌疑人、被告人在包括未决羁押撤销、变更环节在内的整个刑事诉讼程序中无法获得律师帮助。根据多项实证调研数据显示，我国刑事案件辩护率长期以来不足30%，有的省甚至仅为12%，全国律师人均办理刑事案件不足3件，且其中还包括法律援助案件。[①] 因此，对于大多数处于未决羁押状态的犯罪嫌疑人、被告人来说，在申请撤销、变更未决羁押的权利救济过程中实际上是缺乏律师帮助的。

2014年，党的十八届四中全会审议通过了《中共中央关于全面推进依法治国若干重大问题的决定》，就刑事司法提出了"推进以审判为中心的诉讼制度改革，确保侦查、审查起诉的案件事实证据经得起法律的检验"的改革要求。"以审判为中心"的诉讼制度改革，其核心要义表现在辩护制度方面就是强调对被告人辩护权的保障，特别是被告人与不利自己的证人当庭对质的权利；强调重视律师的辩护作用，切实保障辩护律师合法权利，认真听取律师辩护意见。[②] 其后，随着速裁程序、认罪认罚从宽制度试点工作的展开，多项有关律师权利保障、法律援助制度的法律文件得以出台，刑事诉讼辩护制度迎来了新的发展阶段：2017年2月，司法部、财政部联合印发《关于律师开展法律援助工作的意见》；2017年4月，最高人民法院、最高人民检察院、司法部联合印发《关于逐步实行律师代理申诉制度的意见》；2017年8月，最高人民法院、最高人民检察院、公安部、国家安全部、司法部联合印发《关于开展法律援助值班律师工作的意见》；2017年10月，最高人民法院、司法部联合印发《关于开展刑事案件律师辩护全覆盖试点工作的办法》。上述法律文件，尤其是关于刑辩律师全覆盖的试点文件，使得试点地区一审、二审以及审判监督程序中的所有被告人都能获得辩护律师或值班律师所提供的必要法律帮助，有助于实质性地解决我国刑事案件律师辩护率低的问题。有数据显示，通过刑事辩护全覆盖试点，广东适用普通程序审理的案件律师辩护率达

① 郝铁川：《刑案律师辩护率何以较低》，载《法制日报》2016年8月4日第7版。

② 卞建林：《以审判为中心：刑事诉讼制度的重大改革》，载《紫光阁》2012年第12期。

92.8%，北京一审案件律师辩护率达95%；截至2018年9月底，第一批8个试点省份扩大通知辩护范围的案件8万多件，超过10万名被告人因此获益。[①] 同时，上述文件中有关值班律师的规定，标志着法律援助值班律师制度被纳入我国司法体制改革的整体框架之中，这也为被羁押人获取法律帮助提供了新的途径。

2018年《刑事诉讼法》在正式确立认罪认罚从宽制度和速裁程序的同时，首次在刑诉法中明确规定了值班律师制度，其第36条规定："法律援助机构可以在人民法院、看守所等场所派驻值班律师。犯罪嫌疑人、被告人没有委托辩护人，法律援助机构没有指派律师为其提供辩护的，由值班律师为犯罪嫌疑人、被告人提供法律咨询、程序选择建议、申请变更强制措施、对案件处理提出意见等法律帮助。人民法院、人民检察院、看守所应当告知犯罪嫌疑人、被告人有权约见值班律师，并为犯罪嫌疑人、被告人约见值班律师提供便利。"根据该条规定，值班律师的定位是"法律帮助者"而非辩护人及其他；值班律师的职责包括法律咨询、程序选择建议、申请变更强制措施以及对案件处理提出意见等，从而区别于辩护律师在诉讼中享有的职权；值班律师的工作模式一般采取"驻点式"，即在法院、看守所等规定场所设置工作站，提供法律帮助。[②] 2020年9月，最高人民法院、最高人民检察院、公安部、国家安全部、司法部联合发布《法律援助值班律师工作办法》，对值班律师工作进一步细化规定，同时废止了2017年《关于开展法律援助值班律师工作的意见》。根据该工作办法第4条规定："公安机关（看守所）、人民检察院、人民法院、司法行政机关应当保障没有辩护人的犯罪嫌疑人、被告人获得值班律师法律帮助的权

① 《最高人民法院、司法部部署扩大刑事案件律师辩护全覆盖和律师调解试点工作》，载最高人民法院网，www.court.gov.cn/zixun-xiangqing-133301.html，最后访问日期：2020年11月20日。

② 陈卫东主编：《2018刑事诉讼法修改条文理解与适用》，中国法制出版社2019年版，第38-40页。

利。”第9条规定：“犯罪嫌疑人、被告人提出申请羁押必要性审查的，值班律师应当告知其取保候审、监视居住、逮捕等强制措施的适用条件和相关法律规定、人民检察院进行羁押必要性审查的程序；犯罪嫌疑人、被告人已经被逮捕的，值班律师可以帮助其向人民检察院提出羁押必要性审查申请，并协助提供相关材料。”可以说，2018年《刑事诉讼法》以及“两高三部”《法律援助值班律师工作办法》的出台，为所有没有辩护人帮助的犯罪嫌疑人、被告人提供了由值班律师提供法律帮助的救济性规定，也使得未决羁押撤销、变更机制中的律师帮助增加了法律援助值班律师这一特定主体，这对进一步强化被羁押人的辩护权保障具有非常积极的意义。

根据上述论述，梳理我国被羁押犯罪嫌疑人、被告人获得律师帮助的具体途径，可以包括被羁押人自行委托辩护律师、被羁押人获得法律援助辩护律师以及被羁押人获得法律援助值班律师的法律帮助这三种可能。从适用阶段来看，处于侦查、审查起诉以及审判阶段的被羁押人均有机会获得上述不同途径的法律帮助。而从不同途径下律师享有的职权来看，委托律师、法律援助辩护律师的职权并无二致，都享有辩护人的诉讼地位，而值班律师并不具有明确的辩护人地位，其在诉讼中享有的权利同委托律师和法律援助律师相比有着一定的限缩。① 就未决羁押撤销、变更机制中的律师帮助问题而言，上述三种途径下的律师都可以为被羁押人申请变更强制措施、提出羁押必要性审查申请，并不存在明显差异。但需要指出的是，在我国长期以来刑事辩护和法律援助辩护的比率均不足30%的情况下，大量被羁押人获得律师帮助的可能性是建立在目前新兴的

① 例如，根据2018年《刑事诉讼法》以及“两高三部”《法律援助值班律师工作办法》的规定，值班律师并不具有代理申诉、控告的权利，没有主动会见在押犯罪嫌疑人、被告人的权利，没有与在押犯罪嫌疑人、被告人通信的权利，自案件移送审查起诉之日起没有向犯罪嫌疑人、被告人核实有关证据的权利，没有调查取证的权利，没有申请人民检察院、人民法院调取证据的权利，等等。

值班律师制度之上的。不可否认，目前关于值班律师诉讼地位的定位仍存在很多争议和分歧，值班律师制度缺乏长效运行机制、值班律师权利缺乏充分保障、律师值班质量难以保证等问题仍然亟待解决。从实践情况来看，值班律师的功能呈现异化倾向，从应然的法律帮助人蜕变为诉讼权力行为合法性的“背书者”，往往并不实质性地参与诉讼程序，只是在签署认罪认罚具结书等重大场合用以证明办案机关办案程序的合法性。① 可以说，该项制度运行现状全面折射出了值班律师角色定位含混、行使职权缺乏必要诉讼权利支撑，以及值班律师职责与收益、风险严重背离等深层问题。在目前这种状况下，寄希望于值班律师能够为被羁押人在未决羁押撤销、变更机制中提供及时、有效的法律帮助，显然不是最理想的方案。

三、完善我国未决羁押撤销、变更机制中律师帮助的建议

为了切实加强被羁押人在未决羁押撤销、变更机制中获得律师帮助的权利，在借鉴域外经验及结合我国本土情况的基础上，针对被羁押人获得律师帮助的上述三种途径有必要从以下方面采取进一步完善的措施：

首先，应当在理念上进一步强调被羁押人获得律师帮助特别是获得免费法律援助的重要意义。“在现代法治社会，没有律师辩护职能的充分发挥，司法公正是难以实现的。”② 我国在 2012 年《刑事诉讼法》修改中对辩护律师介入时间、角色定位以及权利保障等诸多方面的改革完善，在被追诉人的辩护权保障上取得实质进步。2012 年以后值班律师、刑事案件辩护律师全覆盖试点等制度的不断发展，更是让被追诉人获得律师帮助的权利得到高度彰显。但长期以来在“重打击，轻保护”“重实体，轻程序”的理念影响

---

① 汪海燕：《三重悖离：认罪认罚从宽程序中值班律师制度的困境》，载《法学杂志》2019 年第 12 期。

② 熊秋红：《为辩护权辩护（下）——刑事法治视野中的辩护权》，载《法学》2004 年第 1 期。

下，刑事法律援助的适用范围仍相当有限，刑事辩护制度实施性条款、惩罚性条款、救济性条款仍存在明显缺失，被追诉人获得律师帮助的权利仍存在被轻视、被限制乃至被剥夺的情况，这种情况在被追诉人处于羁押状态时则更趋恶化。从今后完善的方向来看，首先应当在理念上加强对被羁押人获得律师帮助权特别是获得免费法律援助的重视程度，应当清醒地意识到羁押状态对被追诉人维护自身合法权益所产生的严重影响，从而为制度层面改善被羁押人的律师帮助权奠定必要基础。

其次，应当进一步加强被羁押人自行委托辩护律师的权利。虽然被羁押人自行委托辩护律师的案件占比较小，但不可否认，委托律师的介入能够为被羁押人提供更全面、更专业的法律帮助，其服务质量在目前的体制环境下具有相对较好的保障。在今后的完善中，有必要进一步明确公安司法机关对于被羁押人辩护权的告知义务，明确权利告知的期限、方式等具体要求，减少甚至避免被羁押人因为不了解法律赋予的权利而丧失获得委托辩护律师机会的可能。与此同时，也有必要通过持续的立法完善不断加强辩护律师的执业权利保障与执业行为规范：一方面，应通过设置刚性的程序制裁机制等方式进一步解决长期困扰辩护实践的会见难、阅卷难、调查取证难的“老三难”问题，及时遏制辩护律师发问难、质证难、辩论难以及辩护意见采纳难等新问题的普遍化态势；另一方面，应当通过完善行为规范、加强业务培训、实施辩护质量评估等方式加强对辩护律师执业行为的规范和监管，从而尽可能减少被羁押人委托了辩护律师但没有获得有效法律帮助的情况出现。

再次，应当进一步扩大被羁押人获得法律援助辩护律师帮助的权利。对于大量无力自行聘请律师的被羁押人而言，依申请或依指定获得免费法律援助辩护律师的帮助，是其改善无律师帮助这一劣势处境的最有效方式。[①] 我国《刑事诉讼法》在2012年修改时，对刑事法律援助制度适用范围、适用阶段以及适用方式都作了大幅修改，使得更多的人能够通过刑事法律援助获得律师帮助，从而更好地维护自己的合法权益。但总体而言，我国的刑事法律援助制度仍存在法定法律援助范围较狭窄，法律援助适用程序较粗疏，对办案机关在保障法律援助权利方面的职责缺乏程序制裁机制，以及对刑事法律援助质量缺乏完备的监控措施等问题。从实践情况看，办案机关存在对于法定法律援助的案件怠于履行通知义务的情况，被追诉人通过申请获得刑事法律援助案件比例偏低，办理刑事法律援助案件的律师资源仍存在较大缺口，而刑事法律援助的案件质量也存在良莠不齐的明显状况。[②] 从今后完善的方向来看，有必要对目前法定法律援助的范围作进一步扩大，如可扩大至“可能被判处10年有期徒刑以上刑罚”的犯罪嫌疑人、被告人的范围。在刑事辩护律师全覆盖试点逐步推广的基础上，也可在条件具备的情况下作更大的拓展，如可以拓展至所有处于未决羁押状态的犯罪嫌疑人、被告人的范围。同时，有必要建立程序制裁机制，对于办案机关应当通知而未通知法律援助机构指派律师的情况应当设置程序无效制度；有必要从中央层面加大刑事法律援助的保障经费，合理调整刑事法律援助律师的补贴额度，制定律师办理法律援助案件复制案卷材料时的复印费应予免费等措施，同时也要对刑事法律援助案件的质量监控设置更为具体、可行的机制，从而切实保障被羁押人获得法律援助辩护律师有效法律帮助的合法权益。

最后，应当进一步完善值班律师制度。从目前的定位来看，值班律师提供的服务也属于法律援助服务这一点已无争议。但和传统的刑事法律援助辩护律师比较，值班律师无疑在诉讼地位、诉讼权

---

① 罗海敏：《论无律师帮助被追诉人之弱势处境及改善——以刑事法律援助制度的完善为视角》，载《政法论坛》2014年第6期。

② 顾永忠、杨剑炜：《我国刑事法律援助的实施现状与对策建议——基于2013年〈刑事诉讼法〉施行以来的考察与思考》，载《法学杂志》2015年第4期。

利以及职权行使方式等诸多方面具有特殊性。如前文所述，在目前委托辩护和法律援助律师辩护的覆盖面难以在短期内极速扩张的情况下，值班律师制度是使被羁押人获得基本法律帮助的最现实途径。但鉴于当前值班律师制度在实践中遇到的困境，要想实现被羁押人经由值班律师的帮助而在未决羁押撤销、变更机制中获得有效的法律帮助，仍需要克服、解决诸多瓶颈问题，尤其是值班律师在刑事诉讼程序中的定位问题。现阶段，对于值班律师的应然定位，理论界和实务界仍有很大争议：有的认为值班律师仅是为当事人提供法律帮助的人，并不是辩护律师；有的认为值班律师并不出庭为被告人辩护，只是“准辩护人”；还有的认为值班律师就是辩护律师，应当承担辩护律师的职责。对于该问题，笔者赞同的观点是，值班律师和法律援助辩护律师的定位应有所不同，值班律师解决的应当是临时性、及时性的法律帮助问题，是为了弥补传统法律援助形式的不足而不是取代传统的法律援助服务方式。[①] 但是考虑到我国法律援助辩护律师短期内尚不能满足实践需求，特别是在认罪认罚从宽制度大范围推行的现实情况下，通过对值班律师功能的必要强化，可以解决犯罪嫌疑人、被告人获得法律帮助的急切需求，“这是当前律师资源有限、发展不平衡等现实条件下实现法律援助全覆盖的合理选择”[②]。从今后发展的方向来看，仍然有必要区分法律援助辩护律师和法律援助值班律师之间的区别，并通过尽可能扩大法律援助辩护律师的适用范围来实现实质性的辩护律师全覆盖目标。未决羁押撤销、变更机制中的律师帮助也同样适用这一方案。因为未决羁押的撤销、变更问题在整个诉讼过程中都可能存在，值班律师仅解决“最初一公里”的问题显然是不够的，将被羁押犯罪嫌疑人、被告人纳入强制辩护的范围，使被羁押人有权获

---

① 吴宏耀：《我国值班律师制度的法律定位及其制度构建》，载《法学杂志》2018年第9期。

② 最高人民法院刑一庭课题组：《刑事诉讼中认罪认罚从宽制度的适用》，载《人民司法》2018年第4期。

得法律援助辩护律师的帮助，仍应当是今后立法完善的基本方向。当然，在此目标实现之前，通过值班律师为被羁押人提供基本的、临时的法律帮助也具有非常现实的积极意义。而在由值班律师为被羁押人提供法律帮助的情况下，要想强化这种法律帮助对改变未决羁押状态的影响，同样需要从值班律师权利保障和值班律师监督管理两个方面着手。对此，“两高三部”《法律援助值班律师工作办法》规定了更为细致的操作规则，虽然该办法更多地关注认罪认罚从宽案件中的值班律师工作机制问题，但切实贯彻、落实其中有关值班律师职责、权利以及质量监管等方面的规定，有助于实现被羁押人获得必要法律帮助的基本目的。

第六章　未决羁押撤销、变更的保障机制：羁押替代性措施[①]

一、羁押替代性措施概述

羁押替代性措施，是指在犯罪嫌疑人、被告人到案后，或者被羁押一段时间以后，在保证其履行按时到案义务的条件下，对其不再采用羁押措施的一些强制措施。[②] 简言之，羁押替代性措施就是用以代替羁押之适用而实现程序保障目的的各种非羁押性方法的总称。

与严苛之羁押措施相比，羁押替代性措施具有以下主要特点：第一，以符合羁押条件为前提。既然是对羁押的替代，也就意味着以具备羁押事由、符合羁押条件为前提。不具备羁押事由或者不符合羁押条件，就无从适用羁押，自然也谈不上羁押之替代。第二，对人身自由的强制程度明显弱于羁押。作为刑事强制措施体系中最为严厉的一种手段，羁押是对犯罪嫌疑人、被告人人身自由的剥夺，表现为将犯罪嫌疑人、被告人临时关押在某一特定场所而处于与外界暂时隔绝的状态。相反，羁押替代性措施系以对犯罪嫌疑人、被告人的人身自由加以一定程度的限制和约束为基本特征，表现为在犯罪嫌疑人、被告人保有人身自由的前提下对其附设一定的

① 本章写作得到中国政法大学诉讼法学研究院王贞会教授的大力支持，在此致以衷心的感谢。

② 陈卫东主编：《刑事诉讼法学研究》，中国人民大学出版社 2008 年版，第 422 页。

义务条件而确保其不逃避、不阻碍刑事诉讼程序的顺利进行，可见在强制性上明显弱于羁押。第三，足以实现强制措施之程序保障的根本目的。从某种意义上讲，“替代”一词本身就内嵌着一种目的实现的意思。既然是对羁押的替代方法，就必然与羁押在价值实现和目的指向上具有一致性。对犯罪嫌疑人、被告人采取羁押措施的目的，就在于确保刑事诉讼程序的顺利进行，羁押替代性措施在目的指向上亦应如此。换言之，如果对犯罪嫌疑人、被告人采取羁押替代性措施不能实现保障刑事诉讼程序顺利进行的目的，那么作为必要的最后手段就不得不采取羁押措施了。

羁押替代性措施与现代司法愈加强调人权保障价值理念的发展规律有着密切联系。从人权保障的角度来看，审前不被羁押应当是犯罪嫌疑人、被告人享有的一项基本权利，是人身自由权保障在刑事诉讼领域的具体化。但是，在法庭审判前将犯罪嫌疑人、被告人置于一种完全自由状态而不施以任何有约束力的强制措施，又难以消除其逃避或者妨害侦查、起诉和审判等刑事诉讼进程的可能，一定程度上影响刑事诉讼的顺利进行。羁押替代性措施在将犯罪嫌疑人、被告人予以羁押与无条件释放之间提供了一种非羁押但有拘束力的可行选择，通过对犯罪嫌疑人、被告人附加一定的限制性义务，来规范其在刑事诉讼中的行为，保证刑事诉讼程序的顺利进行。正如 1989 年我国香港地区法律改革委员会在《关于刑事诉讼的保释问题研究报告书》中阐明的：“保释提供了一种方法，让被告人在审讯前和审讯期间获得自由。没有保释的话，便只有两项选择——羁押或是无条件释放。那种情况显然并不理想。对于无条件释放之后很可能再次犯案、或干扰证人、或阻碍调查、或在审判前逃往外地的被告人，即使在法律面前，他们一天不定罪，便一天仍属清白无辜，但总得有些什么办法去约束他们。另一方面，也有许多的被告人可以相信他们会依期出庭而不再犯案。不必要地把人羁押起来，多少是有违公义的。”①

从理论层面来看，羁押替代性措施应当是一个内涵丰富、类型多元、具有层次性的开放体系，它包括了所有以限制而非剥夺人身自由为基本特征的非羁押性强制措施。任何一种羁押替代性措施，都表现为人身自由度与强制力二要素的均衡状态。在羁押替代性措施中，人身自由度与强制力的关系与数学上的反比例函数 $y=k/x$（k 为常数，$k\neq0$）有着较大程度的相似。② 在这一关系示例中，犯罪嫌疑人、被告人在刑事诉讼中的人身自由程度表现为一种由强到弱的递减关系，相应地，强制措施的强制力则呈现出一种由弱到强的递增关系。因此，从 100%的权利自由状态（无条件释放）到无限趋近于 100%的权利剥夺状态（羁押），在整个递减区间之内，都可能构成羁押替代性措施的外在表现形式。不同形式的羁押替代性措施在人身自由度和强制力层面有所不同。越是接近 100%自由状态的羁押替代性措施，其强制力越弱，对人身自由的限制也就越不明显；越是接近 100%剥夺自由状态的羁押替代性措施，其强制力越强，对人身自由的限制也就越多。需要注意的是，羁押替代性措施并不是 100%的自由状态（无条件释放），也不是 100%的强制状态（羁押），而是一种介于 100%自由状态与 100%强制状态之间的均衡状态。换句话说，就是在公民权利与国家权力之间作出利益平衡与调谐的结合点，而促使两者趋于平衡的关键因素就在于犯罪

① 参见《香港法律改革委员会研究报告书：刑事诉讼的保释问题》第 14 页，载香港法律改革委员会网站，https://www.hkreform.gov.hk/chs/docs/rbail_c.pdf，最后访问时间：2021 年 7 月 15 日。

② 在反比例函数 $y=k/x$（k 为常数，$k\neq0$）中，要求 x 的值不得为 0，从而也决定了 y 值不为 0，函数线只能无限趋近于 X 轴和 Y 轴，而永远不能与坐标轴相交。在羁押替代性措施中，人身自由度与强制力的关系也是如此，x 值和 y 值均不得为 0。当 x 值为 0 时，表示 100%的羁押状态；当 y 值为 0 时，表示 100%的自由状态。当然，羁押替代性措施中人身自由度与强制力并非一种等量齐观的关系，$(x)\times(y)=k$ 的值也不是一个固定值，从而两者的关系并不能简单地用反比例函数来予以说明。但是，利用反比例函数图形仍然有助于理解人身自由度与强制力之间的变量关系。

嫌疑人、被告人逃避或者妨碍刑事诉讼顺利进行的可能性大小。在司法实践中，由于具体个案的案情，实施犯罪行为的社会危害性，犯罪嫌疑人、被告人的个人情况，逃避或者妨碍刑事诉讼的风险性等因素不同，羁押替代性措施的人身自由度与强制力二要素在刑事诉讼进程中要不断地进行调适而达到平衡状态，这也就有了刑事诉讼中变更、撤销或者解除强制措施制度的适用空间。

二、羁押替代性措施的理论模型

建构理论模式的研究方法为分析刑事程序的复杂性提供了有用的工具，它可以简化细节，同时强化了基本主题及发展趋势。① 从两大法系关于羁押替代性措施的立法情况来看，可以将羁押替代性措施分为权力主导型和权利主导型两种模式。在权力主导模型下，羁押替代性措施往往被视为国家机关掌握的一种权力运行方式，其出发点是通过保障刑事诉讼的顺利进行，以实现追究犯罪和实体正义的目标。基于准确及时地追究犯罪和实现实体正义的考虑，司法官享有充分的自由裁量权来决定是否适用以及适用何种羁押替代性措施。在权利主导模型下，羁押替代性措施通常被视为犯罪嫌疑人、被告人享有的一项基本诉讼权利，除非符合法律明确规定的必须予以羁押的情形，否则不得任意将犯罪嫌疑人、被告人予以关押而剥夺其人身自由，司法官需要具有充分的理由才能拒绝犯罪嫌疑人、被告人的保释申请。这种划分充分体现了两大法系刑事诉讼对待羁押替代性措施的态度。在英美法系国家和地区，习惯上把保释理解为被告人的权利，“保释是原则，羁押是例外”是英美法系国家建构保释制度的指导思想；而大陆法系国家和地区则习惯上把保释或其他羁押替代性措施理解为国家的一项权力，或者理解为一种强制措施。②

---

① 宋英辉等：《刑事诉讼原理（第 3 版）》，北京大学出版社 2014 年版，第 158 页。

② 参见郭天武：《保释制度研究》，法律出版社 2009 年版，第 61 页。

在理论上将羁押替代性措施分为权力主导和权利主导两种基本模型，与传统上习惯把刑事诉讼程序分为犯罪控制模式和正当程序模式的理论观点有着极为密切的联系。其中，权力主导模型对应的是刑事诉讼的犯罪控制模式，权利主导模型对应的是刑事诉讼的正当程序模式。刑事诉讼的犯罪控制模式和正当程序模式是1964年美国刑事法教授赫伯特·帕卡在《宾夕法尼亚大学法律评论》上发表的《刑事程序的两个模式》一文中率先提出的，对美国刑事诉讼法学研究产生了重大影响。

按照帕卡的分析，犯罪控制模式主张控制犯罪是刑事诉讼最主要的机能，刑事程序运作应当循此“控制犯罪”之目标进行。为了维护公共秩序，犯罪行为必须被置于严格的统制之下。因此，法律应尽可能减少对警察、检察官等权力运用的限制，警察、检察官员在行使职权过程中发生错误在所难免，不应因此而释放有罪的被告人，否则会致使犯罪更加猖獗，导致刑法统制机能归于失败。正当程序模式以权利优先的观念为基础，主张刑事诉讼目的不单是发现实体真实，更重要的是以公平与合乎正义的程序保护被告人的人权。正当程序模式下的刑事诉讼，更加关注正式审判程序对正确处理案件和维护司法公正的作用，强调对犯罪嫌疑人、被告人诉讼权利的保障和充分发挥律师的作用，当面临个人与社会、国家之间的冲突时，应当限制政府官员权力。①

从辩证思维的角度去考虑，国家利益与犯罪嫌疑人、被告人的个人利益在许多情况下是可以兼顾的，惩罚犯罪与保障人权的价值目标在刑事诉讼中也是可以同时实现的。惩罚犯罪与保障人权看似是两个不可交融的对立价值，但并非在任何场合下都非此即彼，而且在大多数情况下是可以兼容和共同实现的。因此，将羁押替代性措施划分为权力主导型和权利主导型两种理论模型实际上只具有相对意义，是基于理论研究方便而作出的划分，不能在两种模型之间

---

① 参见宋英辉：《刑事诉讼原理导读》，中国检察出版社2008年版，第20-24页。

简单地作出孰优孰劣的价值判断。从近年来世界各国和地区刑事司法发展的总体趋势来看，不管是采用权力主导型的大陆法系，还是采用权利主导型的英美法系，都在不同程度地对现有羁押制度予以改革，在国家利益与被告人利益、控制犯罪与保障人权之间加以融合和平衡。

换句话说，在权力主导型的大陆法系，羁押替代性措施的设置与适用并非只注重刑事诉讼在惩罚犯罪上的价值取向，而忽视对当事人特别是犯罪嫌疑人、被告人基本权利的保障，只是其更为强调刑事诉讼中的国家权力运作，在制度设计上偏重于维护国家整体之公共利益；在权利主导型的英美法系，羁押替代性措施在制度设计上旨在最大限度地实现对犯罪嫌疑人、被告人个人权益的保障，但也不是将权利保障视为刑事诉讼的唯一价值追求，而是同时致力于实现刑事诉讼的控制犯罪目的，只不过其侧重点是维护当事人特别是犯罪嫌疑人、被告人的个人权益。

以美国保释制度的发展脉络为例，在 20 世纪 60 年代到 70 年代的保释改革运动中，其侧重点是对不公正的矫治，在以往的司法实践中，通过金钱形式来获得保释被认为是不公正地歧视了穷人，因此，1966 年美国保释改革法案主要体现了正当程序模式的价值。到了 80 年代，随着犯罪数量的急剧增长和恐怖活动的潜在威胁，刑事司法更加注重社会的安全和国家利益的维护，认为允许危险的被告人支付保释金得以释放会对国家和社会公众造成不必要的危害，从而 1984 年的保释改革法案集中体现了控制犯罪的价值追求，赋予法官在对待保释问题作出处理决定时享有更多的自由裁量权。①

当前在世界经济文化一体化进程的推动下，两大法系在刑事司法领域的交流与合作日趋密切，很大程度上促成了不同司法制度在

---

① 参见《美国的保释制度》，岳悍惟译，载陈卫东主编：《保释制度与取保候审》，中国检察出版社 2003 年版，第 230-237 页。

价值取向上的趋同。现代保释制度已经成为刑事司法权利保护的有力措施之一。许多国家还将其规定在宪法中，或在附属于宪法的人权法案或权利法案中，至少可以在宪法相关条文中推导出保释或保释权的结论。在此基础上，除了在刑事程序法中专门规定保释制度和程序之外，有的国家和地区还制定了专门的保释法，详细规定保释的程序。有关国际或地区性人权公约也对保释制度或羁押替代性措施作了规定，明确了刑事非羁押应当是一种常态。这都表明，相对完善的保释制度可以说是刑事司法发达和文明的标志之一，也是寻求刑事司法公正的措施之一。

三、羁押替代性措施的功能分析

就探讨生物有机体与自生自发社会秩序都具有的自我维续结构来说，"功能"这个词几乎是一个不可或缺的术语。[①] 按照《辞海》里的解释，功能是指事物的功效和作用，一般多指器官和部件而言，如肝功能、钢管的功能等。[②] 在社会学中，"功能"并非被简单地作为一种描述性词语来界定，而是一个具有动态和关联属性的概念。通常被用来描述某一社会现象或规则与其所要维护的社会有机体之间的相互关系及其作用。我们说一项具体的社会规则或者习惯具有某种功能，其实指的就是这种社会规则或者习惯作为整个社会体系的构成要素而在社会整体运作时所发挥的作用。

强制措施的基本目的在于保证刑事诉讼的顺利进行，因而羁押替代性措施的首要功能即保障刑事诉讼程序的安定与顺畅。在这一点上，羁押替代性措施与羁押措施发挥着相同的作用机理。不同的是，羁押措施是通过一种剥夺人身自由的方式来实现诉讼保障目的，而羁押替代性措施则是以限制而非剥夺人身自由的方式，来达致对刑事诉讼程序的保障。可见，刑事诉讼中之所以规定羁押替代

---

① ［英］哈耶克：《法律、立法与自由》，邓正来译，中国大百科全书出版社 2000 年版，第 31 页。

② 《辞海》（缩印本），上海辞书出版社 1989 年版，第 80 页。

性措施，就是希望通过一种较为克制和缓和的手段来代替羁押措施却又能达到诉讼保障目的，以此来缓解和消除羁押措施对犯罪嫌疑人、被告人的人身自由权利及其他诉讼权利的严重侵犯。唯有与羁押措施之剥夺人身自由的严苛性相比，羁押替代性措施实然又附加了一种人权保障的功能。因为，羁押替代性措施是对人身自由的限制而非剥夺，且此等对人身自由之限制乃基于犯罪嫌疑人、被告人的人身危险性、犯罪行为的严重性等因素而程度不同。此外，羁押替代性措施系附条件地释放犯罪嫌疑人、被告人，而非将犯罪嫌疑人、被告人关押于特定场所（通常是看守所），可以减少国家在修建羁押场所、购置设备、录用监管人员、日常管理与各项设施之修护等方面的投入，因而又能起到节约司法资源、提高诉讼效益的功能。

（一）替代羁押功能

相对于羁押而言，也可以将替代羁押功能理解为羁押替代性措施的优先性，旨在通过适用非羁押性的替代措施，减少羁押措施的适用。

单从字面来看，“替代”一词即暗含着取而代之、优先适用的意思，这又恰好契合了利益权衡原则的要求。荷兰学者斯宾诺莎曾经说过：“人性的一条普遍规律是，凡人断为有利的，他必不会等闲视之，除非是希望获得更大的好处，或是出于害怕更大的祸患；人也不会忍受祸患，除非是为避免更大的祸患，或获得更大的好处。也就是说，人人是会两利相权取其大，两害相权取其轻。这条规律是深入人心，应该列为永恒的真理与公理之一。”①

在刑事诉讼中，利益权衡原则是调谐不同利益和不同价值取向的基本方法。它是指在刑事诉讼立法与司法活动中，当两种以上的利益不能兼得或相对立的价值发生冲突时，国家及其代表官员根据

① ［荷］斯宾诺莎：《神学政治论》，温锡增译，商务印书馆 1963 年版，第 214-215 页。

一定原则和标准，确定某一方或某些方面更为优越而放弃另外的方面。它要求在进行权衡时，一般应当选择总体利益或个案中的程序保障而放弃惩罚的个别利益。在某些情况下，如果放弃个别利益中的某些利益会危及根本性利益而产生利益冲突，就应当顾及个别利益；放弃具体案件中对犯罪的控制会危及根本性利益时，应顾及具体案件中对犯罪的控制。①

羁押替代性措施的优先性，正是强制措施适用时进行利益权衡的结果，是利益权衡原则在结果意义上的引申。羁押造成犯罪嫌疑人、被告人在一定期限内人身自由的完全失却，而羁押替代性措施则是通过限制人身自由的方法来取代对人身自由的剥夺，在为犯罪嫌疑人、被告人留存一定程度的人身自由的同时，保证刑事诉讼的顺利进行。既切实保障了犯罪嫌疑人、被告人的个体利益，也实现了对犯罪的控制和国家利益的维护。

羁押替代性措施的优先性也是无罪推定原则在强制措施中的具体化。按照无罪推定原则的要求，任何人在未经正式的司法程序最终确认有罪之前，应假定其无罪。而一个在法律上处于无罪地位的人要想正常地从事社会活动，必然以享有人身自由为基本前提。从这个意义上来讲，羁押替代性措施的适用就是为了保障犯罪嫌疑人、被告人在刑事诉讼中充分享有免受不当羁押、获得人身自由的权利。只有犯罪嫌疑人、被告人在刑事诉讼程序中处于一种人身自由的状态，才能真正地贯彻无罪推定原则。正如美国联邦最高法院大法官文森在斯坦可诉博伊尔案（Stack v. Boyle）中指出的："这项在被定罪之前享有人身自由的传统权利，使得被告人的辩护准备不受妨碍，并且有助于防止其在定罪之前遭到处罚。除非保障被告人在接受审判之前有权获得保释，否则无罪推定原则将会变得没有任何意义。"②

---

① 宋英辉：《刑事诉讼原理导读》，中国检察出版社2008年版，第56页。

② Stack v. Boyle, 342U. S.1,72S . Ct. 1, 96L. Ed . 3(1951).

羁押替代性措施的优先性要求，应当“以适用羁押之替代措施为常态，以适用羁押措施为例外”。当必须采取一定的强制性措施时，如果通过非羁押性措施即可达到保障刑事诉讼顺利进行的目的，就不要采用羁押措施；即使犯罪嫌疑人、被告人已经被羁押，如果羁押条件在诉讼过程中发生变化，从而不再具备羁押的必要性，亦应及时变更为相应的非羁押性措施。综观现代法治国家，羁押通常是作为一项例外规定而使用的。在适用羁押时，由法官审查其必要性，对于符合逮捕条件，但不必要羁押的嫌疑人或被告人，规定不得采取羁押措施。在这些国家的诉讼法中，规定了羁押替代性措施，如规定附条件释放已经合法宣布逮捕或羁押的人或者采取其他能够代替羁押的强制措施，以便既能达到羁押所预期的目的，又能避免嫌疑人或被告人实际置于被羁押的状态，使当事人的人身权利得到合理的保护。[①]

（二）诉讼保障功能

羁押替代性措施的首要功能在于保证刑事诉讼的顺利进行，这也是羁押替代性措施乃至整个强制措施制度的基本目的。作为纠纷解决的权威性判断方式，刑事诉讼是以法定程序的逐步推进而展开的，各项诉讼活动必须按照法律规定的程序进行，诉讼主体间的法律关系通过程序得以维系，经过诉讼程序的层层规范最终形成裁判结果。切实保障刑事诉讼的顺利进行，有利于防止司法行为的随意性，限制办案机关滥用国家权力；有利于诉讼当事人各陈己见，从而以看得见的正义形式（裁判）解决刑事纠纷。从英美法系保释制度产生和发展的历史可以发现，一个关键的因素就是通过采取一种非羁押的方式来防止被追诉者逃避诉讼，保证其在刑事诉讼中及时到案和接受法庭审判。只有在保证刑事诉讼顺利进行的前提下，羁押替代性措施的保障人身自由权和预防超期羁押、变相羁押等功

① 唐磊、吴常青：《论羁押的替代措施和我国取保候审制度的完善》，载《江西公安专科学校学报》2004 年第 4 期。

能才具备实现的基础。如果羁押替代性措施不足以保证刑事诉讼的顺利进行，经过审查认为有羁押必要的，仍然应当将犯罪嫌疑人、被告人予以羁押。具体而言，羁押替代性措施的诉讼保障功能主要表现在以下几个方面：

第一，确保犯罪嫌疑人、被告人及时到案，防止其逃避刑事追诉。在刑事诉讼过程中，对于办案机关的侦查、起诉和审判活动，犯罪嫌疑人、被告人通常表现出一种消极对待和不配合的态度，或者通过实施逃跑、隐匿，甚至自杀等干扰行为来逃避刑事诉讼的追究。在刑事诉讼中，一旦出现犯罪嫌疑人、被告人逃跑、隐匿或者自杀等现象，必然导致诉讼程序无法顺利进行下去。因此，在不具备羁押必要性的情况下，根据犯罪嫌疑人、被告人逃避刑事追诉的可能性大小，采取一定的限制人身自由的羁押替代性措施，可以保证犯罪嫌疑人、被告人在刑事诉讼启动之后及时到案或者出庭接受审判，防止其逃避刑事追诉。

第二，保全诉讼证据，防止发生干扰收集证据的行为。一般情况下，犯罪分子在实施犯罪行为之后，总是力图逃避法律的追究和制裁。为了达到逃避刑事追究的目的，犯罪嫌疑人、被告人在刑事诉讼过程中往往会实施隐匿、转移或者毁灭、伪造证据，威胁、引诱证人或者被害人，与同案犯串供等妨碍刑事诉讼的行为，或者通过其他方法来干扰办案机关对犯罪行为的正常侦查、审查起诉和审判，从而导致诉讼迟延或者无法进行。因而，当犯罪嫌疑人、被告人可能会实施破坏诉讼证据，干扰证人作证等妨碍诉讼进行的行为时，通过适用羁押替代性措施将其限制在一定的活动范围之内，有利于及时保全各种证据，迅速查明案件事实真相。

第三，保全犯罪嫌疑人、被告人，防止犯罪嫌疑人、被告人在诉讼过程中再次实施犯罪行为。羁押替代性措施是对不具有羁押必要性的犯罪嫌疑人、被告人而采取的一种较为缓和的非羁押性措施，与羁押在目的指向上具有同一性，均以保证刑事诉讼的顺利进行为根本目的。因此，不能只是为了防止犯罪嫌疑人、被告人在刑事诉讼过程中重新犯罪而采用羁押替代性措施，否则将会导致其目的指向上的虚化，因为所有的犯罪嫌疑人、被告人在理论上都有再次犯罪的可能。如果将这一目的扩展至整个刑事诉讼，那么所有的刑事诉讼制度或者规则都可以贴上预防犯罪的标签，从而难免陷入“唯控制和预防犯罪”的诉讼目的观。但是，正如前所述，目的与功能并非等位概念，不具有预防犯罪之目的并不意味着羁押替代性措施不能产生预防犯罪之实然效果。结合犯罪嫌疑人、被告人的自身特点，通过附加若干相应的限制性义务，羁押替代性措施在一定程度上也可以起到预防犯罪的实际功能，当然这种对犯罪的预防作用是一种针对犯罪嫌疑人、被告人本身的特殊预防，而非针对不特定的潜在犯罪人的一般性预防。

第四，为将来刑罚的执行提供必要保证。通过对犯罪嫌疑人、被告人适用一定的羁押替代性措施，并设定相应的定期报告或者未经批准不得离开固定住所和地点等义务规定，可以保证法庭在作出生效判决后能够顺利地将罪犯交付执行刑罚，保障国家刑罚权的顺利实现。

（三）人权保障功能

羁押替代性措施的人权保障功能主要包括以下几个方面的内容：

第一，防止不当羁押和刑讯逼供，维护犯罪嫌疑人、被告人的人身自由权。享有人身自由是公民人权体系中最为重要的一项基本权利，是公民参与社会活动和享有其他权利的前提，非经法定程序且有充分理由，不得被任意剥夺。世界各国都在宪法或宪法性文件中规定了保障公民人身自由权的条款，联合国公约和有关的国际性文件也对此作了规定。羁押替代性措施正是刑事诉讼法对人身自由权之宪法保障的再次宣示，是宪法中保障人身自由权规定在刑事诉讼中的具体落实。基于无罪推定原则，在没有经过法庭的正式审判而作出有罪的确定判决之前，应推定犯罪嫌疑人、被告人无罪。在整个刑事诉讼中，犯罪嫌疑人、被告人应当以一种自由状态参与办案机关的侦查、起诉和审判活动，其人身自由不应被任意限制和剥夺，除非存在法定事由，才能对犯罪嫌疑人、被告人采取一定的强制措施。与羁押乃对人身自由之剥夺相比，羁押替代性措施是对犯罪嫌疑人、被告人采取的一种附条件释放，更有利于维护其人身自由。

一方面，可以避免对犯罪嫌疑人、被告人的不当羁押。主要包括：不应羁押而羁押、超期羁押和变相羁押等情形。羁押作为对人身自由侵害程度最高的强制方法，只有在非羁押性措施不足以实现诉讼保障目的，从而具有羁押必要时，才允许被采用。实践中倘若不加区分地一律适用羁押措施，必然会导致羁押率的升高。超期羁押，是指违反刑事诉讼法关于羁押期限的规定，通过任意延长羁押期限来对犯罪嫌疑人、被告人进行长期关押。变相羁押，是指假借羁押替代性措施之名而行羁押之实，即将羁押替代性措施用作羁押的变换形式，从而构成事实上的羁押。例如，刑事诉讼法中规定的监视居住系将犯罪嫌疑人、被告人临时限制在其住处或某一固定的指定居所，对于在指定居所执行监视居住的，实践操作中常有变相羁押之嫌。

正像世界上没有两片完全相同的树叶一样，刑事案件在司法实践中的表现形式也千差万别。每个案件都是在特定时空背景下发生的，不同的犯罪嫌疑人、被告人也都有区别于其他人的自身特点。这就要求，不应无视刑事案件的具体情形以及犯罪嫌疑人、被告人的个体情况等内在因素而不加区分地一律予以羁押，否则，可能会导致对犯罪嫌疑人、被告人的不当羁押。因此，应当确立多样化和层次化的羁押替代性措施，使犯罪嫌疑人、被告人最大限度地避免遭受羁押措施对人身自由权的剥夺，保障犯罪嫌疑人、被告人的合法权益；同时使释放在外的犯罪嫌疑人、被告人得到有效监管，保障刑事诉讼的顺利进行。

另一方面，可以防止刑讯逼供行为，避免刑事冤错案件的发生。刑讯逼供被认为是严重侵犯人权和破坏法治的现象，为现代法治国家和刑事司法国际准则明令禁止。将犯罪嫌疑人、被告人予以羁押的一个根本诟病就是，它为办案机关实施刑讯逼供提供了客观条件，与那些未被羁押的犯罪嫌疑人、被告人相比，其遭受刑讯逼供的潜在风险要高得多。正如意大利法学家贝卡利亚在谈及刑讯逼供的危害时所指出的，“这种方法能保证使强壮的罪犯获得释放，并使软弱的无辜者被定罪处罚……两个同样的无辜者或罪犯，强壮勇敢的将获得释放，软弱怯懦的将被定罪处罚；刑讯必然造成这样一种奇怪的后果：无辜者处于比罪犯更坏的境地。尽管二者都受到折磨，前者却是进退维谷，他或者承认犯罪，接受惩罚，或者在屈受刑讯后，被宣布无罪。但罪犯的情况则对自己有利，当他强忍痛苦而最终被无罪释放时，他就把较重的刑罚改变成较轻的刑罚。所以，无辜者只有倒霉，罪犯则能占便宜。”在他看来，“如果犯罪是肯定的，对他只能适用法律所规定的刑罚，而没有必要折磨他，因为，他交代与否已经无所谓了。如果犯罪是不肯定的，就不应折磨一个无辜者，因为，在法律看来，他的罪行并没有得到证实”。[①]

事实证明，刑讯逼供容易导致口供虚假，这是造成冤错案件的主要原因。法国律师弗洛里奥结合自己的办案经历分析了造成错案的原因：不确切的数据、可疑的证据、假证人，以及得出了错误结论的鉴定等，都可能导致对无辜者判刑。在刑事侦查中，急于求成的欲望是许多错案的根源。此外，还有调查者自身的一些其他原因：首先，在调查者接触到一个结论时，即使这个结论是不可靠的，这些调查者仍多少有些故意地认为这就是事实。他们觉得，为惩罚犯罪所做的一切都是为了社会利益。其次，在调查者的头脑中，常常有一种怕负个人责任的思想。也就是说，如果经他们调查的人释放了，那么自己作为参与了起诉的人会处境不利。最后，调查者往往对审判官的洞察力认识不够。他们为审判官表现出的热心

① ［意］贝卡利亚：《论犯罪与刑罚》，黄风译，中国法制出版社 2002 年版，第 37-38 页。

证明控告无效的努力而担心。而且许多人觉得，一旦审判官宣告释放被告人，他们将显得不聪明、不能干了。[①]

羁押替代性措施与羁押措施有着同样的适用目的，都是保证刑事诉讼的顺利进行，却能够更好地保障犯罪嫌疑人、被告人的基本权利，对于防止刑讯逼供行为和避免冤错案件的发生，可以起到积极效果。通过设置一套方式多样、强弱结合的羁押替代性措施体系，为办案人员在处理个案时选择符合比例性要求的强制性方法提供了可能。同时，通过适用非羁押性的替代措施，使得犯罪嫌疑人、被告人处于一种相对自由的状态，办案机关无法对其进行严格的人身控制，也就丧失了刑讯逼供的客观条件。

第二，保障犯罪嫌疑人、被告人的程序参与和有效辩护权，实现公正审判。获得由独立法庭进行的公正审判，是犯罪嫌疑人、被告人享有的一项基本权利。美国法理学家德沃金认为，犯罪嫌疑人、被告人受到公正审判的权利是一个原则问题，而有关刑事诉讼中的效率或者牺牲某个犯罪嫌疑人、被告人的权利以有益于整个社会等都是政策的论证。他指出，无论这种政策论证是强大还是脆弱，哪怕以牺牲总体的社会福利为代价，都必须屈从于公民拥有获得公正审判的天赋权利。适用羁押替代性措施，可以最大限度地保障犯罪嫌疑人、被告人对刑事诉讼程序的参与及有效辩护，有助于实现公正审判。

实现公正审判，首先要求犯罪嫌疑人、被告人及其他利益关系人能够切身参与到刑事诉讼中去。程序参与原则，是指程序所涉及其利益的人或者他们的代表，能够参加诉讼，对与自己的人身、财产等权利相关的事项，有知悉权和发表意见权；国家有义务保障程序所涉及其利益的人或者他们的代表的程序参与权。[②] 羁押替代性措施并非将犯罪嫌疑人、被告人关押于特定场所严加看管，而是以

---

① ［法］勒内·弗洛里奥：《错案》，赵淑美、张洪竹译，法律出版社 1984 年版，第 215 页。

② 宋英辉：《刑事诉讼原理导读》，中国检察出版社 2008 年版，第 102-103 页。

享有一定人身自由为基本特征，在根本上是一种限制人身自由的附条件释放。基于享有人身自由之事实，被采取羁押替代性措施的犯罪嫌疑人、被告人可以亲身参与到对他的侦查、起诉或审判中去，充分发表相关意见，从而更好地维护自身权利。而且，通过犯罪嫌疑人、被告人的直接参与，有助于办案机关查清案件事实、作出公正的实体处理。因此，羁押替代性措施通过改善犯罪嫌疑人、被告人在刑事诉讼中的权利处遇，消除可能影响公正审判的不利因素，保障获得裁判者的公正对待，并增加裁判结果的可接受性。

实现公正审判还建立在犯罪嫌疑人、被告人有效辩护的基础上。法国启蒙思想家孟德斯鸠曾经说过："在宽和政体下，即便是最卑微的公民，他的生命也是最可宝贵的，不经过仔细的审查，绝不能剥夺他的荣宠和财产。除非受到国家的控诉，谁也不能剥夺他的生命，而国家对他提起控诉时，必须赋予他一切可能的辩护手段。"① 在刑事诉讼中，辩护权是犯罪嫌疑人、被告人享有的根本性权利，只有辩护权得到切实有效的保障，犯罪嫌疑人、被告人享有的其他诉讼权利才可能得以实现。

羁押替代性措施的功能之一就是确保犯罪嫌疑人、被告人的辩护权得以有效实现。一方面，犯罪嫌疑人、被告人可以自行收集对其有利的各种证据，保障自我辩护的权利。我国台湾地区王兆鹏教授指出："在审判前将被告羁押，等于剥夺其全力为诉讼防御的权利。例如，有许多证据只有被告始可能取得，有许多证人只肯和被告谈话，而不会向辩护人吐实。妨碍被告此一诉讼防御权，有可能造成无辜人民因被羁押而不能取得对自己有利的证据，致成冤狱。"② 另一方面，可以更加方便地与辩护律师进行沟通交流，充分获得律师帮助。对于一名被羁押的犯罪嫌疑人、被告人来说，即使法律规定他享有获得律师帮助以及与律师会见和交谈等权利，仍

① ［法］孟德斯鸠：《论法的精神（上）》，许明龙译，商务印书馆 2009 年版，第 81 页。

② 王兆鹏：《刑事诉讼讲义》，台湾元照出版公司 2009 年版，第 273 页。

然难以评估律师究竟能够在多大程度上向他提供帮助。一位英国学者曾经谈道："将犯罪嫌疑人予以羁押不利于其准备庭审。被羁押的犯罪嫌疑人难以与律师接触来准备他的辩护，寻找证人和收集证据或者准备减轻量刑的证据。如果犯罪嫌疑人被羁押的地点很远，他会发现律师根本就不愿意去；甚至当被羁押的地点与市区很近时，他也会发现很难与在自由状态下与律师的接触一样。"[①] 相反，对犯罪嫌疑人、被告人适用羁押替代性措施，除了必须履行法律规定或司法人员附设的特定义务以外，他的人身自由是不受限制的。他不仅可以自己寻找和聘请律师，从而为自己提供法律咨询，及时得到专业帮助来准备辩护；而且他还可以及时知悉案件的进展情况，并根据案件进展情况随时调整其辩护思路和准备相应的材料。

（四）诉讼效益功能

正如美国学者波斯纳所言，"公正在法律中的第二种含义是指效率……只要稍作反思，我们就会毫不惊奇地发现：在一个资源稀缺的世界，浪费是不道德的行为"[②]。现代刑事诉讼的一项重要价值就是以最小的成本投入取得同样多的正面效果；或者投入同等的司法资源取得最大的正面效果。诉讼效益既适用于对单个程序的评价，也适用于对国家整个诉讼制度的评价。对前者而言，诉讼效益价值要求当事人对于是否诉诸诉讼解决纠纷作出合乎经济理性的选择，要求人民法院在审理案件时，应注意节约司法资源的耗费；在作出裁判时，应注意判决对人们未来行为选择的效益刺激。就后者而言，诉讼效益价值要求立法机关在程序安排和程序设计时，应当在程序公正的基础上，合理选择程序规则，分配程序权利和义务，以利于社会资源分配效益的最大化。[③]

---

① Michael Zander, *Cases and Materials on the English Legal System*, Cambridge University Press, 2007, 274.

② ［美］理查德·A. 波斯纳：《法律的经济分析》，蒋兆康译，中国大百科全书出版社 1997 年版，第 31–32 页。

③ 樊崇义主编：《诉讼原理》，法律出版社 2004 年版，第 186 页。

国家在司法活动上的投入不可能是无限的，司法活动的高成本与国家和社会的资源有限之间存在相当程度的矛盾和冲突。当今世界各国为了应对发案率攀升，司法资源不足的困境，大都依据“成本—收益”原则来设计或者改革其刑事诉讼程序，以避免司法资源浪费。在英国，一份以内政部、大法官办公室和司法部长办公室的名义联合发布的官方报告指出，刑事司法系统应当加强相互之间的合作，共同致力于实现以下两项首要目标：一是减少犯罪和犯罪危险以及它们的社会和经济成本；二是兼顾司法公正和效率并提升公众对法律的信任。[①]

对犯罪嫌疑人、被告人采取羁押替代性措施，不仅反映了犯罪行为的社会危险性与强制程度相适应的诉讼价值观，也体现了对司法资源的优化配置。从经济学角度讲，对犯罪嫌疑人、被告人进行羁押，要求国家修建羁押场所、配置监管人员以及配套的各项设施，司法资源的投入与其取得的成效不成比例，造成大量司法资源的浪费。研究发现，在欧盟国家，随着物质文化生活水平的提高，政府需要投入大量人力、物力改善羁押设备，提高犯罪嫌疑人的物质文化待遇，保障被羁押者最基本的人权，这些都导致羁押成本急剧增加，给政府财政带来很大的压力，所以考虑更多地适用羁押替代性措施，减少羁押。[②] 羁押替代性措施通过确保给没有妨碍刑事诉讼进行和危害社会危险的犯罪嫌疑人、被告人以非羁押状态或者将他们从羁押中予以释放，以减少羁押场所的压力，减轻关押犯罪嫌疑人、被告人的各项费用，使刑事诉讼的效益价值得以最大化。羁押替代性措施还应当保证通过减少羁押而避免交叉感染、抑制重新犯罪，从而减少因重新犯罪所需要的资源投入。实践表明，因交叉感染导致重新犯罪往往使司法资源的耗损成倍增加。通过减少羁押来修复关系，减少重新犯罪，不仅直接节省了关押所需要的费

---

① Gary Slapper, David Kelly, *The English Legal System*: 2009-2010, Routledge Cavendish Publishing, 2009, p.422.

② 郎胜：《欧盟国家审前羁押与保释制度》，法律出版社 2006 年版，第 53 页。

用，更减少了国家为处理重新犯罪所需要的资源投入。[①]

从一种更为宏观的社会化角度来看，通过广泛适用羁押替代性措施，有助于维持犯罪嫌疑人、被告人的家庭关系、正常的工作学习等，使其更加顺利地复归社会。这也是羁押替代性措施在诉讼效益方面的一种表现。对于犯罪嫌疑人、被告人来说，羁押会阻断其与外界的正常联系，从而影响其复归社会。一位英国学者调查发现，将犯罪嫌疑人、被告人予以羁押，除了使犯罪嫌疑人、被告人遭受明显的心理或者精神创伤之外，还会导致犯罪嫌疑人、被告人难以维系其正常生活、可能失去工作或者交不起房租，他和他的家庭还可能遭受其他经济和现实问题。英国关心与安置罪犯协会针对3449名犯罪人（80%为男性，20%为女性）所作的一项研究表明，其中大约有1/3的人（31%）是未被定罪而羁押。在被羁押的人中，约占2/5的犯罪人由于被羁押而失去了家庭，超过1/3的人（35%）由于被羁押失去了工作。[②] 相反，通过适用羁押替代性措施，在附加一定条件的情况下将犯罪嫌疑人、被告人予以释放，他可以继续工作、学习，与家庭成员在一起生活，这都有助于对其进行帮教和复归社会，减少国家在这一方面的投入。

四、我国羁押替代性措施的制度体系与完善

我国传统的刑事司法奉行一种严格的犯罪控制观念，以确定犯罪人的刑事责任和对犯罪人施以刑罚为基本内容，在注重有效打击犯罪、维护国家利益和社会稳定的同时，却忽视了对诉讼参与人的权利保障，尤其是对犯罪嫌疑人、被告人的权利保障。犯罪控制观指导下的刑事诉讼，侧重于从社会安全和国家利益出发来设计和运行刑事司法程序，强调追究犯罪的刑事诉讼手段及方法的采用。当

---

① 宋英辉、王贞会：《对取保候审功能传统界定的反思》，载《国家检察官学院学报》2007年第4期。

② Michael Zander, *Cases and Materials on the English Legal System*, Cambridge University Press, 2007, 274.

控制犯罪与权利保障发生冲突时，往往认为控制犯罪、维护社会秩序和社会安全是刑事司法最根本的利益，自由利益的保护不应妨碍打击犯罪并主要通过对犯罪的惩罚来实现。[①] 以犯罪控制观为基点，我国实行的是一种权力主导型的羁押替代性措施模式。取保候审与监视居住作为与拘留、逮捕相并列的强制措施类型，根本意义也是保证刑事诉讼的顺利进行。是否对犯罪嫌疑人、被告人适用取保候审、监视居住，主要是从能否保证刑事诉讼顺利进行的角度加以考量，而非基于权利保障之初衷。在理论层面，学界普遍认同取保候审和监视居住所具有的替代羁押措施的功能。正如有的学者指出，“从某种意义上说，刑事诉讼中的强制措施就是由羁押性措施与非羁押性措施组合而成的。诸如取保候审、监视居住之类的非羁押性措施，在不同程度上具有替代羁押措施的功能”[②]。

在2012年《刑事诉讼法》修订之前，立法上对监视居住与取保候审两种措施的适用范围、条件等内容的规定是完全相同的，凡是能够适用取保候审的，也都可以适用监视居住，两者择一而用。在具体案件中，对犯罪嫌疑人、被告人是采用监视居住还是取保候审，取决于办案机关的自由裁量。实践中，对于那些社会危险性非常小，符合取保候审或者监视居住条件的犯罪嫌疑人、被告人，办案机关一般选择取保候审；对于那些适用取保候审不足以防止社会危险性的犯罪嫌疑人、被告人，办案机关在确定不宜采取取保候审的同时，也就排除了适用监视居住的可能，从而导致监视居住长期被搁置不用，本应具有的过渡和缓冲功能无从发挥。只有在犯罪嫌疑人、被告人无法提供保证人或者保证金且不符合逮捕条件的情况下，才会适用监视居住，而这种情形在实践中又是非常少见的。即使适用监视居住，办案机关一般也是在指定地点对犯罪嫌疑人、被告人进行监视居住，以确保对其人身自由的有效控制，实际上演变

① 左卫民：《刑事程序问题研究》，中国政法大学出版社1999年版，第8页。
② 陈瑞华：《未决羁押制度的理论反思》，载《法学研究》2002年第5期。

成一种变相羁押的手段。

2012年修改的《刑事诉讼法》将监视居住明确界定为逮捕的替代手段，并区分取保候审与监视居住规定了不同的适用范围，进一步理顺了不同类型刑事强制措施的内在逻辑。此外，根据现行《刑事诉讼法》第98条、第99条规定，犯罪嫌疑人、被告人被羁押的案件，不能在法定的侦查羁押、审查起诉、一审、二审期限内办结，对犯罪嫌疑人、被告人应当予以释放；需要继续查证、审理的，对犯罪嫌疑人、被告人可以取保候审或者监视居住。人民法院、人民检察院或者公安机关对被采取强制措施法定期限届满的犯罪嫌疑人、被告人，应当予以释放、解除取保候审、监视居住或者依法变更强制措施。此处的“变更强制措施”也包括将逮捕措施变更为监视居住或者取保候审的情形。以上这些规定，都在立法上确认了监视居住或者取保候审的替代羁押作用。因此，我国立法上明确规定的羁押替代性措施主要包括取保候审和监视居住两种。

（一）取保候审的立法发展与要点整理

取保候审，是指在刑事诉讼过程中，公安机关、人民检察院和人民法院责令犯罪嫌疑人、被告人提出保证人或者交纳保证金，以保证其不逃避或妨碍侦查、起诉和审判，并随传随到的一种强制措施。取保候审在性质上是通过要求犯罪嫌疑人、被告人提供担保并遵守有关法律规定的方式而使其获得人身自由的一种强制措施，对人身自由的约束性相对较弱，其强制性表现在犯罪嫌疑人、被告人在取保候审期间需要严格遵守刑事诉讼法规定和办案机关要求的义务。

1. 取保候审的立法梳理

从1979年制定《刑事诉讼法》到1996年和2012年两次修改《刑事诉讼法》，立法机关对取保候审的修改力度是很大的。1979年《刑事诉讼法》只是在第38条原则性地规定，“人民法院、人民检察院和公安机关根据案件情况，对被告人可以拘传、取保候审或者监视居住”，“对被告人采取取保候审、监视居住的，如果情况发生变化，应当撤销或者变更”。由于客观上和认识上的原因，我国1979年取保候审制度仅仅是“人保候审”，而且立法不完善。刑诉法及有关法律、法规只对其适用范围及条件作了简单原则性的规定，没有规定取保候审的种类、保证人的资格、法律责任、被保证人违反义务时的处理等。现行取保候审只是保证人以其人格、名誉去担保被告人，没有与一定的经济利益或其他利益相联系，使取保候审对保证人和被保人没有足够的约束力，缺乏强制性。① 取保候审在立法上形同虚设，实践中流于形式，完全无法发挥其诉讼保障和替代逮捕的功能。

1996年修改的《刑事诉讼法》对取保候审制度作了大幅完善，增加规定了取保候审的适用条件、保证方式、被取保候审人应当遵守的规定以及违反该规定的法律后果、取保候审的期限、申请取保候审的主体、取保候审的变更等内容，从而在立法层面构建了我国相对比较完整的取保候审制度。此外，1999年最高人民检察院《规则》，1998年公安部《规定》，1999年最高人民法院、最高人民检察院、公安部、国家安全部《关于取保候审若干问题的规定》和2000年最高人民检察院、公安部《关于适用刑事强制措施有关问题的规定》等司法解释或部门规定对各机关在执行取保候审中的相关内容作了进一步规定。

毋庸置疑，1996年《刑事诉讼法》及有关司法解释和部门规定关于取保候审制度的规定，对于规范和扩大取保候审的适用，降低逮捕率，保障犯罪嫌疑人、被告人的合法权利具有积极意义，但由于取保候审制度定位不清晰、内容不完整等制度自身原因，以及我国刑事诉讼长期以来所奉行的“重打击、轻保护”“重实体、轻程序”等陈旧司法观念，造成司法实践中逮捕措施的泛滥，取保候审的适用率非常低，无从发挥取保候审在保证刑事诉讼顺利进行

① 刘飞虎：《完善我国取保候审制度初探》，载《甘肃政法学院学报》1992年第4期。

和保障人权两个方面的制度价值。因此，2012 年修改《刑事诉讼法》时，立法对取保候审制度作了进一步的修改完善。主要包括：将取保候审与监视居住加以区分，明确取保候审的适用对象，增加被取保候审人的酌定义务，确定保证金数额应考虑的因素以及保证金的收取和退还程序等。此外，2012 年最高人民法院《解释》、2012 年最高人民检察院修订的《规则》、2012 年公安部修订的《规定》等有关司法解释和部门规定也对法院、检察院和公安机关具体适用取保候审的问题作了规定。

2. 取保候审制度的改革要点

第一，取保候审的适用条件：从“保”“监”合一到“保”“监”分离。

1979 年《刑事诉讼法》对取保候审和监视居住这两项强制措施的法律定位尚不清晰，既没有对取保候审和监视居住的制度功能作出区分，也没有对其适用条件作出明确规定，法院、检察院和公安机关主要是与逮捕的适用情形对应起来理解和把握取保候审、监视居住的适用情形。例如，1979 年《刑事诉讼法》第 40 条规定，对主要犯罪事实已经查清，可能判处徒刑以上刑罚的人犯，采取取保候审、监视居住等方法，尚不足以防止发生社会危险性，而有逮捕必要的，应即依法逮捕。反过来讲，对于采取取保候审、监视居住等方法足以防止发生社会危险性的，也就没有逮捕的必要，就可以对犯罪嫌疑人、被告人适用取保候审或者监视居住。同时，对于应当逮捕的犯罪嫌疑人、被告人，但患有严重疾病，或是正在怀孕、哺乳自己婴儿的妇女的，可以采用取保候审或者监视居住。

1996 年修改的《刑事诉讼法》增加规定了取保候审的适用条件。根据第 51 条规定，人民法院、人民检察院和公安机关对于可能判处管制、拘役或者独立适用附加刑的犯罪嫌疑人、被告人，或者可能判处有期徒刑以上刑罚但采取取保候审、监视居住不致发生社会危险性的犯罪嫌疑人、被告人，可以采取取保候审或者监视居住。同时，对于应当逮捕但患有严重疾病或者是正在怀孕、哺乳自己婴儿的妇女的犯罪嫌疑人、被告人，也可以适用取保候审或者监视居住。此外，1998 年最高人民法院《解释》第 66 条、1999 年最高人民检察院《规则》第 37 条、1998 年公安部《规定》第 63 条等都对可以取保候审的适用条件作了进一步细化，有的还规定了不得取保候审的情形。例如，1999 年最高人民检察院《规则》第 38 条规定，人民检察院对于严重危害社会治安的犯罪嫌疑人，以及其他犯罪性质恶劣、情节严重的犯罪嫌疑人不得取保候审。1998 年公安部《规定》第 64 条规定，对累犯、犯罪集团的主犯，以自伤、自残办法逃避侦查的犯罪嫌疑人，危害国家安全的犯罪、暴力犯罪，以及其他严重犯罪的犯罪嫌疑人，不得取保候审。

1996 年修改的《刑事诉讼法》虽然规定了取保候审的适用条件，但仍然沿用了 1979 年《刑事诉讼法》关于取保候审和监视居住合并规定的模式，取保候审的适用条件同时也是监视居住的适用条件，造成取保候审和监视居住的制度混同。为了解决这一问题，2012 年《刑事诉讼法》将取保候审和监视居住的适用条件作了区分，并在 1996 年《刑事诉讼法》规定的基础上补充完善了取保候审的适用条件。增加两种可以取保候审的情形：一种是患有严重疾病、生活不能自理，怀孕或者正在哺乳自己婴儿的妇女，采取取保候审不致发生社会危险性的。另一种是羁押期限届满，案件尚未办结，需要采取取保候审的。其中，“羁押期限”包括刑事诉讼法规定的侦查羁押、审查起诉、一审、二审等期限，“尚未办结”包括需要继续侦查、审查起诉或者审判。这一规定实际上是与 2012 年《刑事诉讼法》第 96 条①规定相衔接的需要。

此外，2012 年公安部《规定》进一步明确，对拘留的犯罪嫌疑人，证据不符合逮捕条件，以及提请逮捕后，人民检察院不批准

① 2012 年《刑事诉讼法》第 96 条规定：犯罪嫌疑人、被告人被羁押的案件，不能在本法规定的侦查羁押、审查起诉、一审、二审期限内办结的，对犯罪嫌疑人、被告人应当予以释放；需要继续查证、审理的，对犯罪嫌疑人、被告人可以取保候审或者监视居住。

逮捕，需要继续侦查，并且符合取保候审条件的，可以依法取保候审。对累犯，犯罪集团的主犯，以自伤、自残办法逃避侦查的犯罪嫌疑人，严重暴力犯罪以及其他严重犯罪的犯罪嫌疑人，不得取保候审，除非其属于患有严重疾病、生活不能自理，怀孕或者正在哺乳自己婴儿的妇女，采取取保候审不致发生社会危险性的，或者羁押期限届满，案件尚未办结，需要采取取保候审的情形。2020 年修订的公安部《规定》沿袭了上述内容。

第二，取保候审的决定权与执行权：从合一到分立。

1979 年《刑事诉讼法》只是在第 38 条规定，人民法院、人民检察院和公安机关根据案件情况有权对被告人采取取保候审，并没有区分取保候审的决定权主体和执行权主体，从而法院、检察院和公安机关都有权决定采取取保候审，并自行执行。

1996 年修改的《刑事诉讼法》在明确取保候审的适用对象的基础上，将取保候审的决定权主体和执行权主体予以分离。根据 1996 年《刑事诉讼法》第 51 条的规定，人民法院、人民检察院和公安机关在刑事诉讼过程中对符合法律规定情形的犯罪嫌疑人、被告人都有权决定适用取保候审，但必须交由公安机关执行取保候审。可见，不管是公安机关自己决定取保候审的，还是法院、检察院决定取保候审的，都只能由公安机关负责执行，法院、检察院没有执行取保候审的权力。本款这样规定，主要考虑到公安机关在基层普遍设有派出机构，与居民委员会、村民委员会等基层组织也有紧密的联系，并且有执行拘留、逮捕的权力。由公安机关执行取保候审，便于加强对被取保候审人的监督和考察，一旦发现违反规定或者不应当取保候审的情形，可以及时依法处理。[①] 根据 1998 年公安部《规定》第 87 条和第 88 条的规定，公安机关具体负责执行取保候审的是犯罪嫌疑人、被告人居住地派出所。

---

① 郎胜主编：《中华人民共和国刑事诉讼法释义（最新修正版）》，法律出版社 2012 年版，第 143 页。

把取保候审的决定权和执行权交由不同机关行使，这有助于规范取保候审的执行程序，特别是保证金收取和对被取保候审人的监督管理，防止由于检察院和法院对被取保候审人的监管不到位而出现脱保等现象，是符合司法规律和我国司法实践需要的。2012 年修改的刑事诉讼法保留这一决定权和执行权分立模式，2012 年公安部《规定》确认由被取保候审人居住地的派出所具体执行对犯罪嫌疑人的取保候审，并明确列举了执行取保候审的派出所应当履行的职责。

第三，取保候审的保证方式：从保证人的单一方式到保证人与保证金二者择一。

1979 年《刑事诉讼法》没有对取保候审的保证方式作出规定，但在当时各个版本的法学教科书和司法实践中却有着一致的认识，即取保候审就是人保候审。实践中，如果出现了被告人逃避侦查或审判的情形，法律很难追究保证人应负的法律责任，所以，人保制度很少被采用，只是法院在受理自诉案件和检察院在办理自侦经济案件时才偶有使用。取保候审没有发挥应有的作用。①

为了解决实践中保证方式单一、取保候审流于形式的问题，1996 年修改的《刑事诉讼法》明确规定了取保候审的保证方式。第 53 条规定，人民法院、人民检察院和公安机关决定对犯罪嫌疑人、被告人取保候审，应当责令犯罪嫌疑人、被告人提出保证人或者交纳保证金，正式在立法上确立了保证人和保证金两种保证方式。同时，还对保证人应当具备的条件及其保证义务作了明确规定。根据 1998 年六机关《规定》，保证人保证和保证金保证只能选择一种适用，不能要求同时提供保证人并交纳保证金。

1996 年《刑事诉讼法》增加了保证金的保证方式，但并没有对保证金的数额、交纳和退还等程序内容作出规定。实践中有的案件确定的保证金数额较低，缺乏足够的约束力，有些被取保候审人

① 朱亚滨：《“财产保”及其立法构想》，载《政治与法律》1989 年第 3 期。

借机弃保潜逃，导致公检法机关不愿意使用取保候审。也有的案件地方公检法机关在执行中收取过高的保证金，给犯罪嫌疑人、被告人及其家庭造成不应有的负担，犯罪嫌疑人、被告人不愿交纳或者无力交纳，这些都影响了取保候审措施作用的有效发挥，也导致有的办案机关为了保障刑事诉讼的顺利进行，不得不对犯罪嫌疑人、被告人较多采取羁押措施，进一步提高了羁押在实践中使用的比例。另外，1996 年《刑事诉讼法》也没有规定交纳保证金的程序，实践中一般是要求犯罪嫌疑人、被告人将保证金交给执行机关，再由执行机关存入银行专门账户。这对保证金的收取、管理和没收的执行都造成影响。实践中甚至出现个别执行机关及其工作人员截留、坐支、私分、挪用或者侵吞保证金，或者在犯罪嫌疑人、被告人取保候审结束后拒绝退还保证金的情况。①

为了解决司法实践中取保候审适用率低、保证金适用不规范等问题，1998 年六机关《规定》、1998 年最高人民法院《解释》、1999 年最高人民检察院《规则》、1998 年公安部《规定》和 1999 年最高人民法院、最高人民检察院、公安部、国家安全部《关于取保候审若干问题的规定》等对保证金的数额、交纳和保管等内容作了规定。主要包括以下几个方面：保证金以人民币现金的形式一次性交纳；可以由被保证人以自己的财产交纳，也可以由其法定代理人、近亲属或者其他人交纳；保证金的数额，应当以保证取保候审人不逃避、不妨碍刑事诉讼为原则，综合考虑犯罪嫌疑人、被告人的社会危险性，案件的情节、性质，可能判处刑罚的轻重，犯罪嫌疑人、被告人经济状况，当地的经济发展水平等因素确定保证金数额，不少于 1000 元。保证金由县级以上公安机关统一收取和管理，县级以上公安机关应当在指定银行设立取保候审保证金专户，委托银行代为收取和保管保证金。

---

① 郎胜主编：《中华人民共和国刑事诉讼法释义（最新修正版）》，法律出版社 2012 年版，第 156 页。

2012年修改《刑事诉讼法》，在吸收有关司法解释或部门规定的基础上，立法对确定保证金数额的考量因素作了明确规定。根据现行《刑事诉讼法》的规定，确定保证金的数额应考虑如下因素：第一，保证诉讼活动正常进行的需要。如果被取保候审人逃避追诉和审判、妨碍诉讼秩序的可能性大，则收取的保证金数额就相应较高；如果被取保候审人逃避追诉和审判、妨碍诉讼秩序的可能性小，则收取的保证金数额就相应较低。第二，被取保候审人的社会危险性。社会危险性应根据其人格、一贯表现、所犯罪行的性质等因素进行综合评估。如果社会危险性大，则应收取较高的保证金，否则，应收取数额较低的保证金。第三，案件的性质、情节，可能判处刑罚的轻重。一般而言，基于趋利避害的人性特点，涉嫌较为严重犯罪、可能判处刑罚较重的被取保候审人逃避追诉、妨碍诉讼秩序的可能性较大，应收取较高的保证金对其才能起到约束作用。第四，被取保候审人的经济状况。不同经济能力的犯罪嫌疑人、被告人对没收保证金的心理承受能力不同，即使社会危险性、犯罪性质、情节等因素基本相同的犯罪嫌疑人、被告人，因为经济能力不同，其遵守有关规定的心理倾向也会产生差异。[①] 至于保证金的具体数额，由办案机关根据案件情况自行确定。对此，2012年公安部《规定》中要求，保证金起点数额为人民币1000元；2012年最高人民检察院《规则》对保证金也有1000元的最低要求，但对于未成年犯罪嫌疑人可以责令交纳500元以上的保证金。2020年公布的公安部《规定》第87条也增加了“犯罪嫌疑人为未成年人的，保证金起点数额为人民币五百元”的规定。此外，除了规定确定保证金数额的考量因素之外，刑事诉讼法及有关司法解释、部门规定等还详细规定了保证金的交纳和退还程序。

第四，取保候审的义务体系：从法定义务到法定义务和酌定义

① 郎胜主编：《中华人民共和国刑事诉讼法修改与适用》，新华出版社2012年版，第157页。

务相结合。

1979 年《刑事诉讼法》对被取保候审的犯罪嫌疑人、被告人应当遵守哪些规定没作规定，被取保候审人对自己有哪些义务不清楚，执行机关和所在单位无法监督，一旦被取保候审往往就处于无人过问的状况，以及对犯罪嫌疑人、被告人不及时到案妨碍刑事诉讼顺利进行的处理往往于法无据。

针对这些问题，1996 年修改《刑事诉讼法》时，对被取保候审人在取保候审期间应当遵守的义务作了明确规定，具体包括：未经执行机关批准不得离开所居住的市、县；在传讯的时候及时到案；不得以任何形式干扰证人作证；不得毁灭、伪造证据或者串供。所有被取保候审的犯罪嫌疑人、被告人在取保候审期间都必须严格遵守这四项规定，如有违反，已交纳保证金的，没收保证金，并且区别情形，责令犯罪嫌疑人、被告人具结悔过，重新交纳保证金、提出保证人或者监视居住、予以逮捕。

2012 年《刑事诉讼法》对取保候审的义务体系又作了进一步的修改和完善。一方面，完善取保候审的法定义务。在保持 1996 年《刑事诉讼法》规定的四项法定义务的基础上，补充规定了“住址、工作单位和联系方式发生变动的，在 24 小时以内向执行机关报告”的法定义务。另一方面，增加取保候审的酌定义务。为了防止被取保候审人逃避侦查、审查起诉和审判，规定法院、检察院和公安机关可以根据案件情况责令被取保候审人遵守一项或多项特定义务。主要包括：不得进入特定的场所；不得与特定的人员会见或者通信；不得从事特定的活动；将护照等出入境证件、驾驶证件交执行机关保存。这些规定并不是所有的被取保候审人都应当遵守的义务，在具体案件中是否要求被取保候审人遵守特定义务，由法院、检察院和公安机关自由裁量。但是，一旦法院、检察院和公安机关要求被取保候审的犯罪嫌疑人、被告人遵守其中一项或者几项酌定义务，则其法律效力与法定义务的效力是完全一致的。在取保候审期间，不管犯罪嫌疑人、被告人违反的是法定义务，还是酌定义务，都将导致没收保证金，责令具结悔过，重新交纳保证金、提出保证人或者监视居住、予以逮捕等后果。

（二）监视居住的立法发展与要点整理

监视居住，是指人民法院、人民检察院、公安机关在刑事诉讼过程中对犯罪嫌疑人、被告人采用的，命令其不得擅自离开住处，无固定住处不得擅自离开指定的居所，并对其活动予以监视和控制的一种强制方法。监视居住在性质上是将犯罪嫌疑人、被告人限制在一定场所并要求其遵守法律规定的相关义务的一种强制措施，对人身自由的约束性高于取保候审，其强制性表现在犯罪嫌疑人、被告人在监视居住期间不得离开有关场所并需要严格遵守有关法律规定。

1. 监视居住的立法梳理

1979 年《刑事诉讼法》对监视居住的规定比较原则。只是规定，法院、检察院和公安机关根据案件情况对被告人可以监视居住；被监视居住人不得离开指定的区域；监视居住由当地公安派出所执行，或者由受委托的人民公社、被告人的所在单位执行。在制度定位上，监视居住和取保候审趋同，适用情形也完全相同。但是，1979 年《刑事诉讼法》没有规定监视居住的执行地点、程序以及被监视居住人应当遵守的义务以及违反义务的法律后果等具体内容。

1996 年修改《刑事诉讼法》时完善了监视居住的适用情形、监视居住的决定机关和执行机关、被监视居住人在监视居住期间应当遵守的规定及违反规定的法律后果、监视居住的期限等内容，总体上构建了较为完善的监视居住制度，对于规范办案机关在司法实践中适用监视居住这一措施具有积极意义。1998 年六机关《规定》、1998 年最高人民法院《解释》、1999 年最高人民检察院《规则》和 1998 年公安部《规定》等司法解释和部门规定也对法院、检察院和公安机关在办理案件过程中具体适用监视居住措施作了进一步规定。

1996年《刑事诉讼法》对监视居住的制度定位沿袭了1979年《刑事诉讼法》的规定，没有对监视居住与取保候审的适用情形作出界分，导致监视居住和取保候审在适用上的混同。在具体案件中，是采用监视居住还是取保候审，取决于办案机关的自由裁量。司法实践中，对于那些社会危险性非常小，符合取保候审或者监视居住条件的犯罪嫌疑人、被告人，办案机关一般选择取保候审；对于那些适用取保候审不足以防止社会危险性的犯罪嫌疑人、被告人，办案机关在确定不宜采取取保候审的同时，也就排除了适用监视居住的可能，从而导致监视居住长期被搁置不用，本应具有的过渡和缓冲功能无从发挥。只有在犯罪嫌疑人、被告人无法提供保证人或者保证金且不符合逮捕条件的情况下，才会采用监视居住，而这种情形在实践中又是非常少见的。即使适用监视居住，办案机关一般也是在指定地点对犯罪嫌疑人、被告人进行监视居住，以确保对其人身自由的有效控制，实际上演变成一种变相羁押的手段。也正因为监视居住在司法实践中无法切实发挥其应有的衔接取保候审和替代羁押的作用，从而有学者主张应当将监视居住予以废除。废除监视居住的观点固然过激，但也反映了监视居住在我国立法上所处的尴尬状态以及司法实践中适用之困境。因此，若要想监视居住发挥其应有功能，就必须在立法上将监视居住与取保候审分离开来，并对监视居住的性质作出准确定位。

2012年修改《刑事诉讼法》时对监视居住制度作了较大程度的完善。明确了监视居住的性质，将监视居住定位为逮捕的替代措施，同时还发挥对取保候审的补充作用，区分监视居住和取保候审的适用条件，修改被监视居住人在监视居住期间应当遵守的规定，明确监视居住的执行场所，并针对指定居所监视居住作了严格的限制性规定，增加了监视居住期间的监督方法等。此外，2012年六机关《规定》、2012年最高人民法院《解释》、2012年最高人民检察院《规则》、2012年公安部《规定》等司法解释和部门规定也对监视居住的具体适用问题作了进一步规定。

2. 监视居住制度的改革要点

第一，监视居住的适用条件：从与取保候审合一到与取保候审分离。

1979年《刑事诉讼法》没有明确规定监视居住的适用条件，对此1996年修改《刑事诉讼法》时，明确增加了监视居住的适用条件，但仍采用与取保候审统一规定的方法，监视居住与取保候审适用相同的条件，即，犯罪嫌疑人、被告人“可能判处管制、拘役或者独立适用附加刑的”，“可能判处有期徒刑以上刑罚，采取取保候审、监视居住不致发生社会危险性的”，以及“应当逮捕，但患有严重疾病，或是正在怀孕、哺乳自己婴儿的妇女的”，法院、检察院和公安机关可以采取监视居住。

2012年《刑事诉讼法》重新定位了监视居住的性质，将监视居住明确规定为逮捕的替代措施。也就是说，对犯罪嫌疑人、被告人适用监视居住的前提是符合逮捕条件，不符合逮捕条件，则不能适用监视居住。在此基础上，2012年《刑事诉讼法》还明确列举了监视居住的适用情形，从而将监视居住与取保候审的适用条件予以分离。根据现行《刑事诉讼法》第74条的规定，对于符合逮捕条件，但具有以下情形之一的犯罪嫌疑人、被告人，可以采用监视居住：患有严重疾病、生活不能自理的；怀孕或者正在哺乳自己婴儿的妇女；系生活不能自理的人的唯一扶养人；因为案件的特殊情况或者办理案件的需要，采取监视居住措施更为适宜的；羁押期限届满，案件尚未办结，需要采取监视居住措施的。虽然《刑事诉讼法》规定的是“可以”而非应当，但从立法意义理解，凡是满足监视居住情形的犯罪嫌疑人、被告人，办案机关就要尽可能对其适用监视居住。此外，《刑事诉讼法》还规定“对符合取保候审条件，但犯罪嫌疑人、被告人不能提出保证人，也不交纳保证金的，可以监视居住”，这实际上确认了监视居住作为取保候审的一种补充措施的作用。需要注意的是，在这种情况下，必须是犯罪嫌疑人、被告人既提不出符合条件的保证人，也不能交纳合理数额的保证金，无法对其适用取保候审，而又不符合逮捕的条件，才可以适用监视居住。但是，办案机关不能故意要求过高数额的保证金，从而使犯罪嫌疑人、被告人无法适用取保候审，进而转化为监视居住，这是违反法律规定的。

第二，指定居所监视居住：从原则规定到具体制度构建。

1979 年《刑事诉讼法》对监视居住的执行场所作了原则性规定，要求“被监视居住的被告人不得离开指定的区域”，但并未明确“指定的区域”究竟是指哪些区域。这就导致在实际执行中对监视居住的区域范围难以把握，范围太大，无法监视，范围太小，又变成变相关押。亟须法律作出明确规定。①

1996 年修改的《刑事诉讼法》在第 57 条补充规定了监视居住的执行场所，包括住处和指定居所两种。通常情况下，应当在犯罪嫌疑人、被告人的住处执行监视居住；对于犯罪嫌疑人、被告人没有固定住处的，才可以在指定的居所执行监视居住。但是，1996 年《刑事诉讼法》没有对指定居所监视居住的执行处所、通知家属、委托律师等作出更具体细致的规定。实践中办案机关较少采用监视居住措施，有的情况下采取将犯罪嫌疑人、被告人指定在羁押场所、专门的办案场所监视居住的办法，规避有关监视居住的规定，实际上将犯罪嫌疑人、被告人变相羁押，不利于当事人合法权利的保护。②

2012 年《刑事诉讼法》对指定居所监视居住的适用情形、执行处所、通知家属、委托辩护人以及人民检察院法律监督等内容作了较为详细的规定。根据现行《刑事诉讼法》的规定，监视居住制度主要包括以下内容：

（1）指定居所监视居住的适用情形。一种情形是犯罪嫌疑人、

① 黄太云：《刑事诉讼制度的重大改革——刑事诉讼法修改的几个重大问题述要》，载《中国法学》1996 年第 2 期。

② 郎胜主编：《中华人民共和国刑事诉讼法释义（最新修正版）》，法律出版社 2012 年版，第 168 页。

被告人没有固定住所的；另一种情形是涉嫌危害国家安全犯罪、恐怖活动犯罪、特别重大贿赂犯罪，在住处执行可能有碍侦查，经上一级人民检察院或者公安机关批准的。只有这两种情形，才可以适用指定居所监视居住。其中，对于适用指定居所监视居住的第二种情形，必须同时满足四个条件，缺一不可：符合刑事诉讼法规定的适用监视居住的条件；涉嫌的犯罪属于危害国家安全犯罪、恐怖活动犯罪、特别重大贿赂犯罪之一；在住处执行可能有碍侦查；履行严格的审批程序并经上一级人民检察院或者公安机关批准。

（2）指定居所监视居住的执行处所。《刑事诉讼法》明确规定不得在看守所、行政拘留所、留置室等羁押场所、专门的办案场所或者公安机关、检察机关的其他工作场所执行。这样规定是为了防止办案机关将指定居所监视居住弄成变相的羁押，规避本法关于拘留逮捕犯罪嫌疑人、被告人应当及时送看守所关押，讯问必须在看守所进行等方面的规定，防止刑讯逼供等非法取证行为，保障犯罪嫌疑人、被告人的诉讼权利和其他合法权益。①

（3）指定居所监视居住后通知家属与委托辩护人。一方面，为了保障被监视居住人的家属的知情权，保护被监视居住人的诉讼权利及其他合法权益，避免秘密拘捕现象的出现。《刑事诉讼法》第75条第2款规定，指定居所监视居住的，除无法通知的以外，应当在执行监视居住后24小时以内，通知被监视居住人的家属。这里规定的“无法通知”是指犯罪嫌疑人没有家属，犯罪嫌疑人、被告人身份、家庭住址、通讯方式无法查找或者根据其提供的联系方式联系不上，以及因为自然灾害等不可抗拒的事由造成通讯、交通中断等无法通知的情形。对于犯罪嫌疑人不讲真实姓名、住址，身份不明的，应当按照《刑事诉讼法》第160条第2款的规定对其身份进行调查，不能不经调查就直接以“无法通知”为由不通知

① 郎胜主编：《中华人民共和国刑事诉讼法释义（最新修正版）》，法律出版社2012年版，第170页。

家属。无法通知的情形消失以后，也应当立即通知其家属。另一方面，被指定居所监视居住的犯罪嫌疑人、被告人有权依法自行委托辩护人，也可以由其近亲属代为委托辩护人。办案机关应当依法告知被指定居所监视居住的犯罪嫌疑人、被告人享有委托辩护人的权利，被指定居所监视居住人要求委托辩护人的，法院、检察院和公安机关应当及时转达其要求。

（4）指定居所监视居住期限折抵刑期。指定居所监视居住，将犯罪嫌疑人、被告人在较长一段时间里置于独立空间而与其家属隔离，对人身自由的限制程度明显超过在住处执行的监视居住和取保候审，甚至在某种意义上可以说带有一定的羁押性。在严格限制适用的同时，《刑事诉讼法》还规定适用指定居所监视居住的期限可以折抵刑期。具体而言，指定居所监视居住 1 日折抵管制 1 日，指定居所监视居住 2 日折抵拘役、有期徒刑 1 日。这一规定，有助于更好地保障被指定居所监视居住的犯罪嫌疑人、被告人的人身自由及其他合法权益。

（5）指定居所监视居住的法律监督。刑事诉讼法规定人民检察院对指定居所监视居住的决定和执行是否合法实行监督。在监督的方式上，检察院的侦查监督部门发现指定居所监视居住存在违法行为的，宜采取提出纠正意见的方式进行监督。在监督的对象上，既包括指定居所监视居住决定中存在的违法行为，如不符合指定居所监视居住的适用条件而指定居所监视居住的；未按照法定程序履行审批手续而指定居所监视居住的等；还包括指定居所监视居住执行中的违法行为，如在执行指定居所监视居住后 24 小时以内没有通知被监视居住人的家属的；在羁押场所、检察院或者公安机关专门的办案场所执行监视居住的；未及时告知被监视居住人有权委托辩护人，或者被监视居住人要求委托辩护人，没有及时转达其要求的；为被监视居住人通风报信、私自传递信件物品或者伪造立功材料的；刑讯逼供、体罚、虐待被监视居住人的，等等。[①]

第三，逐步完善监视居住的义务规定体系。

1979年《刑事诉讼法》对被监视居住人应当遵守什么规定，以及违反规定后应当如何处理未作明确规定，在实际执行中出现了一些问题，有的把被监视居住的对象关进看守所、拘留所，有的则在招待所、旅馆，甚至在私设的“小黑屋”搞所谓的监视居住，把监视居住搞成了变相羁押，这不仅与刑事诉讼法当初设计监视居住措施的初衷相去甚远，而且也严重地侵犯了公民的合法权益。为了解决实践中存在的问题，使监视居住作为一种非关押的强制措施更便于操作，对被监视居住的人的行为规范作明确规定，使其明白应当遵守什么规定，违反规定会有什么后果，同时也为了便于执行机关对被监视居住的犯罪嫌疑人、被告人进行监督，1996年在修改《刑事诉讼法》时增加了被监视居住的犯罪嫌疑人、被告人应当遵守的规定。[②] 主要包括：未经执行机关批准不得离开住处，无固定住处的，未经批准不得离开指定的居所；未经执行机关批准不得会见他人；在传讯的时候及时到案；不得以任何形式干扰证人作证；不得毁灭、伪造证据或者串供。被监视居住的犯罪嫌疑人、被告人必须严格遵守上述规定，如果违反且情节严重的，予以逮捕。何为“情节严重”，1999年最高人民检察院《规则》第68条第2款、1998年公安部《规定》第99条作了规定。

随着近年来我国经济社会的快速发展，通信技术、交通工具等基础设施建设的更新换代，人们的生活方式发生巨大变化，也加大了对被监视居住人的监管难度。为了因应社会发展的需要，加强对被监视居住人的监管力度，2012年《刑事诉讼法》进一步修改完善了被监视居住人在监视居住期间应当遵守的义务体系。根据现行

---

① 宋英辉、刘广三、何挺等：《刑事诉讼法修改的历史梳理与阐释》，北京大学出版社2014年版，第161-162页。

② 郎胜主编：《中华人民共和国刑事诉讼法释义（最新修正版）》，法律出版社2012年版，第174页。

刑事诉讼法的规定，主要包括：统一监视居住的执行处所，“未经执行机关批准不得离开执行监视居住的处所”；补充对被取保候审人的通信控制，“未经执行机关批准不得会见他人或者通信”；增加对被监视居住人有关证件的控制，“将护照等出入境证件、身份证件、驾驶证件交执行机关保存”。对于被监视居住的犯罪嫌疑人、被告人违反《刑事诉讼法》的规定，情节严重的，可以予以逮捕；需要予以逮捕的，可以对犯罪嫌疑人、被告人先行拘留。2012 年最高人民检察院《规则》第 121 条对违反监视居住规定、应当逮捕和可以逮捕犯罪嫌疑人的情形作了明确规定；2012 年公安部《规定》第 132 条对违反监视居住规定、可以提请逮捕犯罪嫌疑人的情形作了规定。2019 年年底修订的最高人民检察院《规则》和 2020 年修订的公安部《规定》基本延续了上述规定内容。

第四，明确执行机关可以采取的监视方法。

1979 年和 1996 年《刑事诉讼法》都没有规定执行机关采取哪些方法来监督被监视居住的犯罪嫌疑人、被告人遵守监视居住的有关规定。如今经济社会快速发展，包括通信和网络技术等高科技在内的科学技术日新月异，一方面对监督被监视居住人遵守监视居住规定的情况带来了一些困难和挑战，另一方面也为更有效地监控被监视居住人的行踪带来了便利。比如，为了更好地保证被监视居住的犯罪嫌疑人、被告人遵守有关规定，一些国家发展了电子手镯等监控方式，通过电子定位的方式对他们遵守法律的情况进行监视。我国在试行社区矫正的过程中，有些地方也尝试了这种方法，取得很好的效果，有必要在监视居住措施中推广。为了保障诉讼的顺利进行，保护公民的合法权利，2012 年修改《刑事诉讼法》时赋予执行机关相应的监视措施，同时也对采取这些措施作出明确限制。[1]

---

[1] 郎胜主编：《中华人民共和国刑事诉讼法释义（最新修正版）》，法律出版社 2012 年版，第 179 页。

现行《刑事诉讼法》第78条规定："执行机关对被监视居住的犯罪嫌疑人、被告人，可以采取电子监控、不定期检查等监视方法对其遵守监视居住规定的情况进行监督；在侦查期间，可以对被监视居住的犯罪嫌疑人的通信进行监控。"但是，需要注意的是，这些监视方法只能对被监视居住的犯罪嫌疑人、被告人本人适用，不能扩大到其他主体；通信监控的方式只能在侦查阶段适用，不能扩大到其他诉讼阶段。如果采取监控通信的方式，需要遵守《刑事诉讼法》关于技术侦查的有关规定。

（三）我国羁押替代性措施的完善

关于取保候审制度，主要的问题是取保候审的保证方式和社会支持体系不健全，无法满足日趋复杂多样的司法实践需要。一方面，我国《刑事诉讼法》规定取保候审可以采取保证人或者保证金两种方式，但二者不能同时适用。这就导致有的犯罪嫌疑人、被告人虽然符合《刑事诉讼法》规定的适用取保候审的条件，但由于在保证方式上无法提供合适的保证人或者不能交纳办案机关确定数额的保证金，从而无法适用取保候审而被监视居住或者逮捕。另一方面，取保候审的性质决定了要想切实发挥其应有效果在很大程度上需借助于多元化社会力量的参与和配套支持体系的完善。但是，取保候审的支持体系在我国仍然处于起步阶段，实践中也主要是在未成年人刑事案件中适用，有的司法解释或文件对完善未成年人刑事司法的支持体系作了规定，但尚未上升到法律层面。[①]

完善取保候审制度，应当进一步丰富取保候审的保证方式，建立多元化的保证体系。一是增加犯罪嫌疑人、被告人的具结保证，对于情节比较轻微，犯罪嫌疑人、被告人可以提交书面保证书的方式保证其不逃避侦查、审查起诉和审判，而无须提出保证人或交纳保证金。二是增加《刑事诉讼法》之外的有保证能力且能够履行

---

① 参见王贞会等：《未成年人刑事司法社会支持机制研究》，中国人民公安大学出版社2017年版。

保证责任的个人或单位担任保证人的方式。保证人不限于犯罪嫌疑人、被告人的亲属、朋友等，只要有保证能力、能够履行保证责任而又愿意担任保证人的，就可以担任保证人。另外，保证人也不限于必须是自然人，对于犯罪嫌疑人、被告人的工作单位、村委会、居委会等有能力承担保证责任的单位，同样可以担任保证人。三是明确保证金不限于人民币现金的形式，与人民币等值的其他货币，以及犯罪嫌疑人、被告人持有的股票、基金、证券等财产，甚至车位、商铺、房产等不动产均可作为保证方式。四是明确各种保证方式可以合并使用，不限于只能使用一种保证方式。

应当积极吸收社会力量参与取保候审的执行，建立健全取保候审的社会支持体系。司法实践中，许多地方积极探索通过建立社会观护基地的方式来扩大对未成年犯罪嫌疑人、被告人适用取保候审。观护基地不仅可以为那些不能提供保证人又交不起保证金的未成年犯罪嫌疑人、被告人提供保证人和临时住所以扩大非羁押强制措施的适用；而且，观护基地在减少审前羁押、刑罚宽缓化、帮助复归社会等方面也取得良好效果，并促成办案人员观念和认识上的改变。[①] 应当将这一做法扩展到成年的犯罪嫌疑人、被告人，建立一套完整的适用于所有犯罪嫌疑人、被告人的非羁押社会支持体系，当然在社会支持体系的具体设计上也要区分成年人和未成年人，以体现对未成年人的特别保护和优先保护。

关于监视居住制度，主要的问题是监视居住适用条件的把握和指定居所监视居住的执行场所。一方面，《刑事诉讼法》对监视居住的适用条件规定的是“可以”监视居住，这就造成两方面的问题：一是既然法律规定的是“可以”，那么也就是说也可以不适用监视居住，从而即使是符合监视居住的适用条件，也不适用监视居住。二是既然将监视居住视为逮捕的替代措施，那么只要符合

① 宋英辉、何挺、王贞会等：《未成年人刑事司法改革研究》，北京大学出版社2013年版，第39页。

《刑事诉讼法》规定的监视居住的适用条件，就一律予以监视居住。甚至有的机关为了办案需要，以“没有固定住所”为由，将犯罪嫌疑人、被告人予以指定居所监视居住。这实际上都是没有正确理解《刑事诉讼法》关于监视居住的立法意图。另一方面，虽然《刑事诉讼法》规定“不得在羁押场所、专门的办案场所执行”，最高人民检察院《规则》和公安部《规定》要求指定的居所应当符合三个条件：具备正常的生活、休息条件；便于监视、管理；能够保证办案安全。但是，《刑事诉讼法》及其配套文件都没有明确规定哪些地点可以作为符合法律规定的指定居所，造成司法实践中各地办案机关具体操作上的混乱。此外，实践中还存在一种倾向，就是《刑事诉讼法》规定的监视居住期限最长不超过 6 个月，可以少于 6 个月，但办案机关往往要用足 6 个月的监视居住期限，这实际上也有违《刑事诉讼法》“尊重和保障人权”的规定。

应当从以下几个方面对监视居住制度予以完善。一是准确把握监视居住的适用条件，“可以监视居住”在立法意图上是有价值取向的，也就是说，对于符合《刑事诉讼法》规定的监视居住条件的犯罪嫌疑人、被告人要尽可能使用监视居住，但也并非一律适用监视居住，如果适用监视居住不足以保证刑事诉讼顺利进行，也可以将犯罪嫌疑人、被告人予以逮捕。二是在立法上明确规定指定居所监视居住的执行场所。可以借鉴国外“保释宾馆”的设置，也可以与取保候审的观护基地等支持体系共享资源，交由第三方对被监视居住人进行监督管理。三是落实检察机关对指定居所监视居住的法律监督。检察机关要充分发挥其对刑事诉讼实行法律监督的职责，对决定和执行指定居所监视居住过程中存在的问题，如执行指定居所监视居住后 24 小时以内没有通知被监视居住人家属的，在羁押场所、专门的办案场所执行监视居住的，等等，应当及时向有关机关提出纠正意见。此外，办案机关要严格遵守比例原则，随着刑事诉讼程序的推进，不再需要对犯罪嫌疑人、被告人继续监视居住的，就要及时解除监视居住或者变更为取保候审。

结 语

“公权力对普通公民影响最大，其中之一就是国家以有犯罪嫌疑为由对个人进行羁押。”① 在未决羁押的适用上，刑事诉讼所具有的控制犯罪与保障人权这两个基本目的之间的冲突尤为激烈：一方面，要实现追诉犯罪效果的最大化，用足用尽羁押手段是最简便的选择；另一方面，要想充分保障人权，应以不羁押、少羁押为原则。② 从现代刑事诉讼制度发展的基本趋势而言，对未决羁押适用应予严格限制，尽可能减少不必要的未决羁押，已成为联合国刑事司法准则和多数国家、地区刑事法治所肯认和确立的一个基本理念。

从对未决羁押的法律控制来看，事实上包含作出未决羁押决定以及未决羁押存续期间这两个不同的阶段。要想实现尽可能减少不必要羁押的目的，一方面需要在作出未决羁押决定的环节尽可能采用司法化、诉讼化的审查机制，审慎地决定适用未决羁押，尽可能在决定适用环节就对不应该、不必要适用未决羁押的案件一律不予适用未决羁押。这个环节可以说是减少未决羁押适用的最关键环节。另一方面也需要在未决羁押存续期间内形成撤销、变更机制的良性运转，从而及时排除不应当、不必要继续羁押的情形。这一环节相对于羁押决定环节起到的排除适用作用相对较小，但其在被羁押人权利保障与救济方面发挥的积极作用也不容忽视。从域外情况

① ［美］柏恩敬等编译：《审前羁押制度演变的比较研究》，法律出版社2018年版，第1页。

② 孙谦：《司法改革背景下逮捕的若干问题研究》，载《中国法学》2017年第3期。

看，基于对“羁押是例外，释放是原则”这一理念的遵循，多数国家和地区刑事诉讼中未决羁押的适用比率控制在较低水平，在未决羁押决定适用环节就争取做到了尽可能减少适用的目的，也往往同时存在整个诉讼进程中持续可能撤销、变更未决羁押的成熟机制。从各国、各地区有关未决羁押撤销、变更机制的立法与实践情况来看，未决羁押撤销、变更机制是由未决羁押的适用要件与期限，未决羁押撤销、变更机制在启动方式、审查主体、审查方式、再救济等方面的程序规定，以及未决羁押撤销、变更机制中的律师帮助，非羁押性强制措施的保障等多重内容构成的一个有机整体。

我国缺乏独立的未决羁押制度，与域外这种较长时间剥夺被追诉人人身自由的未决羁押概念类似的则是指基于适用拘留和逮捕这两种法定强制措施而产生的被追诉人在判决前人身自由受剥夺的状态。与拘留后的未决羁押相比，逮捕后的未决羁押因为持续时间更长、对诉讼结果的影响更大，其适用问题长期受到理论与实务部门的高度关注。长期以来，我国捕后羁押率虽有所下降但仍处于高位运行，“构罪即捕”“以捕代侦”“以捕代罚”“以捕促和”以及“一押到底”等问题在一定范围内仍普遍存在。产生这种局面的原因显然是多方面的。就司法理念而言，我国尚未真正确立严格限制未决羁押适用的基本理念，在逮捕制度的定位上仍偏重强调其犯罪控制目的和职权属性，忽视其在诉讼保障和人权保障方面的应然定位。就逮捕决定的作出而言，逮捕审查程序具有浓厚的行政审批色彩，书面审查、程序封闭的特点突出，审查者的中立地位难以保证，从而使得逮捕决定环节难以有效发挥限制未决羁押适用的应有作用。与此同时，对于已批准或作出逮捕决定的案件，在被追诉人长达数月甚至数年的捕后未决羁押状态中，我国《刑事诉讼法》及相关规范性文件并未确立一套健全、有效的未决羁押撤销、变更机制。一方面，现有关于未决羁押撤销、变更的法律规定在概念界定、途径设置以及具体程序规定方面仍存在诸多粗疏、含混之处；另一方面，未决羁押撤销、变更机制在实践中也由于未受应有重视以及缺乏必要的律师帮助、缺乏必要的保障机制等因素而难以有效运作。

随着我国经济社会不断发展，“人权保障在中国特色社会主义法治体系建设中的地位日益凸显，成为法治中国建设的一条主线。从国际潮流看，充分认识‘逮捕对人权的威胁，充分发挥逮捕对人权的重要保障作用’是文明与法治时代的要求”。[①] 未决羁押撤销、变更机制作为对被羁押犯罪嫌疑人、被告人进行权利保障与救济的一个主要途径，应当受到应有的、更多的重视。在不断强化严格限制未决羁押适用的基本理念的基础上，有必要在今后的立法修改中进一步完善未决羁押撤销、变更的概念界定，取消将未决羁押撤销与否定性评价挂钩的方式，从而以更广的视角来把握未决羁押撤销、变更的内涵；有必要对未决羁押撤销、变更的情形作单独、明确的规定，完善未决羁押适用要件和适用期限的立法规定；有必要进一步理顺诉讼职权型与诉讼监督型机制的关系，在审查方式上按不同类别进行必要的诉讼化改造，并对被羁押人对审查结果申请再救济的权利予以必要保障；有必要进一步加强被羁押人获得律师帮助权的保障，通过加强权利告知、构建程序性制裁机制等措施强化被羁押人自行委托辩护律师的权利，扩大被羁押人获得免费法律援助辩护律师帮助的范围，同时应进一步完善值班律师制度，以最大限度为无辩护人的被羁押人提供必要法律帮助；有必要不断强化非羁押性强制措施的完善，通过进一步丰富、优化取保候审方式与监管途径，进一步明确监视居住适用条件等举措，逐步扩大非羁押性强制措施的适用，以最大限度替代、减少未决羁押的适用。

① 孙谦：《司法改革背景下逮捕的若干问题研究》，载《中国法学》2017 年第 3 期。

参考文献

一、中文著作类

《辞海》(缩印本),上海辞书出版社 1989 年版。

《刑事诉讼法学》编写组:《刑事诉讼法学》,高等教育出版社 2017 年版。

陈光中、严端主编:《中华人民共和国刑事诉讼法修改建议稿与论证》,中国方正出版社 1995 年版。

陈光中主编:《〈公民权利和政治权利国际公约〉与我国刑事诉讼》,商务印书馆 2005 年版。

陈光中主编:《中华人民共和国刑事诉讼法再修改专家建议稿与论证》,中国法制出版社 2006 年版。

陈瑞华:《比较刑事诉讼法》,中国人民大学出版社 2010 年版。

陈瑞华:《看得见的正义》,中国法制出版社 2000 年版。

陈卫东主编:《2018 刑事诉讼法修改条文理解与适用》,中国法制出版社 2019 年版。

陈卫东主编:《保释制度与取保候审》,中国检察出版社 2003 年版。

陈卫东主编:《刑事诉讼法学研究》,中国人民大学出版社 2008 年版。

陈永生:《侦查程序原理论》,中国人民公安大学出版社 2003 年版。

樊崇义主编:《诉讼原理》,法律出版社 2004 年版。

樊崇义主编：《刑事诉讼法实施问题与对策研究》，中国人民公安大学出版社 2001 年版。

顾永忠主编：《刑事法律援助的中国实践与国际视野》，北京大学出版社 2013 年版。

郭天武：《保释制度研究》，法律出版社 2009 年版。

江涌：《未决羁押制度的研究》，中国人民公安大学出版社 2011 年版。

郎胜：《欧盟国家审前羁押与保释制度》，法律出版社 2006 年版。

郎胜主编：《中华人民共和国刑事诉讼法释义（最新修正版）》，法律出版社 2012 年版。

郎胜主编：《中华人民共和国刑事诉讼法修改与适用》，新华出版社 2012 年版。

李忠诚：《刑事强制措施研究》，中国人民公安大学出版社 1995 年版。

林钰雄：《刑事诉讼法（上册　总论编）》，中国人民大学出版社 2005 年版。

刘根菊、杨立新：《逮捕的实质性条件新探》，载陈光中、［德］汉斯-约格·阿尔布莱希特主编：《中德强制措施国际研讨会论文集》，中国人民公安大学出版社 2003 年版。

全国人大常委会法制工作委员会刑法室编：《关于修改〈中华人民共和国刑事诉讼法〉的决定：条文说明、立法理由及相关规定》，北京大学出版社 2012 年版。

宋冰编：《读本：美国与德国的司法制度及司法程序》，中国政法大学出版社 1998 年版。

宋英辉：《刑事诉讼原理导读》，法律出版社 2003 年版。

宋英辉：《刑事诉讼原理导读》，中国检察出版社 2008 年版。

宋英辉等：《刑事诉讼原理（第 3 版）》，北京大学出版社 2014 年版。

宋英辉、何挺、王贞会等：《未成年人刑事司法改革研究》，北京大学出版社 2013 年版。

宋英辉、刘广三、何挺等：《刑事诉讼法修改的历史梳理与阐释》，北京大学出版社 2014 年版。

孙长永：《探索正当程序》，中国法制出版社 2005 年版。

孙长永：《侦查程序与人权——比较法考察》，中国方正出版社 2000 年版。

王兆鹏：《刑事诉讼法讲义》，台湾元照出版公司 2009 年版。

王贞会等：《未成年人刑事司法社会支持机制研究》，中国人民公安大学出版社 2017 年版。

谢佑平、万毅：《刑事诉讼法原则：程序正义的基石》，法律出版社 2002 年版。

张文显：《二十世纪西方哲学思潮研究》，法律出版社 1996 年版。

赵秉志等编译：《外国最新反恐法选编》，中国法制出版社 2008 年版。

左卫民：《刑事程序问题研究》，中国政法大学出版社 1999 年版。

《日本刑事诉讼法》，宋英辉译，中国政法大学出版社 2000 年版。

《加拿大刑事法典》，卞建林等译，中国政法大学出版社 1999 年版。

《英国刑事诉讼法（选编）》，程味秋等译，中国政法大学出版社 2001 年版。

《法国刑事诉讼法典》，罗结珍译，中国法制出版社 2006 年版。

《法国刑事诉讼法典》，谢朝华、余叔通译，中国政法大学出版社 1997 年版。

《俄罗斯联邦刑事诉讼法典（新版）》，黄道秀译，中国人民公安大学出版社 2006 年版。

《俄罗斯联邦刑事诉讼法典》，黄道秀译，中国政法大学出版社 2003 年版。

《美国联邦刑事诉讼规则和证据规则》，卞建林译，中国政法大学出版社 1996 年版。

《意大利刑事诉讼法典》，黄风译，中国政法大学出版社 1994 年版。

《德国刑事诉讼法典》，李昌珂译，中国政法大学出版社 1995 年版。

《德国刑事诉讼法典》，宗玉琨译，知识产权出版社 2013 年版。

《世界各国刑事诉讼法》编辑委员会：《世界各国刑事诉讼法（欧洲卷·上）》，中国检察出版社 2016 年版。

《世界各国刑事诉讼法》编辑委员会：《世界各国刑事诉讼法（欧洲卷·中）》，中国检察出版社 2016 年版。

《世界各国刑事诉讼法》编辑委员会：《世界各国刑事诉讼法（欧洲卷·下）》，中国检察出版社 2016 年版。

《世界各国刑事诉讼法》编辑委员会：《世界各国刑事诉讼法（亚洲卷）》，中国检察出版社 2016 年版。

《世界各国刑事诉讼法》编辑委员会：《世界各国刑事诉讼法（美洲卷）》，中国检察出版社 2016 年版。

［奥］曼弗雷德·诺瓦克：《民权公约评注（上）》，毕小青、孙世彦译，生活·读书·新知三联书店 2003 年版。

［德］克劳思·罗科信：《刑事诉讼法（第 24 版）》，吴丽琪译，法律出版社 2003 年版。

［德］托马斯·魏根特：《德国刑事诉讼程序》，岳礼玲、温小洁译，北京中国政法大学出版社 2004 年版。

［俄］К. Ф. 古岑科主编：《俄罗斯刑事诉讼教程》，黄道秀等译，中国人民公安大学出版社 2007 年版。

［法］贝尔纳·布洛克：《法国刑事诉讼法》，罗结珍译，中国政法大学出版社 2009 年版。

［法］孟德斯鸠：《论法的精神（上）》，许明龙译，商务印书馆 2009 年版。

［荷］斯宾诺莎：《神学政治论》，温锡增译，商务印书馆 1963 年版。

［美］爱伦·豪切斯泰勒·斯黛丽、南希·弗兰克：《美国刑事法院诉讼程序》，陈卫东、徐美君译，中国人民大学出版社 2002 年版。

［美］柏恩敬等编译：《审前羁押制度演变的比较研究》，法律出版社 2018 年版。

［美］哈罗德·J. 伯尔曼：《法律与革命》，贺卫方等译，中国大百科全书出版社 1998 年版。

［美］理查德·A. 波斯纳：《法律的经济分析》，蒋兆康译，中国大百科全书出版社 1997 年版。

［美］伦斯特洛姆：《美国法律辞典》，贺卫方等译，中国政法大学出版社 1998 年版。

［美］罗纳尔多·V. 戴尔卡门：《美国刑事诉讼——法律和实践》，张鸿魏等译，武汉大学出版社 2006 年版。

［日］松尾浩也：《日本刑事诉讼法》，丁相顺译，中国人民大学出版社 2005 年版。

［意］贝卡利亚：《论犯罪与刑罚》，黄风译，中国法制出版社 2002 年版。

［英］哈耶克：《法律、立法与自由》，邓正来译，中国大百科全书出版社 2000 年版。

［英］克莱尔·奥维、罗宾·怀特：《欧洲人权法的原则与判例（第 3 版）》，何志鹏、孙璐译，北京大学出版社 2006 年版。

［英］麦高伟、杰弗里·威尔逊：《英国刑事司法程序》，姚永吉等译，法律出版社 2003 年版。

［英］约翰·斯普莱克：《英国刑事诉讼程序（第9版）》，徐美君、杨立涛译，中国人民大学出版社2009年版。

［德］赫尔曼：《〈德国刑事诉讼法典〉中译本引言》，载《德国刑事诉讼法典》，李昌珂译，中国政法大学出版社1995年版。

［德］科劳斯·缇德曼：《德国刑事诉讼法导论》，载《德国刑事诉讼法典》，宗玉琨译，知识产权出版社2013年版。

［德］帕芬根：《审前羁押法》，载陈光中、［德］汉斯-约格、阿尔布莱希特主编：《中德强制措施国际研讨会文集》，中国人民公安大学出版社2003年版。

二、中文论文类

白泉民、高景峰：《如何掌握“逮捕必要性”》，载《检察日报》2004年2月13日第3版。

卞建林：《论我国审前羁押制度的完善》，载《法学家》2012年第3期。

卞建林：《我国刑事强制措施的功能回归与制度完善》，载《中国法学》2011年第6期。

卞建林：《以审判为中心：刑事诉讼制度的重大改革》，载《紫光阁》2012年第12期。

蔡墩铭：《新修正“刑事诉讼法”与必要性原则》，载《律师杂志》第220期。

蔡领：《未成年人审前羁押的严格适用问题研究》，载《青少年犯罪问题》2018年第6期。

陈刚、卢新华：《审查逮捕适用标准刍议》，载《人民检察》2006年第5期（下）。

陈光中、崔洁：《司法、司法机关的中国式解读》，载《中国法学》2008年第2期。

陈建华：《羁押必要性审查制度研究——以A市检察机关为例》，载《湖北师范大学学报（哲学社会科学版）》2017年第

3 期。

陈瑞华：《审前羁押的法律控制——比较法角度的分析》，载《政法论坛》2001 年第 4 期。

陈瑞华：《未决羁押制度的理论反思》，载《法学研究》2002 年第 5 期。

陈苏豪：《侦查初期律师帮助权的欧洲标准及其启示——以欧洲人权法院萨多斯诉土耳其案为中心的分析》，载《交大法学》2019 年第 2 期。

陈卫东、刘计划：《英国保释制度及其对我国的借鉴意义》，载《人民检察》2003 年第 3 期。

陈卫东：《羁押必要性审查制度试点研究报告》，载《法学研究》2018 年第 2 期。

陈永生：《逮捕的中国问题与制度应对——以 2012 年刑事诉讼法对逮捕制度的修改为中心》，载《政法论坛》2013 年第 4 期。

程宏谟：《羁押必要性审查的实践思考》，载《检察日报》2013 年 8 月 19 日。

樊华中：《羁押必要性审查法律适用之实证分析——以 S 直辖市 F 区检察院三年实践为样本》，载《河南财经政法大学学报》2017 年第 2 期。

冯哲：《论审查羁押与人权保障》，载《当代法学》2002 年第 10 期。

高丽蓉、阮丹生：《澳大利亚司法制度及刑事诉讼程序》，载《国家检察官学院学报》2002 年第 2 期。

顾昂然：《关于〈中华人民共和国刑事诉讼法修正案（草案）〉的说明——1996 年 3 月 12 日在第八届全国人民代表大会第四次会议上》，载《中国人大》1996 年第 7 期。

顾明：《我国延长侦查羁押期限制度的反思与调试———以某直辖市近三年延期羁押案件为研究样本》，载《天津法学》2017 年第 4 期。

顾永忠、杨剑炜：《我国刑事法律援助的实施现状与对策建议——基于2013年〈刑事诉讼法〉施行以来的考察与思考》，载《法学杂志》2015年第4期。

郝铁川：《刑案律师辩护率何以较低》，载《法制日报》2016年8月4日第7版。

胡波：《羁押必要性审查制度实施情况实证研究——以某省会市十二个基层检察院为对象的考察和分析》，载《法学评论》2015年第3期。

黄河：《侦查监督的现状、问题及发展方向》，载卞建林、杨松主编：《推进以审判为中心的诉讼制度改革》，中国人民公安大学出版社2017年版。

黄太云：《刑事诉讼制度的重大改革——刑事诉讼法修改的几个重大问题述要》，载《中国法学》1996年第2期。

贾潇：《王守安：抓办案强监督实现刑事执行检察新提升》，载《检察日报》2018年2月23日。

李东军：《构建我国刑事羁押救济制度初探》，载《东南大学学报（哲学社会科学版）》2012年第13卷。

李佳玟：《预防性羁押：刑事程序中的风险管理》，载台湾《月旦法学教室》第36期。

李荣耕：《试评释字第737号解释及2017年新修正的“刑事诉讼法”》，载台湾《月旦裁判时报》2017年第11期。

李新刚：《延长侦查羁押期限制度的实证分析》，载《山西省政法管理干部学院学报》2017年第6期。

李哲：《加拿大保释制度评介》，载《国家检察官学院学报》2006年第4期。

李忠诚：《超期羁押的成因与对策》，载《政法论坛》2002年第1期。

栗旭峰：《逮捕适用中设置徒刑条件的必要性探究》，载《法制与社会》2010年8月。

刘飞虎:《完善我国取保候审制度初探》,载《甘肃政法学院学报》1992 年第 4 期。

刘根菊、杨立新:《逮捕的实质性条件新探》,载《法学》2003 年第 9 期。

刘计划:《逮捕功能的异化及其矫正——逮捕数量与逮捕率的理性解读》,载《政治与法律》2006 年第 3 期。

刘玫:《刑事诉讼法定期间问题研究》,载《诉讼法论丛》第 9 卷。

罗海敏:《论无律师帮助被追诉人之弱势处境及改善——以刑事法律援助制度的完善为视角》,载《政法论坛》2014 年第 6 期。

马静华、潘利平:《迅速审判——不同刑事诉讼模式下的理念与制度比较》,载《四川大学学报(哲学社会科学版)》2007 年第 4 期。

闵春雷、刘铭:《探寻羁押的实质条件——从逮捕条件的“关键词”说起》,载陈卫东主编:《羁押制度与人权保障》,中国检察出版社 2005 年版。

闵春雷:《论审查逮捕程序的诉讼化》,载《法制与社会发展》2016 年第 3 期。

彭锡华:《法律援助的国家责任——从国际人权法的视角考察》,载《法学评论》2006 年第 3 期。

上海市松江区人民检察院:《羁押必要性审查归口实施情况实证研究》,载《深化依法治国实践背景下的检察权运行——第十届国家高级检察官论坛论文集》。

施鹏鹏、王晨:《法国审前羁押制度研究》,载《中国刑事法杂志》2016 年第 1 期。

宋英辉、何挺:《我国取保候审制度之完善——以加拿大的保释制度为借鉴》,载《法学评论》2007 年第 5 期。

宋英辉、王贞会:《对取保候审功能传统界定的反思》,载《国家检察官学院学报》2007 年第 4 期。

宋英辉、张云鹏:《捕后羁押必要性审查制度运行状况研究》,载《人民检察》2015 年第 21 期。

陈卫东:《羁押必要性审查试点研究报告》2018 年第 2 期。

谢小剑:《羁押必要性审查制度实效研究》,载《法学家》2016 年第 2 期。

孙春雨等:《监所检察部门羁押必要性审查实证研究》,载《犯罪与改造研究》2014 年第 4 期。

孙洪波、富强:《论刑事强制措施的完善与人权保障》,载陈卫东主编:《羁押制度与人权保障》,中国检察出版社 2005 年版。

孙谦:《司法改革背景下逮捕的若干问题研究》,载《中国法学》2017 年第 3 期。

唐磊、吴常青:《论羁押的替代措施和我国取保候审制度的完善》,载《江西公安专科学校学报》2004 年第 4 期。

唐敏、张雅芳:《优势证据确认规则在审查逮捕中的运用》,载《犯罪研究》2008 年第 2 期。

汪海燕:《三重悖离:认罪认罚从宽程序中值班律师制度的困境》,载《法学杂志》2019 年第 12 期。

王汉斌:《关于刑事办案期限的补充规定草案的说明——1984 年 7 月 4 日在第六届全国人民代表大会常务委员会第六次会议上》,载中国人大网,http://www.npc.gov.cn/wxzl/gongbao/2000-12/26/content_5001543.htm,最后访问日期:2020 年 9 月 7 日。

王禄生:《论刑事诉讼的象征性立法及其后果——基于 202 万判决书大数据的自然语义挖掘》,载《清华法学》2018 年第 6 期。

魏化鹏、马伟:《公安机关捕后变更强制措施的程序正当性思辨》,载《河南警察学院学报》2015 年第 3 期。

吴宏耀:《我国值班律师制度的法律定位及其制度构建》,载《法学杂志》2018 年第 9 期。

吴万得:《德国法律保留原则的适用范围及其学说》,载《东吴法学》2001 年号。

谢小剑：《羁押必要性审查制度实效研究》，载《法学家》2016年第2期。

熊秋红：《为辩护权辩护（下）——刑事法治视野中的辩护权》，载《法学》2004年第1期。

徐玲利：《羁押必要性审查之实证考察——以广东省东莞市检察机关办理的案件为考察对象》，载《中国检察官》2017年第6期。

徐日丹：《强化监督：筑牢社会公平正义防线》，载《检察日报》2017年10月14日。

薛泓：《人身保护令制度研究》，西南政法大学2006年博士学位论文。

“延长侦查羁押期限问题研究”课题组：《延长侦查羁押期限案件实质审查的实践问题与模式重构》，载《中国人民公安大学学报（社会科学版）》2018年第3期。

杨剑波：《羁押救济制度研究——基于人权视角的分析》，载《政法学刊》2005年第2期。

杨开湘、张丹丹：《未决羁押限制之比较研究》，载《昆明理工大学学报［社会科学（法学）版］》2008年第7期。

杨台清：《羁押之目的与功能》，载《犯罪与刑事司法研究》2017年第28期。

杨旺年：《论强制措施的变更、解除和撤销》，载《法律科学》2005年第5期。

杨雄：《刑事强制措施实体化倾向之反思——以预防性羁押为范例》，载《政法论坛》2008年第4期。

易延友：《刑事诉讼法（第2版）》，法律出版社2004年版。

于金凤：《逮捕变更的实证研究》，西南政法大学2016年硕士学位论文。

张志铭：《关于被刑事追究者获得律师帮助的权利——国际标准与国内立法之比较》，载《人权》2006年第6期。

赵凌：《治理“超期羁押”顽症这次要动真格了》，载《南方周末》2003 年 7 月 25 日，http://news.sohu.com/74/88/news211448874.shtml。

赵红、薛芳：《羁押必要性审查实证研究及完善构思——以某基层检察院刑事执行为视角》，载《汉江大学学报（社会科学版）》2017 年第 2 期。

周柄亮、黄楚元：《初步确定：逮捕的证明标准》，载《广西政法管理干部学院学报》2004 年第 2 期。

朱亚滨：《“财产保”及其立法构想》，载《政治与法律》1989 年第 3 期。

自正法：《涉罪未成年人羁押率的实证考察与程序性控制路径》，载《政法论坛》2019 年第 4 期。

最高人民法院刑一庭课题组：《刑事诉讼中认罪认罚从宽制度的适用》，载《人民司法》2018 年第 4 期。

三、外文资料

David J. Feldman, *England and Wales*, *Criminal Procedure*: *A Worldwide Study* (2d.) [M], Craig M. Bradley ed. 2007.

Gary Slapper, David Kelly, *The English Legal System*: 2009-2010 [M], Routledge Cavendish Publishing, 2009.

Michael Zander, *Cases and Materials on the English Legal System* [M], Cambridge University Press, 2007.

Rinat Kitai-Sangero, The Limits of Preventive Detention [J]. *McGeorge Law Review*, Vol. 40.909, 2009.

Robert P. Mosteller, *Syddromes and Politics in Criminal Trails and Evidence Law*[J], 46 DUKL L.J. 463-65, 512 n. 176, 1996.

Stefan Trechsel, *Human Rights in Criminal Proceedings*[M], London: Oxford University Press, 2005.

Wayne R. LaFave, Jerold H. Israel, *Criminal Procedure*[M], West

Publishing Co, Second Edition, 1994.

Angle Estrella v. Uruguay Communication, No. 110/1981.

Carlson v. Landon, 342 U.S.524, 545-46(1952).

Iowa v. Tovar, 124 S.Ct. 1379, 1383 (2004);

Argersinger v.Hamlin, 407 U.S. 25, 34 (1972);

White v. Maryland, 373 U.S.59 (1963).

County of Riverside v. McLaughlin, 500 U.S. 44 (1991).

De Wilde, Ooms and Versyp v. Belgium, Judgement of 18 June 1971, Series A, No, 12, (1978-80) 1 EHRR 438.

Dillingham v. United States, 423 U.S. 64 (1975).

Douglas v. California, 372 U.S. 353, 355-357 (1963).

ECtHR, Dayanan v. Turkey, 7377 /03 [2009].

ECtHR, Salduz v. Turkey, 36391 /02 [2008].

Hamilton v. Alabama, 368 U.S. 52, 55 (1961).

Herrera v. Collins, 506U.5.394(1993).

Klopfer v. North California, 386 U. S. 213 (1967).

R. v. Feeney, 3 S.C.R. 1008(1997).

Stack v. Boyle, 342 U.S.1(1951).

United States v. Ash, 413 U.S. 300, 311 (1973).

Coleman v.Alabama, 399 U.S. 1 (1970).

United States v. Marion, 404 U.S.307(1971)

United States v. Wade, 388 U.S. 218, 224 (1967).

Weeks v. United Kingdom, Judgement of 2 March 1987, Series A. No.114; (1988) 10 EHRR 293.

White v. Maryland, 373 U.S. 59, 60 (1961).